〈怪奇的で／不思議なもの〉の人類学

妖怪研究の存在論的転回

廣田龍平

青土社

〈怪奇的で不思議なもの〉の人類学

目次

第3部　ネット怪談の世界

〈怪奇的で不思議なもの〉の人類学

妖怪研究の存在論的転回

凡例

・引用箇所に関しては、改行を「／」に変えている。

まえがき

私たちの身の回りには、何とも言えぬ何かの群れが犇めき、蠢めいている。私たちはそれが何かを名指すこともできなければ、捕らえることもできず、ただ、何となく、あるようなないような、ふと撫でていく茫漠とした感じのみが、私たちのところを過ぎ去っていったり、留まったり、消えていったりする。科学的でも社会的でも何でもいいが、私たちはそうしたものを秩序化することができず、かといって完全に混沌であるとして反秩序に押し付けるほどの存在感もつかめない。とはいえ私たちは、じっくり意識を傾け、パターンを捉え、因果を推測し、変化を整理し、経験を蓄積し、寄せ集めていくことをとおして、記述を試み、命名を試み、分類を試み、対策を試みてきた。あまりにも繰り返し体験されたり報告されたりして、日常的な秩序に組み込まれ、凡庸なものになってしまうこともあった。

こうした諸々を、現在の私たちは「超自然的なもの」だとか「妖怪」だとか「怪異」だとか、そういった言葉で呼んでいる。以下で取り扱うのは、そのような〈怪奇的で不思議なもの〉の群れである。

〈怪奇的で不思議なもの〉は、いわゆる妖怪や怪異などのことで、アメリカの民俗学者マイケル・ディラン・フォスターが『日本妖怪考』のなかで「妖怪」概念を表現するときに用いた“the mysterious and the weird”を、順序を入れ替えて日本語に翻訳したものである。単に奇妙さや怖さを感じさせるだけではなく、不可解でもある妖怪たちをこれほど端的に、的確に表現した英語表現は、ほかには見当たらない。そのようなわけで、本書のタイトルはそれを逆輸入したものということになる。

本書は「新しい妖怪学」、「アニミズムからアナロジズムへ」、「ネット怪談の世界」の三部から構成されている。抽象的に整理すると、第1部が概念や学史の批判的検討、第2部がグローバルな比較分析、第3部が同時代の事例研究――ということになるだろう。そして、文化人類学における「存在論的転回」のアプローチが全体を貫いている。

この「転回」は、簡単に説明すると、他者にとっての世界の現れ方を、他者による解釈の結果として提示するだけではなく、周囲との関わりのなかで異なった存在の仕方が生じている過程として捉える潮流である。妖怪・怪異を、単なる文化的解釈の産物としてみるのではなく、私たちの生きる世界とは異なったかたちで存在が現れたものとしてみる、ということである（詳しくは第1部の序論と第3章を参照）。本書は、現在一般的にイメージされる「人類学」の営み――国内外で長期的なフィールドワークを行ない、そこで得られる民族誌的データに基づいた研究成果を発表する学問――には必ずしも合致しないが、それでも、議論の根幹に「存在論的転回」を据えているという意味で、「人類学」と題している。

本書『〈怪奇的で不思議なもの〉の人類学――妖怪研究の存在論的転回』は、筆者の前著『妖怪の誕生――超自然と怪奇的自然の存在論的歴史人類学』とともに、柳田國男の時代から二〇一〇年代まで続いてきた妖怪研究の文化的アプローチに対して「存在論的転回」をしかけ、一新することを狙っている。それが具体的にどのように私たちの妖怪・怪異への関わりを変えていくことになるのか、見ていきたい（なお、本書の各章は、さまざまな機会に独立して書かれた文章を大幅に加筆修正したものである。そのため、どこから読んでいただいてもかまわない）。

第１部　新しい妖怪学

二〇世紀初頭から二一世紀にいたるまで、妖怪研究における大前提は、妖怪は、語られたままのものとしては現実に存在しない文化的産物であり、また、妖怪を信じる人々は、それらを超自然的領域に属するものと想像している／いた――というものだった。このような前提は、民俗学や文化人類学、歴史学などの研究者は言うに及ばず、現代社会に生きる私たちにとっても言うまでもないこと、当たり前のことのように思われる。

しかし、私たちにとって妖怪を信じている／いたように見える社会において、妖怪は現に実在するものであって人々の空想などではなく、さらに、超自然的――神仏や死者と同じ存在論的水準にあるという意味で、生きている人々などと異なる――でさえないことを示す事例は多い。私たちによる妖怪の概念化と、私たちではない人々による妖怪の概念化に、これほどまでに根本的な部分で齟齬が見られるとすれば、この食い違いを、完全に解消するのは無理であるにしても、少なくとも和らげる可能性を模索すべきではあるだろう。

こうした課題に呼応するのが、文化人類学における「存在論的転回」である。この「転回」（存在論的人類学と呼んでおく）に関わる研究者たちは、「近代的」な私たちと「非近代的」な諸社会の人々とでは、物事の解釈の仕方（認識論）のみならず、在り方（存在論）自体が異なるのではないかと考え、私たちが物事を記述するときに自明のものとして用いる存在論的な諸概念――文化人類学で言えば何よりも自然／文化の対だが、ほかにも人格と事物の区分、身心二元論、物理的因果性なども含む――を、研究する対象ごとに描きなおすことを試みてきた。特に重視されるのは、物事はそれ自体で存在するのではなくほかの物事とのつながりにおいて存在するという観点から記述する関係論的アプローチで、これに関しては、必ずしも存在論的人類学の中心に位置すると見なされるわけではないものの、ブリュノ・ラトゥールの主唱するアクターネットワーク理論が重要な位置を占めている。

他方で、ここまで存在論的な諸要素に齟齬があるにもかかわらず、私たちは非近代的な諸社会に伝わる妖怪たちを、あまりにも何の問題もないかのように、近代的な諸社会における諸々の価値や事実と衝突することがないものとして研究することができているし、文化的産物として生産・消費することが、現にできている。それならば、いかにして私たちは妖怪の概念を今あるようなものへと形成していったのかという（ミシェル・フーコーの）考古学的な問いもまた、深く論じるに値するものであろう。近代的な概念を組み替えて非近代的な概念へと近づける作業は、実際のところ、非近代的な概念が近代的な概念へと入れ替わっていった過程――私たち自身の形成過程――を明らかにする作業と表裏一体なのである。フィリップ・デスコラの『自然と文化を越えて』やラトゥールの『虚構の「近代」』などが、両方の作業をやり遂げている代表的著作であろう。

筆者は二〇二二年に刊行した『妖怪の誕生』において、アクターネットワーク理論をはじめとする存在論的人類学を大いに援用しつつ、超自然、自然と文化、俗信、関係論的宇宙といった諸概念を組み替えることにより、妖怪を捉えるための存在論的な枠組みの刷新を図った。妖怪は超自然的なものでもなければ文化的産物などでもなく、むしろ、そうした存在論的領域から外れていくもの、諸々の関係から逸脱していくもの、そうしたものの何ら統一的ではない集合であり、筆者はこの状態を「怪奇的自然」と命名した（廣田 2022: 323-324）。

本書の第一部は、『妖怪の誕生』の議論を受け継ぎながら、不十分にしか検討できていなかった重要事項——妖怪ブーム、民俗学と人類学の関係性、そして新たな妖怪概念の精緻化——をあらためて詳論した章を配列している。

第1章は、一九六〇年代後半の妖怪ブームにおいて、水木しげるや中岡俊哉などの怪奇作家が妖怪をどのように（存在論的に）位置づけたのかを、同時代の日本民俗学との断絶を考慮に入れながら見ていく。続く第2章は、一九七〇年代末以降の妖怪研究を牽引してきた小松和彦を中心として、民俗学と文化人類学という二つの学問分野からのアプローチが、妖怪と神との関係を自明視した結果として、研究に対してどのような制約を与えてきたのかを論じる。第3章は、『妖怪の誕生』で提示した怪奇的自然としての妖怪概念を、些細で取るに足らない事例を用いて先鋭化することを試みる。三つの章をとおしてみることにより、近現代における妖怪と妖怪研究のダイナミクスを捉えることができるはずである。

第1章　自然的、超自然的、超常的

戦後日本における妖怪の存在論的身分

「妖怪」という言葉を説明するのは難しい。文献上の初出は『続日本紀』宝亀八年（七七七）の条で、「大祓《おおはらえ》す。宮中、しきりに妖怪あるがためなり」とあるが、その後一二〇〇年以上にわたる日本語の歴史をとおして多くの意味を持つようになり、そもそもが正体不明の「怪しげな」物事を指す言葉なので、他言語への翻訳はとりわけ困難なものとなった。たとえば、英語で妖怪の研究書を著したアメリカ人民俗学者のマイケル・ディラン・フォスターは、この言葉は「monster（怪物）、spirit（精霊）、goblin（妖鬼）、ghost（幽霊）、demon（悪霊）、phantom（亡霊）、specter（怨霊）、fantastic being（幻想的存在）、lower-order deity（低位の神格）などさまざまに訳されるが、もっと説明的に訳すなら「あらゆる説明不可能な経験」あるいは「神秘的《ヌミノーゼ》なこと」にでもなるのだろう」（フォスター 2017：20-21）という。したがって、概念として学問的に（他言語でも通用するように）「妖怪」を定義する試みもまた、かなりの難題である。このように面倒な対象ではあるものの（あるいは面倒であるゆえに）、近代的な妖怪研究は一世紀半にわたって続いてきた。

日本の妖怪研究についてよく言われるのは、このテーマを研究する学問は何よりも民俗学だということである。極端な場合は、民俗学研究それ自体が妖怪を主題として扱っていると思われることさえある（廣田 2019 参照）。事実としては、人々がイメージする妖怪の多くは、美術史や宗教史、文学史などの研究対象であり、また近現代のマンガやアニメ、ゲームといったサブカルチャーに繁茂しているので、民俗学の伝統的主題とは程遠い。

とはいえ、現在一般的な妖怪概念の定義を確立したのは社会人類学者にして民俗学者である小松和彦であり、彼の概念は、学問分野を超えて共有されている。小松による妖怪概念の構築方法は複雑であるものの、さしあたり二つの点を押さえておけばいいだろう。第一に、妖怪は、人間に対して有害である、または何もしない、超自然的なものである。逆に、利益をもたらすものは「神」という分析的カテゴリーに位置付けられる。第二に、妖怪と神は、同じひとつの連続体の両極に位置づけられており、したがって、ある超自然的存在が人間に対する態度を変えたならば（たとえば悪性から善性へ）、連続体のなかでのその超自然的存在の位置も対極に移動する。つまり、神は妖怪になることがあるし、妖怪が神になることもある（小松 1979，

1994b：35-40)。小松による妖怪の概念化は、ここ一〇年ほど批判的に検討されているとはいえ（たとえば廣田 2014, 2022)、その発想は今もなお、日本の妖怪研究において主要な参照点として受け入れられている。

ある事象が超自然的ならば、それは宗教的領域に関係することになる。この観点からは、神とともに妖怪もまた、宗教研究の正当な主題と見なすべきであろう。実際、日本の民俗学では妖怪は、神仏や死者などの宗教的対象とともに、民間信仰というジャンルに組み入れられている。しかし以下で見るとおり、近現代に至るまでは、総体としての妖怪が、一貫して超自然的だと見なされてきたという事実は存在しなかった。

それならば、どうして妖怪は超自然的な属性を持つものとして概念化されているのだろうか。本章では、一九世紀前半から二〇世紀後半までの長期的な視野のもとに、妖怪概念の超自然化についての重なり合った歴史を解きほぐしてみたい。特に重視するのは、一九六〇年代後半から一九七〇年代にかけてである。この時期は、小松和彦が妖怪概念についての重要な論考を刊行した一九七九年の直前までをカバーしており、また、日本は妖怪とオカルトに関わる二つの連続するブームを閲していた。民俗学と異なり、日本の宗教学においては、非近代的な民間信仰も、近現代の大衆的なオカルトや心霊主義も、主流の研究対象ではなかった。妖怪は、そのような周縁領域にこそ繁茂しているという点で興味深い。妖怪は宗教研究の周縁を指示し、創出し、維持しているのである。

1　超自然概念とその複数の用法

超自然概念に注目することは、妖怪という怪しげなカテゴリーを包括するための堅実な定義を作り出すためには、かなり有効なように見える。その一方で、自然秩序の概念や、自然的／超自然的（natural/supernatural）という存在論的二元論が見当たらない非西洋近代の諸社会に超自然概念を適用することの妥当性については、長期にわたって論争が続いている。もっとも有名な批判者はエミール・デュルケームだろう。『宗教生活の基本形式』（一九一二）のなかで彼は、「ある種の事実に関して、それらが超自然的だといえるためには、事物の自然的な秩序が存在するという意識、すなわち、宇宙の現象は法則と呼ばれる必然的な関係に従って結びつけられているという意識がすでになければならない」（デュルケーム 2014：60、強調省略）と指摘した。自然秩序という考え方は近代西洋的であるとデュルケームは想定していたので、非西洋の諸社会には、超自然のあるべき場はない。エヴァンズ＝プリチャードやリーンハートのような社会人類学者も、自身のフィールドワークに照らしてデュルケームの意見に同意しており（エヴァンズ＝プリチャード 2000：94；リーンハート 2019：49, 85）、今でも、人類学のなかには当然のようにデュルケームの支持者がいる（ビアッティ 1968：263–264；Allerton 2009：237–238；Dein 2016；Hviding 1996：178；Klass 1995：25–33；Praet 2014：59；Keane 2008：S115；cf. Viveiros de Castro 2015：289）。他方で、超自然概念には問題がないかのようにしてこの概念を使いつづけている研究者もいる（Benedict 1938：628-631；Stark and Finke 2000：89-90）。さらに現代では、認知宗教学者たちが、超自然概念は、宗教的行為主体を包括できると肯定的に考えている（ボイヤー 2008など）。

以上の前提をもとに、筆者は超自然概念をめぐる論争を検討したことがある。ここでは、一九六〇年代後半から一九七〇年代までの妖怪の位置づけを描き出すための準備として、拙論をおおまかに要約してみたい（詳細は Saler 1977；廣田 2022：第1章参照）。

この論争を整理するには、いくつかの要点を押さえておく必要がある。第一に、超自然概念には、概念化の前提が異なる複数の用法がある。ベンソン・セイラーが指摘するように、社会科学においては、少なくとも二つの重なり合った用法を見いだすことができる。「霊的（spiritual）／超人間的（superhuman）」という用法と、自然秩序を超越したものという用法である（Saler 1977：36）。以下、本章では、前者を超自然概念の霊的用法、[1]後者を超越的用法と表記する。両者をアプリオリに同一視できないのならば、社会によっては、霊的でありながらも自然的な（＝超越的ではない）存在もありうることになり、そして、そういう前提を有する社会は確かに存在する（Klass 1995：28-29；Praet 2014：59）。

とはいえ、「霊的」と「超越的」の二つは、『オックスフォード英語辞典』の項目 supernatural の第一義が示すように（「神的な、呪術的なもの、幽霊的存在のように、自然を超越した領域あるいは体系に属す」）、日常的な言葉遣いでは同一視されることも多い。それだけ多くの部分で霊的なものと超越的なものは重なり合っているということである。さらに分析概念の観点からも、パスカル・ボイヤー（ボワイエ）などの宗教人類学者は、自然／超自然の区分と並行するがさらに説得的なものとして提示される直観的／反直観的という区分を創出し、霊的なものが超越的なものを含意するということを主張する（ボイヤー 2008）。ボイヤーの議論においては、霊的であることは、反直観的であり、反自然的であり、それゆえ超自然的なのである。ボイヤーは、反直観的という人類の認知カテゴリーは普遍的であると考えているので、この仮定を指示するために、霊的用法と超越的用法を合成したものを普遍的用法と呼ぶことにする。

超自然概念を霊的や超越的、普遍的と定義する以外の用法もある。たとえば一部の研究者は、「自然的なもの／自然的なものを越えたもの（霊的なもの）」という厳密な二分法を避けて、より穏当な定義を探究している。なかでもオーケ・フルトクランツは、デュルケームなどを念頭に置きつつ、超自然とは自然秩序を侵害するものであるという規定はあまりにも視野が狭いと批判する。フルトクランツは北アルゴンキアン諸族のマニトゥ概念を取り上げ、それが「不思議な性質をもった精霊あるいは人間を表すが、この状況は、マニトゥの真の意味が「非日常的」（other-than-ordinary）ないし「超自然的」だということを示すように思われる。この概念が通常［の概念］に対立するものを意味しているのは明々白々である」（Hultkrantz 1983：245）と指摘する。フルトクランツは、超自然概念を「それなりに不自然なもの、正常とは言い難いもの」（Hultkrantz 1983：237）にまで拡張することには同意しない。そのかわり、「存在の二つの水準という基礎的二分法」、すなわち「日常的／非日常的」（ordinary / extraordinary）という二分法を提唱する。

以下、フルトクランツによる超自然の概念化を非日常的用法と呼ぶことにする。非日常的用法には比較研究のための価値があると思われる。つまり、非日常的超自然概念は、西洋的な自然や自然秩序という考え方を要しないのである。

2　妖怪は超自然的か？

前節の検討により、私たちは宗教研究における超自然概念の用法を、霊的、超越的、普遍的、非日常的の四つに区別することができた。それならば、超自然概念のどの用法を使えば、超自然概念を基礎とする妖怪概念は意味を成すのだろうか。

この問いを綿密に検討する前に、まず、ほとんどすべての超自然概念の構築が、宗教概念の定義のためになされているという事実に注目しなければならない。たとえばフルトクランツは、超自然概念を無視しては宗教概念を定義することはできないと断言している（Hultkrantz 1983 : 231）。それならば、妖怪と超自然概念との関係についての問題は、事実上は、妖怪を宗教的領域に組み入れられるか否か、ということになるだろう。ここでは、宗教概念の定義という大きすぎる課題を迂回するため、宗教的と見なしうる存在論的・宇宙論的領域を「神仏・死者の住まう領域」と定義する。この仮定は、小松和彦の妖怪概念が、神と妖怪を同じ連続体に位置づけていることと相関させたものでもある。

第一に、妖怪は超越的用法の意味で超自然的だろうか。日本近世における支配的な存在論的体系の一つである朱子学では、三浦國雄が論じるように、学者たちは「鬼神から超越性や神秘性を剝ぎ取って、これを気の屈伸というまことに素気ないものに変えてしまった。世界は理と気によって空欠なく塗りつぶされている以上、そこに此岸と彼岸、可視と不可視の世界といった断層はそもそも存在しないのである」（朱子 2008：337）。朱子学は、理と気を超越するいかなる超自然的な領域も許容しないということだ（近世の妖怪と朱子学の関係については、特に木場 2020：24-25 および3―4章参照）。他方、朱子学ほどではないが、日本近世の存在論体系において位置を占めていた神道や仏教は、超越的であると見なしうる存在論的領域を擁していた。だが、そうした領域は、人々の日常生活にとっては現実的な意味を持たなかった。

要するに、近世における宇宙論的＝宗教的言説には、超越的な超自然概念の場はほとんど存在しなかったのである。そもそも妖怪の大半は、人々にとって身近な「今・ここ」に位置づけられたものだったので、超越的領域に位置付けられるようなものではなかった。

第二に、妖怪は霊的用法において超自然的だろうか。かつて、人類学者たちが霊的存在すべてを包括するために「ヌミナル」（numinal）という概念を考案したことがある。だが、フォスターが引用するように、彼らも「まだまだ異形の存在者は多いが――巨人、地霊、妖精、不死鳥など――それらをこの連続体になじませるのは容易なことではない。なぜなら、神とも精霊ともちがう性質を持っているからだ」(Levy, Mageo and Howard 1996 : 12-13) と妥協するしかなかった。言うまでもなく、妖怪のなかには、モノノケのような非物質的存在もいる。だが、「妖怪という概念は「ヌミナル」のみならず、その他の「異形の存在者」までも取り込んでしまうのである」(フォスター 2017 : 47)。

それに加えて、妖怪の物質性は、飯倉義之のいう「妖怪遺物」のなかに、とりわけ明確に見いだすことができる。興味深いことに、日本列島には妖怪の遺骨やミイラ、手形、書状とされるものが多く存在するのである(飯倉 2014 ; 本書第9章も参照)。これらの物的「証拠」は、人々にとっての妖怪が、神仏や死者などとは異なり、霊的存在であるとは言えないと見なされていたことを示している。

それでは、妖怪は非日常的用法において超自然的だろうか。先述のように、妖怪は超自然的か否かという問いは、妖怪と同じ存在論的領域に神仏や死者は含まれるのかどうかという問いとほとんど同等である。これについて近世文献の大半は、妖怪が神仏などと同一領域に含まれるという主張を支持しない。たとえば一七世紀の日本では、さまざまな分野の文献が示すように、「神仏の霊験とは無関係な奇妙な現象であることも、「怪異となる」条件の一つとなる場合があった」(木場 2020 : 209-212)。一六世紀末から一九世紀にかけて出版され各種の節用集では、妖怪や化物は、ほかの日常的な禽獣とともに「生類」に分類されていた（木場 2020：156, 161-172）。さらに、神道家の度会延佳や儒学者の新井白石、国学者の賀茂真淵も、妖怪を神仏と並べて位置づけることを拒否した（廣田 2022：88-89）。

比較的近年——平成時代のフィールドワークでも、妖怪が神仏とは別の水準にあることを示す報告がある。一九九〇年、ある老人が、調査中の民俗学者に「カッパちゅうてあれ、正式な学名は何ちゅうんかね？」と聞いた。老人にとって、河童は「犬や猫などと同じようにその存在が自明である「動物」なのであった」（香川 2005：9）。また飯倉義之は、神仏の存在は信じないがキツネが不思議な力を持つことは当然だと考えている、興味深い話者について語っている（飯倉 2015：6）。

かなり駆け足で見てきたが、以上の文献やフィールドの事例から分かるように、妖怪が非日常的であるからといって、妖怪が神仏や死者と同じ存在論的領域にいるということにはならない。

ここまでのまとめとして、超自然的概念は、超越的用法、霊的用法、普遍的用法、非日常的用法いずれにおいても、妖怪を包括することができないことが分かる。それならば、なぜ妖怪は超自然的であるとされているのだろうか。ここからは、妖怪が超自然化されていく歴史を記述してみたい。

3　妖怪の超自然化――一九世紀前半

管見では、筆者の『妖怪の誕生』を除き、日本において超自然概念がどのように発展したのかを細かく調査したものはない。しかし、ここまで明らかにしたように、非近代的な妖怪の諸事例に超自然概念を適用することに大幅な制約があるならば、なぜ近現代の妖怪研究は、全体として、妖怪に超自然的身分を付与することができたのだろうか。近現代の妖怪研究を可能にした歴史的条件を理解するためには、妖怪概念がどのように超自然的なものになっていったのか、つまり宗教的領域と関係づけられていったのかを解き明かさなければならない（以下の記述は、廣田 2022：第3章の要約である）。

歴史上、妖怪の超自然化には、二つの決定的な契機があった。第一に、国学者の平田篤胤（一七七六―一八四三）が妖怪を異界へと移したこと。第二に、二〇世紀初頭の文芸批評を中心として、西洋概念としての超自然が導入されたことである。

列島全体に無数の妖怪がはびこっていた江戸時代後期、不可思議な現象の実在を否定するという、知識人たちの新たな態度が芽生えていた。とりわけ、倫理思想における「心」の重要性が増してきたことが、不可思議な現象の客観性を否定する態度を育んだ。万物の秩序は、究極的には（理と気の組み合わせとして）経験的に知られうるものだから、異常で例外的なものを認識することは、存在論的な問題ではなく、認識論的な問題に還元される。したがって、不可思議なものに関して、知識人にとってもっとも重要なことは、有害な行為主体《エージェント》に欺かれないようにするために、自分の心を落ち着かせることだった（木場 2020：218-225）。このような態度が江戸時代をとおしてあらゆる社会階層で支配的であったというわけではないが、妖怪の経験的な実在を否定する人々でさえ、やはり実在を否定する近現代の知識人と違い、妖怪を空想的な超自然的領域に位置づけなかったことは指摘しなければならない。なぜなら、妖怪は理気に還元できるか、あるいは単に存在しないからである。

しかしながら、欧米において一八世紀の啓蒙思想が幽霊や妖精を超自然的領域に追いやり、さらには一九世紀心霊主義をもたらしたのと同じように、江戸後期の経験論もまた、最初期の日本的心霊主義ともいえる平田国学への道を切り開いた。平田国学の始祖である平田篤胤は、経験論的な知識人によって否定された妖怪たちのための存在論的領域――異界と呼びうるところ――を確保しようとした。だが、妖怪と異界の存在論的関係性の構築に対する篤胤の寄与を見るためには、まずは一〇年ほどさかのぼらなければならない。

一八世紀末までの知識人たちは、うさんくさい妖怪たちと崇敬すべき神仏とを区別することに関しては一致していた。だが、このカテゴリー化に対して、国学者の本居宣長（一七三〇―一八〇一）は『古事記伝』において、宇宙創成に携わった根源的な神々のみならず、「竜・樹霊・狐などのたぐい」もまた「神」であると主張した。なぜなら、それらも部分的には超人間的であり、尋常ならざるものだからである（大野＋大久保編 1968：125-126）。宣長による神の定義は、自身が認めているように、先行する諸理論からは大きく隔たっていた（子安 2001：第5章）。

『古事記伝』の思想から要点を二つ取り出してみよう。第一に、神は善悪を包括する。第二に、神は人間の理解を超えている。ここからは、宣長の神と、小松和彦の超自然的連続体との類似性を見いだすことができる。だが、まだ概念自体は存在論的ではない。

篤胤は、宣長が構築した善悪併せ持つ神概念を、さらに別の水準、つまり宇宙論的・存在論的な水準へと移動させた。この点は篤胤の宇宙論的著作『霊の真柱』（一八一三刊）に見ることができる。篤胤はおそらく、禁書指定されていたキリスト教の神学書や（村岡 1920）、一部で流通していた蘭学の書物を読んだうえで、西洋人でさえも「事物の理」を超えて存在する――超自然的な――「ゴット」を認識していることを知っていた。この知識に基づいて、篤胤はためらうことなく、疫神、幽魂、狐妖などを「ゴット」の領域に位置づけた（平田篤胤全集刊行会 1977b：183-184）。彼はこの超自然的領域を「幽冥《かくりよ》」と呼んだ。幽冥とは、「此顕国《うつしくに》をおきて別に一処あるにもあらず。直にこの顕国の内いづこにも有なれども。幽冥《ほのか》にして。現世《うつしよ》とは隔り見えず」（平田篤胤全集刊行会編 1977b：170）。「幽冥」なる異界と現世という二つの世界は、同じ空間的延長のなかに存在する。だが、異界のほうが存在論的優位にある。なぜなら異界の存在者たちは私たちの世界を見ることができ、私たちに影響を与えることができるからである（平田篤胤全集刊行会編 1977b：170）。

『霊の真柱』では、「神以外の存在が幽冥界においてどのような役割を担っているのかということについては語られることがほとんどなかった」（岩松 2004：37）。だが、日常儀礼の書『たまだすき』七之巻（一八二四）において篤胤は、妖怪の存在論を大幅に拡張する。彼は、「へうすべ」や「見越し入道」などの妖怪（「化物」と表記されている）に出くわしたならば、ご馳走を与えて、幽冥世界とはどのようなものか尋ねるよう、聴衆に勧めているのである（平田篤胤全集刊行会 1977a：427-429）。

「へうすべ」と「見越し入道」は、どちらも主に一八世紀に西日本で流通していた化物絵巻の常連であり（京極＋多田 2000 参照）、明らかに非日常的な存在者だったが、篤胤が活動していた江戸では、どちらも神仏とは見なされていなかった。ここで重要なのは、非日常的（そして一部の人々にとっては非経験的）な存在が、「異界」や「超自然的」と呼ぶことのできる、そうした存在に固有の宇宙論的・存在論的な領域への道を確保したということである。篤胤の仲間や弟子たち、たとえば大国隆正や六人部是香、物集高世などは、おおむね篤胤に従い、妖怪を異界へと組み入れることになった。さらに、神道的秘教の始祖となった本田親徳もまた、篤胤の異界論を批判的に受容し、大本をはじめとする新宗教の思想家へと継承していった（廣田 2022：127-129, 133-137）。

4 妖怪の超自然化——二〇世紀初頭

『日本国語大辞典』によると、日本語としての「超自然」の文献初出は、北村透谷(一八六八—一八九四)の、死後に出版された批評「マンフレッドおよびフォースト」(一八九〇年ごろ)である(島崎 1895:366-368)。透谷による超自然概念の使い方は、「超自然」を「実際」と対比しており、その点で、同時代の西洋人とほとんど同じであった。また、別の批評文「他界に対する観念」でも、透谷は「他界」を「理学」や「人間界の実象」、「実」と区別し、さらに「フェーリイあり、エンゼルあり、サイレンあり、スヒンクスあり」などと他界の存在を列挙する(北村 1892:566-567)。「他界に関する観念」は、「超自然」という語こそ使っていないものの、彼にとっての「他界」の概念が、化物の住まう超自然的領域と同義であることは明らかである。

夏目漱石(一八六七—一九一九)もまた、文芸批評のなかで「幽冥」および「超自然」という語を用いている。漱石は最初期のエッセイにおいて、「幽冥」を「因果物質的変化」に対置し、「幽冥」を信じることを「迷信」であると表現した(夏目 1899:9)。また、『マクベス』に登場する幽霊の効果を論じた小論でも、「超自然の文素」を「自然の法則に乖離し、物界の原理に背馳し、若くは現代科学上の智識によりて闡明しがたき」ものであると定義する(夏目 1904)。漱石の幽冥概念と超自然概念は互換的である。さらに、漱石の理論的主著『文学論』

では大々的に超自然概念が用いられ、幽霊や妖婆、変化、妖怪、不可思議分子などが超自然に分類されている（夏目 1907：130-131）。透谷も漱石も英語に精通していたので、彼らの用いた超自然概念は近代西洋の思想に由来するものと判断して差し支えないだろう。

幻想文学の大家である泉鏡花（一八七三―一九三九）は、漱石と同時代人だったが、しばしば超自然的なものへの信仰を告白していた。鏡花によると、この世に存在する二つの偉大な超自然的力の一つである「鬼神力」は、三つ目小僧や大入道、一本脚傘の怪物などの妖怪変化として顕現する（泉 1907：12）。管見では、鏡花のこの文章は、「超自然」という言葉と日本の化物を明確に組み合わせた最初の事例である。怪談に関する別の文章のなかでも鏡花は、「魔」や天狗といった化物たちは「一つの別世界」の住民であると述べている（泉 1909：69-70）。鏡花のこの二つの文章から一つの思想を取り出すことが許されるならば、その思想のなかでは、妖怪は宇宙論的にも存在論的にも、私たちの日常的領域を超越していることになるだろう。

二〇世紀の転回期、作家たちによる妖怪の超自然化は、西洋近代科学の存在論に根差しており、そして何よりも、彼らは超越的で超自然的で非科学的な領域を構築し、妖怪あるいは化物を、そこに位置づけた。漱石や透谷にとって妖怪は非実在的であり、鏡花にとっては実在的であったが、相反する実在への態度とは無関係に、どちらにとっても妖怪は超自然的になったのである。

5　日本民俗学における神と妖怪

二〇世紀前半、日本民俗学における妖怪研究が実践していたのは、同時代の村落部（「田舎」）における妖怪の伝承を収集し、それらの性質を調査し、分類し、さらに神の連続性を探究することだった（本書の第2章も参照：フォスター2017：第3章）。日本民俗学の創始者のひとりである柳田國男は、「妖怪名彙」（初出は一九三八年）のなかで、日本全国から妖怪の名を収集することにより、信仰と畏怖との関係性を知ろうと思ったと述べている（柳田1956：215）。柳田が確立した妖怪に関する仮説のなかでもっとも有名なものの一つ「零落論」である。この仮説が措定したのは、妖怪はかつて崇敬される神であったが、歴史の流れのなかで徐々に信仰を失っていき、最終的には境界空間に潜むおぞましい存在とされるようになっていったという、普遍的な過程である。柳田は「何れの民族を問わず、古い信仰が新しい信仰に圧迫せられて敗退する節には、その神は皆零落して妖怪となるものである。妖怪は言わば公認せられざる神である」（柳田1934：16）と言う。この仮説は柳田の仲間や弟子によって、一九七〇年代まで広く受け入れられた。

それでは、柳田は妖怪と神の存在論的身分をどのように考えていたのだろうか。驚くべきことに、妖怪に関する柳田の著作（柳田1926, 1934, 1956）のどこからも「超自然」という言葉を拾うことができない。もちろん、ある学者が民間信仰を研究しているからといって、民間信仰に現れる行為主体の存在論的身分を特定しなければならないわけではない。だが、柳田は鏡花と交流があり、妖怪への関心を共有していたし（柳田 1927 参照）、柳田の弟子である関敬吾は、昔話に関する柳田との共著論文のなかで「超自然」を用いていた（柳田＋関 1934：8）。これらを踏まえると、柳田が存在論的術語に触れなかったことは注目に値する。

何事にも例外はある。民俗学を確立する前から柳田は妖怪に異常な関心を示していた。その関心は、一九〇五年に行なわれた幽冥についての談話「幽冥談」に克明に現れている。柳田は、篤胤の提示した幽冥の実在をある程度は信じていたらしい。柳田によると、「此の世の中には現世と幽冥、即ちうつし世とかくり世と云ふものが成立して居る、かくり世からはうつし世を見たり聞いたりして居るけれども、うつし世からかくり世を見ることは出来ない」（柳田 1905：247）。この説明は『霊の真柱』に基づいているようだ。さらに柳田は、「おばけ」を幽冥の代表的な住民に位置づけ、私たちが「おばけ」だと思っているものは、実際には、あの世からの偶発的な通信であると主張する（柳田 1905：248）。

大正時代までには、柳田の異界実在への信念は弱まっていったが（原 2001：216）、化野燐が論じるように、柳田は「あくまでも神仏との関わりの中で「妖怪」を考えている（…）。実際には創作された多数の「おばけ」をはじめ、異常な事物のすべてが神や仏を前提にして成立している訳ではないのに、彼の関心はそこに強く注がれ、現在もわれわれの多くが、柳田が設定したこの枠組みに囚われている」（化野 2018：233）。ここには、妖怪と神の存在論的連続体の一世紀半にわたる系譜学が認められる――篤胤の宇宙論から明治後半の初期柳田思想へ、そして一九三〇年代の零落論へ、さらに一九七九年の小松和彦による妖怪の概念化へ。

柳田と小松のあいだには半世紀にわたる懸隔がある。そのため、まずは戦後民俗学における妖怪研究に触れる必要がある。小松自身が論じるように、柳田以降の妖怪研究は、少なくとも理論的には不毛だった（小松 1994b：20）。無数の妖怪を収集して分類し、柳田の枠組みを踏襲してきた民俗学者を列挙することはできる。桂井和雄、今野圓輔、桜井徳太郎、井之口章次などである。だが、彼らが妖怪概念を厳密に定義したことはなかったようだし、何よりも妖怪の存在論的身分についてはまったく語っていない。彼らは、あたかも妖怪の概念について暗黙の了解があるかのようにして（実際そうなのだが）、事例を書き連ねていた。

民俗学的な概念化という観点からの特筆すべき例外は、井之口による俗信論である（井之口 1975：17）。井之口は『日本の俗信』において、妖怪に関する知識を含む「俗信」を「超人間的な力の存在を信じ、それに対処する知識や技術」と定義する（井之口 1975：17）。また、井之口は、妖怪を「神的なものと霊魂的なもの」に分けてもいる（井之口 1975：181）。これらをまとめると、井之口は妖怪を超人間的であり、かつ神的・霊的なものとみなしていたことになるから、彼は霊的用法としての超自然のサブカテゴリーとして妖怪を捉えたと見なすことができる。

もう一つの例外は、藤澤衛彦による妖怪概念の提案である。藤澤は、戦前は風俗史や変態研究などに従事していたが、戦後になって、全八巻にわたる日本民俗学全集を一人で書き上げた。それにもかかわらず、彼は柳田國男やその系統の民俗学をほとんど完全に無視していた。その正確な理由は分からない。他方で、彼は西洋の文献に親しんでいたので、この全集のなかの妖怪の定義には、本章の眼目である概念が含まれている。つまり、「(1) そのころの哲学的真理では超自然的なもの／(2) そのころの科学的知識では、原因のはっきりしないもの」である（藤沢 1960：70）。

以下でも見るように、藤澤は一九六〇年代後半の妖怪ブームに影響を与えていた。だが、井之口や藤澤の議論にかかわらず、民俗学者たちは超自然概念を使わず、「超自然」という言葉を文章に埋め込むこともなかった。この点については後で論じる。

6　一九六〇年代後半から一九七〇年代にかけての妖怪ブームとオカルトブーム

民俗学者が柳田の妖怪論に追従していたころ――一九五〇年代半ばから一九七〇年代前半までは、いわゆる高度経済成長期だった。本章の主題から見て特に重要なのは、一九六〇年代におけるる週刊誌とテレビの普及である。なぜならこの時代、妖怪はマスメディアによって拡散していったからだ。

一九六〇年代においてもっとも有名な妖怪作品は、水木しげるの連載漫画「ゲゲゲの鬼太郎」であろう。「鬼太郎」は一九六五年に漫画雑誌『週刊少年マガジン』で連載がはじまり、一九六八年にはアニメ化された。ただ、ここでは水木の創作ではなく、彼が同時代の作家たちと共有するところもあった、実際の（創作として発表されたのではない）妖怪伝承への姿勢を検討してみたい。

一九六〇年代後半は、水木らが妖怪について無数の記事を書いたこともあり、人々は妖怪に対して空前の関心を向けるようになった。いわゆる妖怪ブームである。このブームのなかでは、雑誌記事の一形態である「画報」が、妖怪の知識を読者に伝える中心的媒体となった。画報とは、リアルなイラストを前面に打ち出し、文章による説明を添えた記事ジャンルのことで、フィクションもノンフィクションも含まれていた（高橋 2010：471ff.；幕張本郷 2021a, 2021b）。

妖怪ブームのなかで水木しげるはどのような役割を果たしたのだろうか。現代日本では、水木は妖怪の「民俗学」的な専門家でもあると見なす人が少なからず存在する。このような理解は、水木自身が、収集した妖怪を創作に応用するだけではなく、妖怪の知識や場合によっては実体験を披露することにより、妖怪伝承の権威としてのペルソナを生じさせたことにも一因がある。雑誌の編集部がそういう方針を水木に勧めたのかどうかは分からないが、彼は一九六六年から『週刊少年サンデー』や『週刊少年マガジン』、『月刊少年画報』などに、妖怪が民間伝承や古い文献でどのように語られているのかを記述する短文を付けた多くの妖怪画報を掲載しはじめた。そうした妖怪画は、最終的には晩年の二〇一〇年代まで発表され続けることになった。

初期の成果は一〇〇近い妖怪画を集成した「日本妖怪大全」で、一九六八年、『週刊少年マガジン』の増刊として出版された。前書きで水木は、「鳥山石燕の絵画を集め、民俗学の本を読んで、妖怪の絵を描いた」と述べている（水木 1968：4）。彼は柳田の本をひもとくのみならず、妖怪の情報を得るために、藤澤衛彦を訪れたこともあったという（水木 1980：168）。こうした活動が方々に影響を及ぼすことにより、水木が次第に日本妖怪の権威と見なされるようになっていったと論じることもできるかもしれない。とはいえ、妖怪ブームは水木ひとりの功績ではない。むしろ、水木が妖怪を紹介する民俗学者のようにふるまうことがあったのは、このブームのなかでは例外的だった。

まず、今ではオタクの一部でしか知られていないが、妖怪ブームには、多くの作家が関与していた。たとえば北川幸比古、斎藤守弘、大伴昌司、宮崎惇、中岡俊哉などである（高橋 2010；幕張本郷 2021a, 2021b 参照）。彼らの記事は妖怪に留まらず、「怪奇」全般——奇妙なもの、不思議なもの、恐怖、犯罪、奇形、異常なもの、秘境、霊的なもの、超自然的なものを包括するカテゴリーに携わっていた。水木は、ほかの作家と共作することもあれば、影響を与え合うこともあった。たとえば、斎藤守弘が一九六六年に創作した妖怪「がしゃどくろ」——野原をさまよう巨大な骸骨——は、水木の「日本妖怪大全」に採用されたが、近世や戦前から伝わっている妖怪と並んでおり、二年前に生まれたものであることはどこにも書かれていない（水木 1968：6-7；幕張本郷 2021b：152-154）。おそらく、がしゃどくろの名前を聞いたことがある現代の人々の多くは、この妖怪がブームの時期に作られたものであることを知らないだろう。

しかしながら、民俗学風の水木しげるが、すべてではないにせよ、多かれ少なかれ、ノスタルジアが感じられる田舎や過去に妖怪を位置づけたのに対して（フォスター 2017：223-233）、怪奇作家の多くは、妖怪に民俗的＝歴史的な起源があるかどうか、ほとんど気にしていなかった。たとえば「がしゃどくろ」の初出である小さな画報記事「あなたのそばにいる日本の妖怪特集」は、「日本各地の不気味な妖怪！　あなたのそばにいるかも」と恐怖をあおりながら、二五の妖怪を紹介する（無記名［斎藤］1966：111）。妖怪は現代の読者の「そばにいる」のだ。また『別冊少年キング』一九六六年九月号の「ショッキング特集　妖怪変化」で紹介されている国内外の妖怪事件は、「ことし六月十五日の夕ぐれ」「ことし六月七日のことだ」「昨年十二月のことである」など、直近のものばかりである。具体的な地名や被害者の人名まで明記されている（斎藤 1966）。水木が妖怪の多くを「今・ここ」から引き離したのに対して、斎藤をはじめとする作家は、読者もまた道すがらそいつらに出くわすかもしれない、と示唆している。「うわん」の絵（「あなたのそばにいる日本の妖怪特集」）では、和服ではなくスーツ姿の男性が妖怪の出現に驚いている（**図1**）。

ここで注意しておかなければならないのは、一九六〇年代、「妖怪」はそれほど独立したカテゴリーではなく、「おばけ」カテゴリーのもとで幽霊と並んでいたり（高橋 2010 参照）、「怪奇」カテゴリーで超常現象や未確認動物、宇宙人などと並んでいたりすることも多かったという点である。当時の雑誌に見られる幽霊の実話記事の多さから判断して、妖怪よりも幽霊のほうが読者の前に姿を現すことが多かったようだが、読者にとってはどちらも同じように、恐怖を引き起こす不思議な行為主体だった。水木はどちらかといえば幽霊の実話を描かないほうだったが、他の怪奇作家たちは、そうした怪奇的な話を書くことを好むことが多かった。ここであえて対比させるならば、民俗学者たちが妖怪を神と結びつけたのに対して、怪奇作家たちは妖怪を幽霊と結びつけたのである（というより、もとから「おばけ」の名のもとに結びついていたというべきだが）。柳田はかつて、妖怪と幽霊を混同するのは誤りである、なぜなら幽霊は民間信仰ではなく仏教の領分だからだ、と強く主張していた（柳田 1956：15）。柳田による妖怪と幽霊の区分は、弟子たちには継承されたが、怪奇作家たちには無関係なことだった。幽霊が「今・ここ」に現れるならば、同じおばけである妖怪も未確認動物も「今・ここ」に現れるだろう、というわけである。

図 1　「あなたのそばにいる日本の妖怪特集」（1966）収録の妖怪「うわん」

怪談を好んだ怪奇作家の一人が中岡俊哉である。中岡は心霊主義の枠組みを大衆出版やテレビに紹介したことで知られている（大道 2023）。近代西洋心霊主義は、二〇世紀初頭には日本に紹介されており、その後、近代神道秘教と結合して、一九一〇年代から一九三〇年代まで隆盛した（Yoshinaga 2021）。第二次世界大戦後であっても、知識人や大衆の一部は、どのようにして心霊主義が死後の世界を証明するのかに関心を持っていた（今野 1957：64-72；宮城 1961：V章）。とはいえ、心霊主義の専門用語や存在論は、大部分が仲間内での使用に限られていた。

妖怪ブームをはじめとする怪奇系の話題が盛んだった一九六〇年代後半になると、中岡などの作家は、主として雑誌記事において、幽霊の実話を解釈するために心霊主義の用語を使いはじめた（岡本＋辻堂 2017：第二章）。なかでも少女雑誌は、一九六〇年代前半から毎号のように怪奇記事を掲載していたため、ある種の解釈枠組みは歓迎すべきものだった。たとえば、少女漫画雑誌『週刊少女フレンド』に掲載された中岡の記事は「地縛霊」や「浮遊霊」などのカテゴリーを導入して、若い読者が投稿した恐怖体験を説明している（中岡 1968）[★2]。以降、心霊現象の解釈において地縛霊や浮遊霊といった概念は常連となっていき、今では日常会話でも使われるようになっている。この当時の心霊主義の導入が、今なお、私たちの霊的理解に影響を与えつづけているのである。中岡はまた、ローカルな「おばけ」の伝説を全国的媒体に掲載した（岡本＋辻堂 2017：60-62）。たとえば、北川幸比古との共作である「全国おばけめぐり」では、中岡は座敷わらしと自分との遭遇体験を、その他の恐るべき同時代の怪談と並べて、実話の一つとして描いている（中岡＋北川 1969：145）。

したがって、水木しげる以外の怪奇記事を見ると、妖怪や幽霊は、民俗学的な過去や田舎から、大衆雑誌が売られる現代の都市社会へと活動の場を移したことになる。この動きは、大道晴香が一九六〇年代の「秘境ブーム」から一九七〇年代の「オカルトブーム」への移行として論じたものを多少先取りしている。大道は、この移行は、消費者の外部の「非合理」と「未知」から消費者の内部の「非合理」と「未知」への移行と並行するものとして論じている（大道 2018：64, 2019：44-45 参照）。人々は、世界のどこにも未知の場所はないと感じるようになっていたのだ。

それでは、この明け透けな世界のどこに「おばけ」を位置づけられるのだろうか。実は、「おばけ」を位置づけるための、とても便利な領域があった。それが、私たち自身の自然的で合理的で科学的な世界と完全に重なっている、超自然的な「幽冥」という異界である。「おばけ」は時々、かつての柳田が主張したように、多孔的な境界を侵犯して私たちの日常生活を脅かすのである。

実際のところ、戦前であっても、心霊主義運動のなかには、妖怪に居場所を与える近代的な存在論的枠組みがあった。たとえば有名な心霊主義者の浅野和三郎は、心霊主義の「自然霊」の概念を取り上げ、竜神や欧米の妖精、妖魅（「人類にあらざる幽的存在物」というカテゴリー）、天狗のような魔物、人狐、犬神を指すものとして使った。そうした者たちの存在論的住居は「超物質的エーテル界」と呼ばれた。さらに彼は、夢のなかで妖魅について篤胤の霊と語り合ったとさえ主張している（淺野 1931, 1934）。しかし、妖怪の心霊主義的存在論への組み込みは、二〇世紀前半は一般化しなかった。いずれにしても、中岡は用語法の観点から見ると、心霊主義の存在論的前提を継承している。

それに加えて、一九六〇年代後半は、商業出版における妖怪言説において、異界概念が比較的多く用いられるようになってきたことも指摘できる。たとえば阿部主計は、妖怪についてのロングセラー本のなかで、幽霊と妖怪と変化は「三次元の世界の物理的法則を超えた能力をもって、生きた人間に害を及ぼす」と指摘する（阿部 1968：4）。また大伴昌司は『週刊少年マガジン』の小記事において、妖怪は「別の世界からやってきた」と言及する（大伴 1967）。私たちを超えた世界を意味するこのような概念が、普遍的用法としての超自然概念に相当することは言うまでもない。

一九七〇年代（厳密には一九七四年とされる）のオカルトブームは、二〇世紀最後の四半世紀における日本の宗教環境に対する重要性にもかかわらず（一柳編 2006）、妖怪言説にとっては、一九六〇年代後半の余波でしかなかった。金子毅が指摘するように、「この「オカルト」という言葉だが、そもそもは魔術・テレパシー・未来予知・錬金術・占星術・霊能力、死後の生、さらにはＵＦＯ（未確認飛行物体）、アトランティスやムー大陸など失なわれた超古代文明までも含めた不可思議で超自然的な現象や作用の総称だと捉えられている」（金子 2006：18）。このなかには妖怪も幽霊も「おばけ」も見当たらない。とはいえ、妖怪は引き続き商業出版に姿を見せていた。象徴的なのが、一九七四年の『週刊少年マガジン』に掲載された「ロマン・サイエンス」という連載記事である。記事の書き手は、「現代には、科学だけでは解明できない謎と不思議が数多く存在する。このシリーズは、これらの未知の世界に挑戦し、その正体を追求していくものである」と語る。話題のなかにはＵＦＯや超能力、エクソシスト、河童や天狗、吸血鬼も含まれていた（一柳 2020：169）。しかしオカルトブームに関心があった人々の大半は、人間それ自体の秘密に惹かれていた。つまり心霊写真や透視能力、念動力、そして死後の生である。現代の都市社会に現れる妖怪や幽霊ではまだ遠すぎる。私たち自身の隠された側面こそが、オカルトの繁茂する場となったのだ（大道 2019：45）。

一九七二年に出版された佐藤有文の『日本妖怪図鑑』が、「超自然」という言葉を用いて、超自然概念を限定的に使っていたことは注目に値する。同書は半世紀にわたって再版され、二〇一六年には復刻版が刊行されるなど、現在では妖怪本の古典と見なされている。佐藤は妖怪を四つのカテゴリーに分ける。

幽霊（霊魂がこの世にあらわれたもの）
妖怪（ふしぎな魔力をもった怪獣や正体不明のもの）
変化（たぬきやきつね植物などが化けたもの）
超自然

（佐藤 1972：32）

「超自然」に説明書きはない。このカテゴリーはさらに「正体のわかるもの……不知火・しんきろう」と「正体のわからないもの……鬼火・きつね火」に分けられる（佐藤 1972：32）。この分類は、二年後に出版された水木しげるの『妖怪なんでも入門』でも踏襲されたが、「超自然」に関しては「謎につつまれたふかしぎな現象のこと」と定義されている（水木 1974：70）。付された文章から判断すると、不思議な生き物が「妖怪」に分類され、姿を変えるものが「変化」に分類され、不知火や狐火、蜃気楼などの不思議な現象が「超自然」に分類されているようである。

それならば、『日本妖怪図鑑』のなかで、狭い意味での「妖怪」、変化、幽霊は単純に言って自然的なのだろうか。もちろん、そんなわけがない。同書を含め、一九六〇年代末から一九七〇年代までの「超自然」の用法をサーベイしてみると、「超自然」と対比されるものの多くは、自然科学によって認められた万物であることが見えてくる。たとえば『週刊少年マガジン』に連載された「超自然のなぞ」という連載記事の序文には以下のようにある。

人類は、ちえと勇気で、自然の中にかくされた未知のとびらを一つずつあけ、いまや、宇宙へのとびらをも開こうとしている。だが、自然は、まだ多くのとびらをとざしている。

このシリーズは、それら超自然のなぞにいどむ企画だ。（南山 1969：132）

この記事のいう超自然概念は、私たちの現在の科学的視野を超えたもののことである。二一世紀現在ならば「超常」というほうがいいかもしれない。近代心霊主義もまた、つねに自然科学との関係のなかで構築されてきたので、心霊主義がおもに関わってきた幽霊が超自然的とされる——より厳密には超常的とされるのは驚くようなことではないだろう。

それに対して妖怪は境界的な立場にある。一方で、民俗学者は妖怪を自然科学に触れることなく取り扱うことができる。なぜなら民俗学のフィールドは、まだ、妖怪を排除する科学知識に浸蝕されていないと見なされていたからだ。他方で、怪奇作家は妖怪を、近代的な読者の脅威になりうる「おばけ」として取り扱ったので、彼らは妖怪を科学知識との関係で位置づけることができた。要するに、民俗学は妖怪をノスタルジックな民間信仰に関係づけ、怪奇作家は妖怪を現代の超常現象に関係づけたのである。

同じ理解は、『日本妖怪図鑑』における超自然概念にも適用できる。佐藤は超自然を「説明できるもの」と「説明できないもの」に分ける（佐藤 1972：32）。「説明できるもの」には不知火と蜃気楼が含まれており、この二つは、かつて不思議だとされていたが、自然科学の発展により、単なる光学現象であることが明らかになったものである。「説明できないもの」のなかには、不知火などと似ているが、いまだに謎めいた怪火が含まれている。この事実は、佐藤の分類においては、科学的説明の試みが、それがうまく行ったかどうかは別にして、あるものが超自然的であるとみなされる条件の一つであったことを示唆している。

民俗学における妖怪の大半は、民俗学者によって科学的説明が試みられたことがなかった。なぜなら単純に、民俗学者が自然科学者ではなかったからである。したがって、佐藤は、超自然のカテゴリーを用いたが、このカテゴリーを妖怪全体に広げることはなかった。

7　妖怪の二重の側面

ここまで、柳田國男と小松和彦のあいだにおいて、妖怪を位置づけるための二つの異なる態勢《ディスポジション》を見てきた。つまり、妖怪を超自然化し、妖怪を幽霊的な超常的領域へと結びつけるが、神には結びつけない怪奇・妖怪ブーム。そして、妖怪をはっきりと存在論的には概念化しないが、神に結びつける民俗学研究。民俗学者が「怪奇」としての妖怪を無視したのは、近代大衆文化が民俗学の主題ではなかったからだろう。マイケル・ディラン・フォスターが説明するように、大衆文化は「商業化や金銭的な交換価値への志向性」によって特徴づけられるのに対して、民俗《フォークロア》は「インフォーマルであり、非公式で非商業的、非制度的」である（Foster 2016 : 7）。同じことは、多少の例外（今野 1969 など）を除き、日本民俗学にも言えるかもしれない。

だが、こうした区別によくあることだが、フォスターの言う「フォークロレスク」(大衆文化における民俗の利用・表現)のように(Foster 2016 : 5)、曖昧でハイブリッドな場もあるはずだろう。水木しげると水木が描いた妖怪画は、大衆的怪奇と民俗学的知識とのハイブリッドであり、フォークロレスクな場の、もっとも名高い存在である。

思弁を重ねるならば、上述した妖怪の二重の側面が、高度経済成長期後期において、妖怪を文化として享受していた日本列島の人々のアイデンティティを反映していると言えるかもしれない。水木しげる的な妖怪が、「共有された村落的歴史の偶像として、漫画に影響を受けた現代的な表現形式においてさえも、国民的《ナショナルな》記憶とされるものに由来するキャラクターを表象しているのである」(フォスター 2017 : 271 ; cf. 香川 2022 : 119)というフォスターの指摘は大局的には妥当かもしれないが、他の怪奇作家による妖怪には当てはまらない。むしろ、怪奇作家たちの妖怪は、それを享受していた人々のアイデンティティの現在地を示している。つまり、自然科学をたばさみ、経済成長に邁進しながらも、公害のような物質的発展の副作用に対してひどく不安げになり、正統的科学とは異なる道を求めて霊的なものや超自然的なものへとたどりつく、そうした集合的自己としての「日本人」である。

後に、妖怪や幽霊の住まうこの世ならざる領域に関する概念は、小松和彦が一九八〇年代に構築した新しい概念「異界」へと統合されていくことになる(池原 2011)。そして妖怪は、「異界」の代表的住民として前面に出てくることになる。以来、現在にいたるまで、超自然概念と異界概念は、妖怪研究や民俗的・通俗的な用法のなかで、切っても切れないかたちで結合している。ここまで見てきたように、この存在論的布置には長い系譜があり、決定的契機の一つは、一九六〇年代から一九七〇年代までの日本における、大衆的な妖怪ブームにおける推移であった。

註

★1　廣田（2022）で「精霊的用法」と表記したものに相当する。

★2　「国会図書館デジタルコレクション」の全文検索を利用してみると、「地縛霊」の初出は専門誌『心霊と人生』一九三一年八月号の記事だが、しばらくは専門誌での登場に限られ、一九六〇年代になって徐々に書籍にも現れるようになる。中岡俊哉は一九六八年の『世界の怪奇スリラー』でもこの語を用いており、彼が「地縛霊」を一般化したことは間違いない。「地縛の霊」という表現は一九一七年の翻訳書が初出。「浮遊霊」は、心霊用語としては一九三二年の『明道会の内面曝露』が初出のようだが、興味深いことに、一九五〇年代以降は民俗学の文献に多く現れるようになる。「背後霊」は一九四〇年の専門書が初出。

第2章　神なき時代の妖怪学

はじめに

前章でも触れたが、一般的に、日本の妖怪研究は、第一人者である小松和彦を中心として、民俗学で行なわれることが多いというイメージがある。だが実際のところ、現代の民俗学において、妖怪研究はそれほど盛んではない。それは、妖怪の実在を総体として受け入れる社会がほとんど消滅し、事例が得られにくくなったことが大きいからとされている（小松 1994b：131；梅屋 1998：134）。

その一方で、小松は初期から、柳田國男をはじめとする民俗学で扱われていた妖怪に人類学の理論や概念、方法を適用し、研究全体の刷新を図っていた（小松 1994a）。このプロジェクトは成功をおさめ、今では妖怪研究者の多くが、彼の提示した概念や図式を参照するようになっている。かくて皮肉なことに、民俗学は妖怪を周縁化する一方で、自身が妖怪研究において周縁化されることになってしまった。理論面での人類学への方向転換は、事例の減少という認識と相俟って、妖怪の見出される諸社会の他者化——差異を強調することによって研究対象を研究主体とは非連続的で隔絶した存在として構成するアプローチを強めるものであった。

本章では、前章に引き続き、一九七〇年代末の小松の登場以降、どのようにして妖怪研究の中心が民俗学から離れていき、人類学の領するものになったのかを論じるとともに、なぜそのような変化が生じることになったのかを明らかにしてみたい。以下、まずは小松による柳田批判をとおして、どのように妖怪論が変化していったのかを論じる。次いで、自覚的な民俗学者であった柳田の妖怪論と、社会人類学者・民俗学者を自認する小松の妖怪論を比較検討し、小松が民俗学の新展開を試みる一方で、妖怪を人類学的に扱わざるをえなかった理由について考察する。本章では、この理由の背景には、柳田と小松が共有する「神の探究」という目的があることを指摘する。結論として本章は、神の探究を周縁化することにより新しい方向での民俗学的妖怪研究が可能になるのではないか、と提案する。

1　妖怪論の変換――歴史的零落論から構造的分析概念へ

（1）小松和彦による柳田妖怪論の批判

小松和彦は、そのキャリアの初期から柳田妖怪論の批判を展開していた。一九七九年に発表され、後に『憑霊信仰論』に収録された「山姥をめぐって――新しい妖怪論に向けて」に、すでにほぼ完成された批判の論理を見てとることができる（小松 1979, 1994a：278-282）。ここでは、まず小松の整理にそって柳田の妖怪論を概観し、ついで批判の仕組みを確認してみよう。

小松によると、柳田をはじめとした民俗学者たちは、「妖怪とは神の零落したもの、つまり前代の信仰の末期的現象として現われたものとして規定」していた（小松 1994a：279）。この理論は、柳田の『妖怪談義』に収められた「盆過ぎメドチ談」（初出一九三二年）において「我々の妖怪学の初歩の原理」と認識されている。柳田はカッパを事例として、「ばけ物思想の進化過程、即ち人が彼等に対する態度には三段の展開のあつたこと」を示そうとする。第一段階は「敬して遠ざけるもの」。第二段階は、この状態を「出来るだけ否認せんとし、何の今時その様な馬鹿げたことが有るものかと、進んで彼の力を試みようとして、しかも内心はまだ気味が悪いといふ態度」である。これは「社会としては半信半疑の時代」であった。第三段階は、「信じない分子が愈々多くなる」時代で、物語としては神仏や人間によって正体を暴かれたり退治されたりするものになる（柳田 1956：101-102）。また、『一目小僧その他』においても、柳田は「何れの民族を問はず、古い信仰が新しい信仰に圧迫せられて敗退する節には、其神は皆零落して妖怪となるものである。妖怪は言はゞ公認せられざる神である」（柳田 1934：16）とする。

小松の見るところでは、この零落論はその後の民俗学で広く受け入れられることになった。たとえば井之口章次は論文「妖怪と信仰」のなかで、「とくに柳田先生の妖怪研究は、画期的なものであった。（…）妖怪は信仰の零落した姿であること（これには異論があるが）などを確認された」として、「異論」の存在を認めつつも、零落論を受け入れる。さらに独自の調査の結果、「現在知られている妖怪の一つ一つについて、その由来を細かく検討してみると、そのほとんど全部といっていいほどのものが、神信仰・霊魂信仰の変化零落した姿なのである」と断言する（井之口 1975：176-177）。

しかし、零落論には一つの大きな欠陥があった。それは、この説は「いわば《一系的妖怪進化（退化?）説》なのであって、すべての妖怪が一様に神の零落したものと把握され、したがって、その他の可能性、たとえば人間→妖怪、動・植物→妖怪、妖怪→神、といった可能性はまったく排除され否定されて」いるということである（小松 1994a：280）。ここで小松が反例として提示するのは、『常陸国風土記』に現われる夜刀《やつ》の神の説話だ。この存在は、当初は人間にとって有害だったため、退治される妖怪として現れた。しかしその後、人間は夜刀の神を山へと追い払い、これを祀るための社を建てた。この事例をもって小松は、妖怪から神への移行もあるのだから、一方的な零落論は成り立たない、と批判するのである（小松 1994a：283-286）。この批判は、柳田の思弁的な図式とは異なり、事例に基づいた分析である点で、ほとんど異論の出ようのないものであった。

この批判に続いて小松は、妖怪と神そして人間の関係性を新たに捉えなおした。概略的に述べると、超自然的存在が人間にとってプラス価を帯びると神になり、マイナス方向へ傾くと妖怪になる――という構造的図式である。これを祭祀の有無で区分すると、前者は祭祀され、後者は祭祀されない、ということになる（小松 1994a：286-291）。

こうして定義された分析概念としての妖怪は、柳田の零落論を乗り越えたとして、現在にいたるまで広く受け入れられている。第1章でみたように、この概念の存在論的側面についでは問題があるのだが、この章では、さらに根底的な問題提起を試みる。だがその前に、まず、小松が批判した柳田の方法論を起点として、この二人の学者の差異と共通性を、人類学と民俗学の分野的差異と並行させせて論じてみたい。

（2）柳田の実存的民俗学

小松は「山姥をめぐって」において、柳田の零落論にみられる矛盾の原因は、「研究者である柳田の理論つまり「分析的視点」と、妖怪を伝承している人びとの理論つまり「民俗的視点」の区別が判然としていない点にある」と指摘する（小松 1994a：281）。この批判は、のちに『妖怪学新考』でなされた批判も加味して言い換えると（小松 1994b：18-19）、「日本の信仰全体の歴史」が「繁栄から衰退へと変化しているという」通時的で外在的な理解（分析的視点）と、ある時点における民俗社会の妖怪や神についての共時的で内在的な理解（民俗的視点）の区別ができていない、ということになる。しかし管見では、この視点の区分の有無こそが、二人の妖怪への態度にとって大きな意味を持っていた。

柳田の民間信仰研究が実存的な意義を持っていたことは、早くは橋川文三が見出していた。橋川は、柳田が民間信仰や死後の世界に寄せた関心と彼の家系への関心を並置し、「自己の実存に迫ろうとするパセティクな努力の跡」を見出している（橋川 1964：345）。自分自身と研究対象との感情的なつながりは、妖怪研究においては『一目小僧その他』に強く現われている。

無銘無伝の前代平民等が目に見えぬ足跡を覔《もと》め、彼等何事を怖れ何を患ひ何を考へて居たかを少しでも明かにするのが、此方面の研究である。（…）昔の人の行為と考へ方には床しく優しいことが多い。或は又古くなり遠ざかるからさう感ぜられるのかも知れぬ。しかもそれがエチオピヤ人でも無ければパタゴニヤ人でも無く、我々が袖を捉へてふるへたい程懐しく思ふ、亡親の親の親の親の親たちの事では無いか。（柳田 1934：69-70）

柳田のこの一文には、文献資料のみを扱う（当時の）歴史学のみならず、研究者からは遠く離れた他者（「エチオピヤ人」「パタゴニヤ人」）を調査していた人類学や民族学との立ち位置の違いも、明確に表現されている。この部分については、マイケル・ディラン・フォスターも「柳田が提示する過去の現実は、見栄えのしないものかもしれない。しかしそれは集合的経験の一部なのだから、近代的な《自己》に本質的な一部分でもある。共有された歴史の痕跡としての妖怪の存在は、日本人を日本人として同定するものなのである」と論じている（フォスター 2017：197-198）。妖怪、そして民間信仰は、自分たちが小さな部分であるような、悠久の過去へとさかのぼる歴史的連続体としての自己にとって、きわめて重要な問題なのである。

柳田の零落論にとって、研究主体である自分と研究対象である人々は、実存的に区別すべきではないものであった。なぜならば、両者とも自己に包括されるからである。そこでの問題は、なぜ現在の自己はこのような状態になっているのかを、歴史的に拡張された自己——あるいは拡張された来歴（extended biography）というべきか——がどのように変化を経たのかを調べることにより、明らかにすることであった。柳田にとって重要なのは、分析的視点と民俗的視点の区分ではなく、現在の自己から見られた対象と、歴史的に拡張された自己から見られた各時代における対象をいかに収束させるか、ということだった。実際、小松が批判する「盆過ぎメドチ談」を見てみると、彼は決して分析的なものと民俗的なものを混同しているのではなく、むしろ信じられなくなっていく諸段階（分析的）と、それぞれの時代ごとの、妖怪の登場する説話の表現形態（民俗的）を分けて描写していることが分かる。そして、その段階の最後には、柳田の属する近代社会があった。妖怪の零落論は、なぜ自分の生きているこの時代、状況がかくのごとくなっているのかを、自己の過去によって明らかにするという、民俗学の明快な例示であった。

柳田の学問における自己の拡張は、妖怪論に限ってもさらなる事例を見出すことができる。この点は『妖怪談義』に収められた小論「幻覚の実験」が分かりやすい。このなかで柳田は、自分が子どものころ、兄の家の庭にある石の祠のあたりを掘り返して綺麗な寛永通宝を見つけたとき、不意に空に「白昼の星」を見た、という出来事を語っている（「実験」は「実体験」という意味）（柳田 1956：69-72）。香川雅信は柳田における共同幻覚論の変遷を見ていくなかでこの記述を取り上げ、柳田が「幻覚の実験」のなかでこの体験に続いて「個人の幻覚が幻覚として片づけられず、共同体の伝承となっていった事例を挙げ」たことに注目する。さらに香川は、柳田は幻覚を個人的なものとして片付けず、共同体にとっての意味を持ったものとして社会化する試みを追究していったのではないか、と指摘する（香川 2017：162）。

白昼の星を含めたいくつかの神秘的な経験は、柳田を零落の最終段階とその一つ前の段階とのあいだに位置づけるものでもあった（稲生 2013：314-323）。彼の自己は、その実存的な起源を求めるために前代の歴史的連続体へと依拠するまでもなく、妖怪が生きていた世界に、ほんの一部ではあるが身を浸していたのである（廣田 2022：130-132）。そしてこのこと（対象との距離の喪失）を柳田が各所で明記していた点は、次節で論じる小松の妖怪論と大きな違いを生み出すものであった。

（3）小松の構造的人類学

柳田國男の実存的民俗学に対して、小松妖怪論はどのような位置にあるのだろうか。ここで悩ましいのは、彼自身のポジションが、「文化（または社会）人類学者・民俗学者」として提示されていることである。たとえば小松は妖怪に関して『怪異の民俗学』という全六巻の論文アンソロジーを出版しており、またより広い視野から『神なき時代の民俗学』や『新しい民俗学へ』など、民俗学の先端に関わる書籍をいくつか世に問うている。こうした文章のなかでは、民俗学や民俗学者はいかにあるべきかが、彼自身の問題として思考されている。その一方で彼は、そもそも社会人類学の出である。最初期の論文では、憑きものを議論するなかで人類学的概念を導入しつつ、最終的に研究を「ようやく民俗学的方向から人類学的な視点へと移し変えることができた」と主張する（小松 1994b：102）。人類学者の佐々木宏幹は『憑霊信仰論』文庫版の解説で、小松の研究について、

著者は人類学の理論や概念、方法を駆使することにより、日本文化の深層の解明に、それまでの民俗学が果たしえなかったような新生面を切り拓こうとしたと評すべきではあるまいか。（佐々木 1994：350-351）

とも述べている。そのほか、『岩波講座 文化人類学』や『文化人類学文献事典』など文化人類学方面の出版事業に携わったり、日本語および英語の人類学雑誌に論文を載せたりするなど、小松は明らかに人類学的な業績も多く残している。とはいえ、ここで総体としての小松の学問的な場を「民俗学か人類学か」と問うのは不毛なことだろう。そもそも両者を兼ねることを自認する研究者は少なくない（かく言う筆者もそうである）。ここでは、妖怪研究といえば民俗学というイメージが通俗的には広まっているが、その中心にいる小松の原点は人類学にあるということを確認しておきたい。この人類学的な方向性を具体的に見ていくために、柳田の零落論と小松の妖怪概念を比較してみよう。しかしその補助線として、まずは柳田と並び立つ古典的民俗学者たる折口信夫のマレビト概念に対する小松の批判を概観してみる。

小松は「異人論への人類学的視点」（初出一九八五年）において、「ハレ・ケ・ケガレ」概念に対する当時の民俗学の態度を非難する。この概念に関わる討論において、小松が観察するには、文化人類学者である波平恵美子以外の「民俗学者たちは分析概念と分析対象との峻別を充分になしえ」ていない（小松 1995：169）。小松は、折口も同様に、彼が発明した分析概念の「マレビト」と、資料内に見出せる民俗的な「マレビト」との区分を行なわなかったため、この概念の学際的な共有や次世代への継承が困難なものになった、と批判する。

小松はさらに議論を進める。彼によると折口は、異なる二つの民俗事象群から「マレビト」

を抽出し、その二つを歴史的な流れのなかの異なる時点に位置づけることにより歴史的モデルを構築したのだという。それに対して小松は、（民俗学ではなく）人類学がこの概念を利用するためには、歴史的モデルとしての役割を脇におき、超歴史的モデルとして改修すべきであることを提案する（小松 1995：175-177）。この論考において、旧来の民俗学から人類学への転換は、歴史的モデルから超歴史的モデルへの転換と等しい。

歴史的変化の流れを超歴史的な構造図式に変換する操作は、小松がかつて行なった妖怪零落論の批判的再構築とほとんど同一のものである。柳田が日本全体における動向（神→妖怪）を通時的に概念化したものを、小松は任意の時点で民俗社会に見出しうる動態的宇宙論（神⟷妖怪）として共時的に再概念化したのである。それは、柳田が眼差しを注ぐ歴史的変遷ではなく、人々の語る物語内部に見出される構造であった。そもそも夜刀の神において分析されているのは、歴史的過程ではなく、一つのテクストだった。こうした共通点からは、小松の妖怪概念もまた、超歴史的な人類学的理解に向けたものと見なすことができる。

以上のように、柳田の零落論に対する小松の妖怪概念は、「妖怪の民俗学」ではなく「妖怪の人類学」の一環として把握することができるだろう。それでは、民俗学と人類学の違いは、妖怪研究にどのような意味を持っているのだろうか。

2　小松妖怪論における民俗学と人類学の関係

（1）自己理解と他者理解

ここまで使ってきた「人類学」と「民俗学」は、小松自身が用いたカテゴリーである。この二つは、事例分析において区別されていることもあるが、方法論としてどちらを適用しているのか明示されないことのほうが多い。これに加えて、さまざまな場で小松によって語られる民俗学と人類学の中身は、現状把握と今後の方向性と自身の実践とが入り混じったものであり、さらにこの三つは、一九七〇年代後半から現在にいたるまで、どの時点で見るかによっても当然ながら変化してくる。そのため単純化して、小松にとっての民俗学はこうであり人類学はあである――などと決めつけることはできない。

しかし本章は、妖怪研究の人類学への転換をふまえた上で、ふたたび民俗学的に妖怪を捉える可能性を示すことが目的の一つである。ここまで論じてきたのは、あくまで小松自身が用いた概念としての人類学／民俗学だった。ここからは、分析概念と分析対象を区分せよという小松の指導にしたがい、分析概念として人類学的傾向／民俗学的傾向という区分を用いてみる。さらに、小松のもう一つの指導にしたがい、彼の妖怪研究におけるこの二つの傾向を、「旧来の民俗学から人類学へ」という歴史的モデルではなく、両方を併せ持つものとして捉え、超歴史的モデルとして描き出してみる。

民俗学と人類学の違いは、小松自身によるものをふくめてさまざまに論じられているが、ここでは形式的に分かりやすい自己理解／他者理解という区分から出発してみることにしよう。欧米の人類学者たちは、少なくとも一九八〇年代の「表象の危機」以降、存在論的転回として二〇〇〇年代に一括された諸動向にいたるまで、つねに他者を論じるとはどういうことかについて自覚的に問い続けてきた。さらに、ヨーロッパ人類学者のマテイ・カンデアが論じるように、たとえ自文化を研究する場合であっても、最終的に研究対象を他者として提示し、私たちと同じものと思われていた対象の内的差異や多様性を明らかにするのが、人類学の仕事である(Candea 2011)。研究対象と研究主体との差異を重視し、あえて他者化していくことを、ここでは人類学的傾向とする。

それに対して柳田の学は、特に妖怪を含む民間信仰の分野において、柳田にとって自己の存立そのものに深く関わっていた。近年でも、たとえば真野俊和は「自省の学」に触れ、民俗学には「自分自身の内部への非常に深い省察がなければならない」と述べる(真野 2009：30；cf. 徳丸 2002：25-27)。また他に、民俗学は「自文化の内省を含む」べきであり(篠原 2010：15)、あるいは「現在ここにある当たり前」に関わる研究であるべきだとする提案もなされている(岩本 1998：30-31)。このように、対象がつねに自己へと差し向けられ、自己へと巻き込まれていくような(差異化とは逆方向の)アプローチを、ここでは民俗学的傾向とする。

この二つの傾向を小松妖怪学に確認してみよう。小松は他者論が盛んになる時代の前に教育を受けていたが、「表象の危機」で顕わになったように、人類学自体は草創期からつねに非西洋を他者化して提示してきていた。もし小松の妖怪研究に民俗学的傾向とは異なる人類学的傾向があるならば、その対象である妖怪および民俗社会の宇宙論や存在論もやはり他者化へ向かっている、と推測することができる。

具体的に、零落論と妖怪概念の違いから、人類学的傾向の度合いを見てみよう。上述のとおり、柳田は信仰の歴史的衰退を、自身の幼少期の神秘体験によって部分的に身体化し、さらに「親」へと訴えかけて実存的なつながりを確保することによって、自己へと巻き込む民俗学的傾向を強く示していた。それに対して小松は、この実存を共時的な構造へと変換することにより、対象を「民俗社会」として他者化し、研究者としての自己そして自己の属する現代社会と分離した。民俗社会における構造や、分析概念としての妖怪のなかでは、妖怪や神、動植物や人間などが移動することは許されているが、零落論とは異なり、構造が変化し、外部から見つめる研究者の自己へとつながっていく内的契機は見当たらない。そしてこの点が、小松のいうところの民俗学から人類学へと改修された超歴史的モデルが超歴史的たる所以でもある。

このようにして、人類学的傾向は、私たちの生きる世界から分析的に差異化された民俗社会として、妖怪の生きる世界を分離し、他者化する。徳丸亞木が、自己内省の学としての民俗学と対比して人類学について述べるように、「基本的に対象地を閉じたミクロコスモスとして把握した上での叙述」が、ここでは行なわれている（徳丸 2002：27）。

宮田登の民俗学に対する小松の批判も、この差異化の重要性を説くものとなっている。宮田が近世の妖怪・怪異と近現代のそれを比較するとき類似性を見いだそうとする点について小松は、

宮田は（…）連続性もしくは不変性を見出すことで、日本人の精神構造を引き出そうとする民俗学的研究の一環をなすと考えていた（…）逆の言い方をすれば、そこに断絶を見出してそれを強調することになれば、民俗学的研究としての性格を失ってしまうわけである。（小松 2001：208）

と指摘する。宮田の研究法は、現代とのつながりを探ろうとする点で民俗学的傾向にある。だが、こうした態度に対して小松は、「「連続・類似」を指摘する一方では、その「差異・断絶」にも目を配る必要がある」と批判し、前者にのみ注目したことが宮田の弱点だったと強調する（小松 2001：211-212）。確かに小松は、前近代と近現代の妖怪について、むしろ差異や近現代の独自性のほうを結論として主張している（小松 1994b：132-150）。議論においては差異の提示が優先されるのである。私たちはこれを人類学的傾向と呼ぶことができるだろう。

このように、旧来の民俗学を批判する小松妖怪論の性質は、民俗学的というよりは人類学的傾向にあり、この点において彼の研究は、やはり「妖怪の民俗学」ではなく「妖怪の人類学」

とみなすほうが妥当のように思われる。だが、その妖怪研究に、まったく民俗学的傾向はないと言っていいのだろうか。

（2）妖怪研究に通底する「神の探究」

対象との距離（他者化）、用いられる理論や分析概念（共時的構造）など、多くの点において小松妖怪論は「妖怪の人類学」であった。しかし小松はまた、場所によって自身を妖怪を研究する民俗学者のなかに数え入れてもいた。宮田登との思い出を語るなかで、彼は、宮田とともに民俗学の立場から妖怪情報をメディアを通じて提供したと述べている（小松 2001：190）。また、香川雅信は小松と宮田を「新たな妖怪論」の中心となった「二人の民俗学者」と記している（香川 2011：50）。この二人に関する香川の記述は一ページに満たないとはいえ、小松の妖怪研究が人類学的であるという点は触れられていない。さらに、二〇〇六年に小松と一柳廣孝らとで行なわれた対談では、小松は人類学的な手法を持ち込むことによって民俗学を刷新した民俗学者とされ、対談相手からは、小松が人類学者でもあることが語られないまま終わる（小松＋一柳＋吉田 2006）。

こうしたカテゴリーの自己執行／他者執行（サックス 1987）に関して、民俗学者として民俗学を論じる小松は、実は妖怪をほとんど前面に出していない。彼は、関一敏による柳田民俗学の整理を拡張して、次のように語る。

> 現代の民俗学は、かつて柳田國男が「近代」（モダン）の形成とともに、その額縁として「民俗」を発見し「民俗学」を構築したのと同じように、「現代」（ポストモダン）の形成とともに、その額縁となるような「近代」（前代生活あるいは前現代）を、新たな「民俗」として発見していく学問として再構築されるべきではないか。（小松＋関＋佐藤 2002：11）

彼は、民俗学とは、みずからの生きる時代を成立させるものとしての前代（柳田たちの近代にとっての前近代、小松たちの現代にとっての近代）を研究する学問だ、という読解を示す。このことは、対象を、自己の輪郭つまり自己の存立に不可欠な要素とみなし、自己の側へと引き寄せる民俗学的傾向を例証するものである。

別の論考を参照して補足するならば、まず柳田民俗学は、「前近代的な村落の伝統的な民間伝承」を民俗として捉えていたが、それらは「近代化・都市化の影響を受け、さらに高度成長の影響を受けて、変容し消滅していった」（小松 2002：53）。そのため、現代の民俗学者たちは、自分たちの目的意識を明確にして、自分なりの観点から民俗という研究対象を構成していかなければならない。このとき重要になるのは、自分たちの生きる現代と、それなしには今あるような自己が存在しえない、前段階の近代とのつながりである。彼にとってのこれからの民俗学は、研究対象が自己と（分析的にも実存的にも）不可分な関わりを持つ民俗学的傾向を示している。
小松が上述の民俗学論を提案した『神なき時代の民俗学』で具体的に取り上げるのは、近代的な慰霊行為や人物記念館、靖国神社、阪神・淡路大震災、ポスト高度経済成長期のハレ・ケ、町おこしなど、その多くが「現代人」(小松 2002：252)による実践である。いずれも場合によっては古代にまでさかのぼって議論しつつも、その目的はつねに、自己の眼前の事実を明らかにすることに向けられている。そして、ここに妖怪は見当たらない。『新しい民俗学へ』でも、「憑きもの」の項目はあるが、「妖怪」はない。

民俗学からの妖怪の脱落は、本章の初めのほうでも指摘したが、妖怪の実在する世界に生きる人々が今では少ないため、「民俗学を参与調査に基づく現在学と捉えるならば、この時点で「妖怪の民俗学」は不可能となる」(梅屋 1998：134)ことがその背景として大きいとされている。もちろん、時代や対象の拡張によって「妖怪の民俗学」を可能にすることはできる。[★1] しかし小松は、妖怪研究の外部では、新しい民俗学プロジェクトのなかに、妖怪をほとんど入れようとはしなかった。その理由としては、一つには近代と現代の関係性を問うものとしての民俗学にとって、妖怪を信じることは慰霊などと違ってすでに前近代へと追いやられていた点が挙げられるだろう。しかしもう一点、より根本的で、小松による民俗学の規定に深く関わる要素が、その民俗学的傾向と妖怪研究の分岐点に存在している。それは「神の探究」である。

最初の単著である『神々の精神史』(初版 一九七八)において、小松はすでにみずからの研究主題が「カミ」であることを表明していた（小松 2023：17-19）。この関心は彼の研究のバッソ・コンティヌオとなり、後の『神なき時代の民俗学』では、「私の選び取った民俗学は、おおざっぱな言い方をすれば、日本の「神」の解明を目的とする学問としてのそれであった」（小松 2002：100, cf. 70）とも主張されている。そして「神の探究」は、小松によると、柳田と折口という二人の始祖的存在の関心から引き継がれたものであるという。確かに折口は、「先生［柳田］の学問は、「神」を目的としてゐる」と明言しており、小松はさらに、「折口が柳田に与えたこの言葉は、そのまま折口自身についてもいえることである」と畳みかける（小松 2023：386, 強調除去）。

小松は、柳田や折口の分析法や概念を激しく批判しつつも、みずからの民俗学的立場はこの二人によって規定された対象の枠内にとどまっている。彼らから引き継いだ対象のなかには、柳田らが民俗学に招き入れた妖怪たちもいた。妖怪は、柳田民俗学にとってはかつての神であり、前代の信仰への手がかりであった。小松もまた妖怪と神のつながりを継承したが、（あくまで「神の探究」の枠内で）歴史的な概念を構造的な概念に変換した。本章ではこの変換が、他者化された対象としての民俗社会の構成の一環だったと論じた。

妖怪が現代都市社会にも出没することは『妖怪学新考』などでも論じられている。とはいえ、慰霊などとは違い、もはや妖怪は神を追究するためには不適切な対象となっていた。都市部に現われる妖怪・怪異について論じる小松の口からは、それらが神と相互変換的であるといった主張は、もはや出てこない（小松 1994b：132-150）。また、慰霊や町おこしなどを分析するときも、そこに見出される神が妖怪になるという事例や、その可能性が示唆されることはない。「神の探究」という観点からみると、神との関係を喪失した妖怪は、（慰霊行為などをとおして）神が措定された近代・現代世界でも居場所を喪失してしまった。このようにして、小松の想定する妖怪＝神概念は、ますます民俗学的傾向から遠ざかっていくことになった。

奇しくも本章と同じタイトルの論考において[★2]、飯倉義之は主として二一世紀における怪異・妖怪譚を八〇ほど検討したうえで、そこに妖怪を神として祀り、人々にとってプラスにしようとする過程がほとんど見られないことを指摘する。「人は〈妖怪〉を〈神〉に転換することによって〈妖怪〉と付き合ってきた。しかし〈神〉への転換を信じられない、神なき時代においては〈妖怪〉は日常を壊滅する素材でしかなく、共存の営為は意識に上らない」（飯倉 2018：153）。どうやら、本当に現代の妖怪は神と縁が切れているようなのである。

以上を超歴史的にまとめると、次のようになるだろう。小松の目指す民俗学は、自己＝現代の事象を、それに輪郭を与える近代の観点から研究する点で、対象と自己との実存的つながりを想定しており、民俗学的傾向がある。その一方で、彼が旧来の民俗学から継承して、みずからの分野横断的な研究の中心的主題としたのは「神の探究」であった。現代にも神の探究が可能なものは多くあり、確かに小松はそれらを民俗学の名のもとに論じてきた。しかし、旧来の民俗学が神の延長上にあるもの（零落したもの）として捉えた妖怪は、小松によって神と互換的な存在に変えられたが、現代においては、そうした存在としての妖怪（あるいは神）を見出すことは難しい。そのため、小松の妖怪研究においては、妖怪＝神であるような民俗社会がおもな対象となっており、加えて彼の民俗学プロジェクトからは周縁化され、人類学的傾向が支配的なものとなっている。

結局、他者化の要点とは、神に関わる構造の差異なのである。この観点からみるならば、現代における妖怪の減少とされるものは、神に関わる（と見なされる）妖怪の不在だと言い換えることさえできるだろう。それでは、もはや民俗社会やそこに生きる妖怪たちは対象として遠ざかっていくばかりなのだろうか。私たちとのつながりは、「神の探究」と別のところに見出すことはできないのだろうか。

3 「神の探究」の手前に民俗学の可能性を見る

「神の探究」という大きな目的がある以上、神との関係が喪われた現代社会の妖怪が、小松の妖怪研究と民俗学において二重に周縁化されたのは、十分に理解できることである。しかし、そもそも妖怪と神との関係が、民俗社会においても本質的なものではなかったとすれば、妖怪研究はどのようになりうるだろうか。

飯倉義之は、「この世には妖怪と称される超自然的な存在が言い伝えとして受け継がれているのだ」という現代日本の妖怪イメージは、私たちがいつの間にか商業メディアを通して知っているものだと述べる（飯倉 2016：219-220）。その一方で、妖怪が実在していた諸社会の存在論を分析してみると、妖怪は必ずしも超自然的ではないということが分かる（廣田 2022：73-100；本書の第1章も参照）。ここで重要なのは、神もまた、妖怪研究においては、超自然的領域に位置づけられているということである。しかし、妖怪と神のみが、ほかとは区別される特別領域を割り当てられるという前提が民俗社会の存在論に妥当しないならば、小松や柳田が想定するような、妖怪と神との本質的な関係性は、現代社会の妖怪イメージを、遡及的に民俗社会に投影したものでしかないことになる。要するに、現代において妖怪が神との関係を喪ってしまったかのように見えるのは、単に現代から見ているからなのである。ここで私たちは、妖怪を超自然と関連付け、そのように思考することが、歴史的な制約のある状況であることに気づく。筆者はこの歴史的な状況を「妖怪の近代」と呼んだ（廣田 2022：127）。私たちは、妖怪を超自然的ではないと考えることはできない。しかし、民俗社会はそれ以外の思考法でもって妖怪を思考しているのである。

妖怪が、そもそも神を中心とした宇宙論でなくても位置づけうるような対象だとすれば、私たちはいったん、ここまで民俗社会と呼んできたものの他者化を、少なくとも妖怪の観点からは保留する必要がある。そして、現代社会にも現われる、神と無関係な妖怪とのつながりを見出す方向性を探ってみることができるだろう。
実際、過去の蓄積のなかから、このつながりを示唆する概念をいくつも取り出すことができる。一つは、香川雅信が柳田の妖怪研究を分析して抽出した「共同幻覚」という方向性である。香川は「妖怪名彙」(一九三八)付近の柳田の言説を取り上げて、零落論と同じくらい、あるいはそれ以上に力を注いだと思われるもう一つのアプローチである「共同幻覚」の存在を論じる。香川は次のようにまとめる。

幻覚はただ個人にあらわれるだけではなく、複数の人間が同時に同じ幻覚を体験することがある。それが「共同幻覚」であるが、問題はその幻覚の種類、すなわちどのような幻覚を体験したか、そしてそれを体験した時と場所、何ゆえにそれを「天狗の何々」と称するに至ったか、であるという。つまり「共同幻覚」に見られるパターンを把握し、そうした幻覚を成型した社会的条件を明らかにすべきだということであろう。(香川 2017：160)

このまとめが妥当ならば、共同幻覚の概念は、その体験を一義的に超越的な神への信仰に還元するようなものではない。もちろん柳田の目的は、「妖怪名彙」の序で述べるように「怖畏と信仰との関係を明らかに」(柳田 1956：215)することだった。だが、ここで「信仰」(神との関係)を明らかにするという「妖怪の近代」圏内での思考の限界を乗り越えるためには、共同幻覚と畏怖の関係から、それが信仰＝神に関わるべきという前提を排除しなければならない。

信仰＝神と妖怪の分離は、じつは小松が、零落論をほぼ無批判に受け容れていると批判した、井之口章次の議論で実験的に行なわれていたものだった。彼は次のように述べる。

これは、理解しにくい提案のように聞えるかも知れぬが、妖怪現象というものは、おそらくどの国どの民族にも、また時代を超越して存在するものであろうから、信仰と併行して、ある場合には、信仰よりも古くからあったものと認められる。ところが一方、現在知られている妖怪の一つ一つについて、その由来を細かく検討してみると、そのほとんど全部といっていいほどのものが、神信仰・霊魂信仰の零落した姿なのである。（井之口 1975：176-177）

このパラドックスを解消するため、井之口は普遍的な「妖怪現象」と個別的な「妖怪種目」を区分し、現存する妖怪種目は早くても近世初期の信仰に由来するものだ、と推測する。要するに、日本人は現象に対する意味付与としてつねに信仰を用いてきた、ということである。この議論は零落論を前提としているのでそのまま受け入れることはできないが、妖怪現象を信仰と分離されたものとして扱おうとした点は注目に値する。たとえば彼は山中で「斧の音や木の倒れる音がするのに、翌朝その場を見ると一本も倒れた木がないという、天狗倒しとか空木返しの怪」について、「それは、たしかに幻覚に違いない。（…）何の物音とも知れぬ耳の迷いを、林業地でないところでも、伐木の音と判断した」心意を見出している（井之口 1975：184）。ここには、感覚的な妖怪現象が、特定の存在による樹木伐採と関連付けられて妖怪種目になっていく過程が描かれている。

また小松は、同じようなものを、超自然的領域に関連付けられていないため、まだ妖怪ではないが「妖怪の種」とは呼べる、と述べる。この妖怪の種もまた、どの社会にも存在するものである（小松 2011：10）。両者とも、それらが妖怪研究の対象になるのは信仰や超自然性を付与されてからだと見なしている。だが、それは彼らの民俗学が「神の探究」を目的としているからである。この目的を共有しないならば、私たちはむしろ、その手前にある妖怪現象や妖怪の種の普遍性に狙いを定め、みずからの感性と民俗社会の感性、そして現代都市社会において妖怪を語る人々の感性との近接性や連続性などを探究することにより、民俗学的に、諸社会の妖怪を取り扱う射程を確保することになるだろう。

妖怪をこのように取り扱うことは、人類学的な研究とは異なる、民俗学ならではの対象把握を可能にする。人類学において妖怪は、他者が示し出す可能的な世界の一環として捉えられる。しかし民俗学において妖怪は、自己の現実的な感性がどのような成り立ちをしているのか、どのようにその感性が広がりを潜在しているのかを捉えるためのものとなる。この意味において、妖怪をふたたび民俗学化することは、民俗学自体の新たな可能性を示すことにもなるのである。

たとえば、後藤晴子による、現代沖縄におけるキジムナーや死者などと畏怖の体験との関係についての議論は（後藤 2020）、そうした妖怪研究の実践例として読むこともできるだろう。

おわりに

本章では、柳田國男と小松和彦という、妖怪学の二人の巨人の差異をとおしてその共通性をあぶりだし、限界を見出したうえで、民俗学のための新たな方向性を、妖怪を題材に示してみた。

文化人類学者・民俗学者である小松の構造的人類学は、柳田の実存的民俗学を乗り越えた。その一方で、二人は「神の探究」という目標を共有していた。また、どちらとも妖怪は神のヴァージョンであると考えていたから、妖怪研究は神の探究の一環でもあった。しかし、近現代社会において、妖怪はもはや神とのつながりを失っていた。神＝妖怪のいた民俗社会において、対象を差異化・他者化していく人類学にとって神＝妖怪はやりやすい研究主題となったが、自己との実存的なつながりを見出す民俗学にとって、魅力的なものではなくなっていった。そこで本章では、民俗社会の妖怪をふたたび民俗学化することを目標として、柳田の共同幻覚論などを手掛かりに、一つの方向性を提示してみた。この方向性は、神やそれを含みこむ民俗社会の宇宙論から妖怪を見るのではなく、より人々の実践に近いところから妖怪にアプローチすることを意図している。

小松の民俗学にもその他の人々の民俗学にも、自己理解に意識的ではないものは多い。しかし筆者は、人類学と民俗学の関係性は、民俗学の自己規定にとって重要なものだと考えている。双方を他者理解と自己理解として捉えることは、学際的交流のなかで分野が自壊しかねない状況を避けることのできる有望な可能性の一つであろう。

註

★1　本書の第3部は、その実例である。

★2　余談になるが、飯倉氏にこの件を聞いたところ、筆者の論文名との重なりはまったく意図的なものではなかったという。飯倉論文と本章の内容は大きく異なるが、神が不在であることは、妖怪研究をしていれば感じられることではあったのだろう。

第3章　何とも言えぬ何かの群れに囲繞される（こともある）私たち

プラズマ、無関係、妖怪、怪奇的自然、幽霊、ぞっとするもの、エクトプラズム、タンギー

ここまでの二つの章では、超自然概念や「神の探究」を軸として、妖怪言説や研究史の再構築を試みた。そのどちらでも重要な位置を占めていたのが「信仰」や「信じる」という概念である。分析概念としては英語の belief や to believe に当たる。民俗学や宗教学では「信仰」と訳されることが多いが、哲学や社会科学などでは「信念」と訳されることが多い。信仰にせよ信念にせよ、人々のある種の内面や心的状態を示すもので、日本民俗学でいう「心意」の一種であり、妖怪をそこに還元することが、近代的な学問の方法論だった。

筆者は、妖怪に関わる諸々の歴史を描きなおすことを通じて、これらの概念を使うことなく妖怪を記述する方途を探ってきた。そこで大きな参照点となったのが、ブリュノ（ブルーノ）・

ラトゥールらが創始して発展させたアクターネットワーク理論（以下、ANT）である。そのラトゥールが二〇二二年一〇月に亡くなったとき、盟友ダナ・ハラウェイが寄せた追悼文には、次のような一節があった。

ブルーノも私も甘受できないものがあるとすれば、それは「信念」（信仰）と呼ばれる奇妙なものだろう。信念は、科学にとっても宗教にとっても有毒である。どちらの独自的な真理条件も誤って述べているのだ。（Haraway 2023：165）

次いでハラウェイは、一九九六年、ある自然科学者が、ラトゥールと自分に、科学を「信じている」かどうか尋ねたというエピソードを紹介する。ラトゥールの『科学論の実在』にも、少し違ったかたちで書かれていたことだ（ラトゥール 2007：1-2）。二人は面食らってしまった。

ブルーノにとってみれば、ラボ内での人間的・非人間的な行為主体性と諸実践によってのみ可能となる、入念に作られ、育まれ、変形され、移送された銘刻の連鎖と網の目のどこに、信念との関係があるのだろうか。諸々の事実は、信念のような、心の心理的状態ではない。事実は、要求された試験に耐えたり耐えられなかったりするものである。事実は真に重要なものである。私にとってみれば、科学を構成する、肉々しくて機械状の物質記号論的で自然文化的な諸実践のどこに、信念との関係があるのだろうか。(…)ブルーノと私にとって、信念とは、状況に位置付けられた諸世界のなかで耐えたり耐えられなかったりする物質社会的な諸実践が不在の、心のまやかしの状態のようなものである。(Haraway 2023 : 165-166)

筆者も基本的に、ハラウェイ(およびラトゥール)の意見に同意する。信念や信仰といったものは、それによって説明できれば終わるようなものではなく、さまざまな連鎖や切断のなかで、一時的な効果として現れることもあるものに過ぎない。近現代は信念に依拠するやり方が肥大化した時代でもあったが、それは、近現代の諸実践を記述するときに、ある面で役割を担うことはできるにしても、妖怪の実在する諸世界を記述するときには、ほとんど用をなさないだろう。

ラトゥールやANTのインパクトは、日本の妖怪研究や民俗学にはほとんど及んでいない。それは単に、ANTを用いるのが適切な事例がないからかもしれないし、あったとしても、既存の方法論で記述するのと代わり映えしないからかもしれない。だが、こと妖怪研究について言うと、ANTに触れたことのある研究者がきわめて少ないことが原因ではないかと思われる。たとえば妖怪を研究することは今なお「妖怪文化研究」と呼ばれ、信仰・信念の概念は疑われず、依然として自然と文化の分割に依拠したままである(香川 2022 など)。

このような状況に対して筆者は、『妖怪の誕生』において、ANTの発想をいくつか用いることにより、超自然概念や非実在性といった近代的諸前提から妖怪を解き放ち、従来の諸概念を組み換え、非近代的に描きなおすことを試みた（廣田 2022）。だが終盤に至って、筆者はANTの関係論的なアプローチからすり抜けてしまう妖怪の事例を、近世と二一世紀の二つの時代から取り上げ、その臨界に迫ることになった（廣田 2022：326-327）。このとき用いたのが、ラトゥールの提唱する「プラズマ」という概念である。

1　関係論的なものとプラズマ

ラトゥールの思想やANTの特徴として挙げられることが多いのは、対象を何よりも関係論的なものとみなす前提である。あらゆる行為体《アクター》はほかの行為体との関係のなかで構築されており、関係から自由に実在することはないのであって、各々の個体が自存しているように見えるのは、単にネットワーク内部での相互作用の一瞬の結果でしかない、というものだ（e.g., Harman 2014：40-41）。関係こそが人々の経験や世界を構築するという前提や、そうした関係の発見および記述を何よりも優先する方法論は、ラトゥールが大きな影響を与えた二一世紀初頭の文化人類学の諸動向（いわゆる存在論的転回やマルチスピーシーズ民族誌など）にも見出すことができる（Jensen 2017；Strathern 2018；里見 2022：307-311）。

しかし、この世界は本当に関係的に構築されたもので埋め尽くされているのだろうか。ポスト関係論的人類学を提唱するモーテン・アクセル・ピーダスンは、モンゴルのダルハドにおいて、「紛失したかぎタバコ入れから、天の石を経て凍結した川に至るまで」が、「社会的実践によって（…）非‐関係的にされたもの」になる事例があるとして、そうした非関係的諸領域を「自然」と呼ぶ（ピーダーセン 2017：93）。また、石井美保は、南インドの神霊を念頭におき、それらが人々にとってつねに「あるもの」などではなく、「刹那的にのみ現勢化されるもの」であり、あるいは「存在者としてのかたちがはかなく消え去る」ものであることを指摘し、それゆえに人々は壮麗な儀礼によって関係を持とうとしてきたとする（石井 2017：465-466）。これもまた、すべてがつながっているという前提では思考しにくい事態であろう。

最近では、里見龍樹が『不穏な熱帯』のなかで「「至るところにある自然的かつ社会的な関係性をたどる」という概念的美学の限界をいかに乗り越えるか」という課題に取り組み（里見 2022：311）、やはり「自然」の新しい概念化を試みている。たとえばソロモン諸島のアシの人々は、日常生活で関わらない空間としての海中の「深み」において「生きた岩」が成長していると語る。このとき、「深み」や「岩の成長」は「半ば不可視で自分たちの関与を超えた――すなわち、まさしく人間〈以前〉的な」ものとなっている。[★1] それは「「われわれ」の関与を本質的に超えた、無関係な」ものである（里見 2022：372-373）。

ラトゥールが世界のすべてを関係論的に捉えていたわけではないことは注目に値する。それを示すものの一つが「プラズマ」概念だ。彼自身はこの概念を前世紀末から小出しにしていたが、集中的に論じたのは二〇〇五年に出版された『社会的なものを組み直す』の終わりのほうである（ラトゥール 2019：458-466）。ラトゥールは、初期ANTの盟友ジョン・ローの「濁流」（flux）概念に、まずは触れる。ローによると、濁流とは「外側にあるもので、検出可能な輪郭を持つ構造ではなく、異種異形《ヘテロモルフィックな》の潮流、渦動、流動、うずまき、不意の変化、嵐、そして一瞬の静穏な凪に溢れんばかりに満たされ、またそれらから成っている」もののことであり（Law 2004：160）、実在の全体が比較的安定しており決定づけられたものだという一般的な形而上学の通念に抗する概念である（Law 2004：144）。

ラトゥールはほかにも似た発想に言及するが、それはANTが、旧来の社会学的な想定——社会的行為や事象、変化を説明するのは、そうしたものの背後に坐す社会秩序や法則などの遍在的で安定したものである——を受け入れないことを示すためである。たとえば、どうしてソ連が数か月で崩壊したのか、グローバル企業があっという間に倒産するのか、革命や暴動が起こるのか、芸術家が様式を激変させるのか。よく知られていたはずのネットワークが、それまで不連続だったものと唐突につながり、「賦活化される」から、というのがラトゥールによる説明である（ラトゥール 2019：464-465）。そのようなものがある以上、社会学が最初から最後まで対象を先見的・統一的に説明できるわけがない。

ローの言う濁流に近いこの何かを、ラトゥールは「プラズマ」と呼ぶ。それは、「まだ定型化されておらず、まだ計測されておらず、まだ社会化されておらず、まだ計測基準の連鎖に組み込まれておらず、まだカバー、調査、動員されておらず、あるいは、主体化されていないものだ」。さらに彼はその大きさを譬えて、これまで『社会的なものを組み直す』が論じてきた社会的世界が、ロンドン全体に対する地下鉄ほどの空間しか占めていないようなものだ、とする（ラトゥール 2019：462）。「ネットワーク」という表現の利点は、都市と地下鉄との関係と同じように、結びつきの合間には未接続のままのものが膨大にあることが前提とされているところであるとも言う（ラトゥール 2019：459）。

もちろん、未計測だったり主体化されたりしていないというのは、研究者や特定の行為体（が構成するアクターネットワーク）にとっての話である。少なくとも同書のフランス語版では、そのプラズマなるものも「社会的なもの」であるということは明示されている（ラトゥール 2019：515）。ということはつまり、プラズマも均質的なものではなく、複雑にうごめく行為体に満たされていることになるが、実際のところ、ラトゥールはこれを「ミッシング・マス」とも呼んでおり（ラトゥール 2019：465）、ローの濁流概念などと比べても、あまり非均質的なイメージはない。グレアム・ハーマンはこの点を突いて、「なぜ統一的なプラズマが異なる場で異なる効果をもたらしうるのかという問いが、一と多に関わる古代二元論哲学のときのように、こうした理論についてまわるだろう」と批判する（Harman 2014：42）。

筆者は『妖怪の誕生』において、プラズマの概念を引きつつも、二一世紀日本の「くねくね」と近世広島の「バタバタ」という二つの妖怪と人々の関係づけ（の失敗）を例示し、関係的相互作用で満たされた社会的世界に取り込むことのできないものの多様性を示してみた。特に、バタバタという音を立てるだけの妖怪バタバタの場合、人々が積極的に正体を暴こうと市中を走り回り、罠をしかけ、怪異を起こすことで知られる動物種に帰属させようともしたが、どれにもつなげられないし、何の実質的変化も与えられない。最終的には、何も分からないいま、今夜もバタバタが響いているという状況が日常になってしまう。この事例は関係論的アプローチそれ自体から逃れるものとして興味深いものであった。

筆者はさらに、ポスト関係論的な自然概念を援用して、バタバタのような妖怪を「怪奇的自然」と概念化した（廣田 2022：312-324）。妖怪＝怪奇的自然は、唐突に現れては意味もなく持続し、そして気づいたときにはいなくなっている。妖怪は、人間や非人間によって構築された社会的世界に、ほとんど差異をもたらさない＝無関心（indifference）である。怪異を起こす既知の行為体（たとえばタヌキや天狗）に関係づけられることによりそれらの集合や概念を変形するような作用もない。この徹底した無関係性や無関心性こそが、筆者が提案した妖怪の存在論的特性である。

この議論で強調したかったことの一つは、ミッシング・マスと呼ばれ、ロンドンのような都市の純粋な巨大さが引き合いに出されるプラズマと異なり、怪奇的自然が圧倒的に非均質的で些細な諸形象として複数化されたものということだった（廣田 2022：330）。ただ、バタバタは、何にも還元されず人々がそれに対して変化を引き起こせないという点で無関係であると言うことはできるし、志向的に作用した事実がない点で人々に無関心であると言えるにしても、それに関心を持った人々が動き回り、さらに多くの文献が記述したという点では社会的なものを構築する行為体であったと言える（革命を起こしたり企業を倒産させたりするほどではないにしても）。これと同じように、里見の提示する海の「深み」も、それについて人々が語り、場所について知識を有し（つまり無関心ではない）、それによって人々が島を作ることが可能になるなど、諸々の関係を見出すことができる。「深み」がアシの人々にとっての外部性であり、それを「自然」と概念化することには正当性があるだろうが、無関係なものとは言えない。★2

それでは、無関係なもの、無関心なもの、ラトゥールの言うプラズマにこれまでの事例以上に接近し、経験的に捉えることはできないだろうか。以下では、妖怪や幽霊を事例として、ほとんど関係的相互作用に至らないものがどう現れるのかを見ていく。

2　怪奇的自然と人間の無関心

デニス・ワスクルとミシェル・ワスクルは、現代アメリカの幽霊体験を分析するなかで、幽霊が最初から自明なものとして現れることは滅多にないことを指摘する。ワスクルらが紹介する事例の「ほぼすべてにおいて、別のことが起きるまで、それが幽霊と呼ばれることはなかった。眠れぬ夜にレベッカの窓から響いた奇妙な叩音は、翌朝、父親からの電話に出た後に、格別な意義を持つようになったわけだし、リーは二一歳の誕生日の夜、寝室で何者かに遭遇したが、すぐにどうでもいいものと考え、前の住人がそこで不慮の死を遂げたことを知るまでは、考え直そうともしなかっただろう」（Waskul and Waskul 2016：40）。奇妙な体験ののち、まず人々は自分を疑い（自分の感覚は正常だっただろうか）、次いで現実には何が起こったのか疑い（合理的に説明できるだろうか）、最後に本当の原因は何かを疑う（幽霊としか考えられない）。したがってワスクルらは、幽霊体験はその場で起きる出来事などではなく、一連のプロセスの結果として生じるものだと論じる（Waskul and Waskul 2016：40-52；cf. Ironside 2017）。

ラトゥールは、乳酸発酵に関するパストゥールの論文を読解するなかで、これと並行したプロセスを見出す。まず現れるのは「灰色の実体の点々」であり、「一つの客体ではなく、移ろいやすい知覚の集合」である。次いで「灰色の物質」を撒くと「活発で規則的な発酵（…）沈殿が形成され（…）ガスが発生する」などの一連の作用が観察される。パストゥールは、ラトゥールの言うこの「行為の名前」を「事物の名前」に移行させるため、すでに知られていた醸造酵母の作用および分類体系における位置を引き合いに出し、「一人前の独立した実体」となる。パストゥールが構築することにより、乳酸発酵は実在するようになる（ラトゥール

2007：150-155)。何かよく分からないものの知覚から、そこで起きている出来事の特定、そして近隣概念の援用などにより事物が明確になっていくプロセスをワスクルらの議論に差し込むならば、幽霊は単に人々の連続する疑いによって社会的に構築されるのみならず、それによって（こそ）実在するものとなる――この点は、体験と疑いを叙述する人々にとって受け入れざるをえない事実となっている――と説明を付け加えることもできるだろう。それでは、この幽霊体験のどの部分に着目すれば、諸々の関係を切り離すことができるだろうか。

ワスクルらの言う「疑い」の段階にあるものは、ある種の美学的概念で表現することができる。たとえばマーク・ウィンザーは「不気味なもの」(the uncanny)について、経験された現実と経験者が持っている信念が一致せず、不確実であることにより不安な気持ちになるものと定義する(Windsor 2019：60)。現実と信念との関係づけの失敗が、不気味さを生じさせるのである(信念概念の当否は、ここでは措く)。またマーク・フィッシャーは、「ぞっとするもの」(the eerie)は「何もないはずのところに何かが現前しているときや、何かがあるはずのところに無が現前しているときに生じる」という(フィッシャー 2022：100)。何かがいる、でも分からない。あるいは、何かがいた、でも何とも言えない。★3 これも関係づけの失敗である。不気味さやぞっとする感じは、人々の属する社会的世界との関係が構築できないゆえの不安であるため、「疑い」の三段階を経ていくことにより、関係のありかを模索し、異常事態を解消する――こともある。

だが、ほかの現実や知識と関係づけるほうへと向かうかわりに、ぞっとするだけ、不気味に感じるだけで終わる――こともある。それは窓を叩く音だったり、深夜に現れた何者かだったりする。パストゥールで言えば「灰色の実体の点々」だろうか。こうしたことは、後で死者や霊の関与が考えられる何らかの情報が与えられないかぎり、宙づりになるか、見過ごされるか、単に忘れ去られていく。

筆者は、妖怪や怪異の授業を利用して、しばしば大学生から都市伝説や怖い話、不思議な体験などを集めている。不思議な体験について見ると、葬式に関係づけるもの、死者に関係づけるものなどが多いが、現象の経験のみが報告されるものも目に付く。二〇二三年一月前半に収集したものからいくつか紹介してみよう（いずれも要約）。

- 明け方、外から大きな笑い声が聞こえた。外を見たが何もなかった。だが笑い声は聞こえるので、そのまま無視してベッドに戻って少しすると途端に笑い声が消えた。
- ホテルで寝ているとき、足に何かが当たった。誰も起きておらず、窓もドアも閉めているのでおかしい。
- ある心霊スポットに行ったが何もなかった。だが近くの山道を登っていると自分の視界に細い線のようなものが見えてきて気分が悪くなった。
- 夜に職場を点検していた時に、閉めたはずのドアがなぜか閉まりつつあった。

・自分の周りのものが落ちるということがなぜか多発したことがあった。

いずれも、革命やグローバル企業の倒産、あるいは人新世の気候変動などと比較すると、きわめて些細で日常的（?）な出来事である。だが、それらは確かに体験者からすれば不気味に感じられたりぞっとしたりするものであった。さらに体験者は、それらを何ものにも関係づけられないし、正体を確認することもできない。そのあとで関係づけられるような出来事が生じるわけでもない。わざわざ筆者が聞かなければ他人に報告することさえなかったかもしれない。★4何とも言えない何かが身の回りで何かをしたり現れたりしたのだろうが、そして場合によっては頻繁に・繰り返し起きることもあるのだろうが、それ以上の「疑い」に進むことはない。生じた出来事も、体験した人々も、お互いに無関心であり、無関係なままで終わる。日常生活も社会的世界も、ほとんど何も変わらない――そういった現象に敏感になることはあるかもしれないが。

おそらくプラズマあるいは怪奇的自然との最小限の接続（と再断絶）は、こうした日常的で些細なものなのだろう。この世界の大半は、人間にとって無関心で無意味な、特に何とも関係づけられない、そのような非人間的なもので溢れている（地下鉄に対する都市全体）。アンリ・ベルクソンが「知覚は（…）事実上はあなたの関心を引くものに縮減されている」と主張したように（ベルクソン 2019：53）、私たちは、そもそも経験の対象から外れた無関係な諸々の何かに、圧倒的に囲繞されているのである。
　ここで私たちは民俗学的な妖怪概念の意義を見出すことができる。それはこの概念が、たとえば英語のghost, fairy, spirit, monsterなどとは違い、対象の大まかな帰属を特定する必要のないものとして（志向性の有無を判断しなくてもよいなど）、「妖しい・怪しい」と感じられるものを収集することに良くも悪くも徹しているからである。たとえば東京都の旧・秋川市域に伝わる妖怪スタスタは、「夜道を歩くと、スタスタと音をたて、ついて来るもの」であり、「立止ると音を出さない」（秋川市史編纂委員会 1983：266）。[★5] ただそれだけである。同じく東京都の旧・井荻町にあった薬缶坂では、雨の降る夜、真っ赤に灼熱した薬缶が中途に転がっている（玉井 1928：245-246）。これも多少危険とはいえ、何かするわけでもない。また、一九世紀後半に記載されたふうこ（風子）という妖怪は、次のようなものである。

「ふうこ」と云ふ物、いくらも有る物ならんが、余り人の知らざる物にて誰もはなす事なし。（…）ふじ江と申し候中老、不浄へ行しところ、上より角の方へ、右［風子］のやうなる半紙くらいの紙、落ると思ひ、夜分のことゆえ目にもよく見へず、明かりも薄暗く、落し所と思ひ所を手にて探り見しに何も無、気味悪しく早く出ぬと咄し（…）（内藤 2005：85）

風子は、井伊直弼の姉のひとり内藤充真院の随筆『色々見聞したる事を笑ひに書』（幕末・明治初期）でのみ知られている正体不明の妖怪である。出没地は現在の六本木。引用した以外にもいくつか目撃事例が記載されているが、いずれの場合も風向きとは無関係に浮遊し、いつの間にか消えている、紙のようなものだという（神崎 2016：103-107）。あまり知る人もなく誰も話さないし、人々に何らかの作用をするわけでもなくただふわふわしているだけの風子は、「いくらも有る」、何とも言えぬ何かの群れである。

こうしたなんだか分からない何かの経験やそのパターンに対して、人々はいろいろな名称をつけて伝えていた。そうした残余的なものをまとめる「妖怪」というカテゴリーが用意されており（京極 2007：199-200）、それゆえに方々の報告書や民俗誌に無数の記述がある点は、日本民俗学が他地域の民俗学に対して有する利点である。そもそも民俗学とは、積極的には記録されないものを拾い集める実践なのだから、こうした妖怪＝怪奇的自然は正統的な対象になるはずだ。ただ、学生から集めた報告と同じぐらいには、妖怪の報告も社会的世界にすでに関係づけられた状態であるものが多い（キツネのせい、天狗のせい、神様のせい……）。無関係で無関心なもの――プラズマの諸々の破片、怪奇的自然――をあえて拾い上げるのは、それだけ困難なことなのである。

関係的なものに対する無関係なものが地下鉄に対する大都市ほども膨大であることをイメージするのは、私たちが基本的にそれらに無関心で無関係であり、あちらも同じくこちらに無関心で無関係である以上、やはり困難なことである。本章では最後に、ある種の絵画がそれを視覚化できていることを示唆してみたい。★6

3　プラズマ・ヴィジュアライズド

一般にプラズマと言われて妖怪研究者が連想するのは、ラトゥールの概念ではなく、大槻義彦が火の玉の正体として提案した物理学的なプラズマか、近代の心霊研究で取り沙汰された謎の物体エクトプラズムであろう（cf. 中井 2023：287-288）。エクトプラズムとは「外に出てきたプラズマ（形成物）」という意味で、霊媒の口などから出現する流体のようなものである。霊が物質化したものとも言われ、「ある種の造形能力があり（…）手足や頭など人間の姿をとる」こともある（三浦 2022：170）。だが一般的には、霊媒の周辺で不定形の白い何かが蠢くというイメージがある（長尾 2014：135）。この語を案出したシャルル・リシェは生理学が本業でノーベル賞を受賞するほどの人物だったが、当時の一部の科学者と同じように心霊研究に傾倒し、一九二二年には『心霊学概論』（*Traité de Métapsychique*）を出版した。そのリシェによると、エクトプラズムは光に弱い。そのため暗室で実験・撮影しなければならないが、いずれにしてもフラッシュを焚くと破壊されるか霊媒の体内に戻ろうとする。ゆえに、エクトプラズムは写った一瞬のみ、イメージとして、霊能力のない私たち凡人に指標的に関係づけられることができる（長尾 2014：142-143）。

エクトプラズムの興味深いところは、当初は顔面や手足、人体などを形成することが多かったのに、次第に不定形になっていったという点である。この点について長尾天は、擬人的形象は（ひそかに隠れている人間や写真の画像を使った）トリックの可能性が想定しやすいが、不定形だと何がもとになっているのか想定しづらくなるので、現実世界のものとも霊に由来するものとも言えないままの未知の状態を保持できる構造になっていることを指摘する。逆に顔面がはっきり現れてしまうと「その真実性は一挙に脅かされてしまう」（長尾 2014：148-149）。隠れた人間との関係づけが容易な形象から、何ものとの関係づけも困難な形象への移行が生じている。

図2　イヴ・タンギー《過剰なリボン》（1932）

ここでエクトプラズムがプラズマのイメージになると言いたいわけではない。そもそも長尾は、シュルレアリスムの画家イヴ・タンギー（一九〇〇―一九五五）を論じるなかで心霊学に触れたのだった。一九二八年以降、タンギーの絵画の多くでは、三次元的に描かれた不定形物体がどことも知れぬ空間に多く配置されるようになる（図2）。諸々の物体には何の抽象的なところもなく、位置関係も明確で影さえ描かれている具体物である。だが、それが何を再現＝表象したものなのか、鑑賞者には何も分からない。人間などの生物・死物、建築物、機械、山河など、私たちの社会的世界ですでに関係づけられている行為体は一つも描かれていない（長尾 2014：62）。タンギーは一九二七年に『心霊学概論』を読み、エクトプラズムの写真や素描を目にしていた。彼の描いたなかに、確かにそこからの影響を読み取れる不定形物体はあるという（長尾 2014：136-141）。

タンギーの絵画に描かれたものはエクトプラズムそのものではない。同時代の不定形物体であり、どこまでも未知のままである点で類似性が認められるというだけである（長尾 2014：151）。とはいえ、エクトプラズムが外に出てきたプラズマ（形成物）のことであるならば、霊媒たちを含む社会的世界にいまだ出てきておらず／すでに引っ込み、人間と無関係で無関心であるという点で、タンギーの物体はラトゥールの「プラズマ」を表象したものと言えるかもしれない。プラズマである以上、それを私たちの言葉で（否定的な方法以外では）指示することはできず、別の行為体で譬えることもできない。また、個々の物体は小さく目立たず、何よりも無数存在しているように見える。プラズマは統一的な「ミッシング・マス」ではなく圧倒的に些細な何かの群れであるとする筆者の立場は、このイメージに近いところにある。

私たちの社会的世界は、タンギーの諸物体の傍らに小さく広がったアクターネットワークであり、何だか分からない膨大な数・量の物体に囲繞されているが、それらに気づいていないし、そうだとしても何も変わらない。ときに、それらと連続的になって革命が起きることもあるだろうし、くねくねを理解してしまったときのように主体の不可逆な変容が生じるかもしれないし、自然や社会といった既存のカテゴリーに還元できることもあるだろうし、ちょっとした奇妙な出来事として体験されることもあるだろうし、名称を与えられて民俗学者により妖怪のカテゴリーに放り込まれることもあるだろうし、ふたたび不連続的になって私たちの社会的世界と無関係になり無関心になることもあるだろうし、別の社会的世界に接続されることがあるかもしれない。それらはいずれも、ラトゥールの言う「如何なるものもおのずから他の如何なるものにも還元可能でも還元不可能でもない」（ラトゥール 2023：295）という原則の、あちこちでふと現れては消えていく様態である。

註

★1　相田（2022）も参照。人類学以外にも関連した問題提起をする分野は増えている。たとえば洞窟探検を通じて世界の連続性や関係的相互作用を疑いに付す Bosworth（2021）は地理学である。

★2　里見の自然概念は、ロイ・ワグナーの人為的なもの／本在的なものの区分に大きく依拠している（里見

2022：362-366)。里見は本在的なものと自然概念を重ね合わせ、ワグナーがそれを「あらゆる社会にそれぞれの仕方でともなう外部性として捉えている」ことを指摘する。人々は、自らの生きる諸関係の外部を「本在的なもの」として思考しているというのである（里見 2022：365；強調除去）。だが、ワグナーのいう「本在的なもの」には（たとえばニューギニアのダリビの人々にとっての）社会的規範や親族関係などが含まれる（Wagner 2016：87)。それらは人々が手を加える前の所与の秩序という意味で本在的であって、社会の外部や人々のたずさわる諸関係の外部だから本在的なものに分類されるというわけではない。この概念のずれ（あるいは「創発」）には説明が必要である。また、人々の実践のなかで内部性が創出されると同時に外部性が析出されるという仕組みは、自己と他者の生成を論じる古典的な境界論やシステム論によっても理解が可能であろう。

★3　これらの概念化は、よく知られたフロイトの「不気味なもの」（das Unheimliche）とは大きく異なる。というのも、フロイトの概念は、当初から主体に関係づけられていたが隠蔽されていたものが現前するという理解に収まっているからである。隠された関係を鍵とする限定性は、抑圧や排除を中心に据える研究ではいまだに使い勝手が良いものの（たとえば堀井（2020)。ただし、抑圧されたものの再来がすべて不気味なものというわけではないという初歩的な論理に基づいたフロイトの警告（フロイト 2006：42）は、しばしば見過ごされる）、ウィンザーにしてもフィッシャーにしても、フロイトの関係論的思考から距離を置くことによって、より包括的で納得のいく概念を提示することができている。

★4　事例は個別に学生が報告してくれたものである。共同的な場面でもこの手の不気味さが生じる事例、特に「それ」（that）が使われるときの事例分析については（Hayward, Wooffitt and Woods 2014）参照。

★5　この地域の有名な心霊スポットを訪れた YouTuber たちがほとんど同じ怪異現象を経験しているのは興味深い（オカルト部、二〇二〇年八月三〇日、「旧満地トンネルを抜けた先、この異変を感じられるだろうか?・」https://www.youtube.com/watch?v=zwZJQjZFpoM の九分すぎ)。彼女たちはついてくるものを「パタパタ」「ササササー」と表現している。
★6　ジョン・ローの濁流概念のほうは、非人間的で理解の拒絶を徹底した伊藤潤二の『うずまき』が適切かもしれない（cf. Thacker 2015：136-143）。

第2部　アニミズムからアナロジズムへ

存在論的人類学の議論に基づいて妖怪を分析していくと、それらを文化的産物、空想の産物に閉じ込めることはできなくなる。なおかつ超自然概念も用いることができないとすれば、私たちは妖怪をどのような概念によって捉えることができるというのだろうか。本書第3章で取り上げたアクターネットワーク理論をはじめとして、さまざまなアプローチがありうるだろうが、第2部では、近代的な自然／文化の概念を作り変える存在論的人類学の議論を参照することにより、それぞれが固定された実体の集合ではなく、相互的に構成されたり再帰的に把握されたりするものとして現れるさまを見ていく。

文化人類学の特徴として、ほかの学問分野とは異なり、接頭辞「比較」をつけると──「比較人類学」──畳語になってしまうことが挙げられる。教科書的に言えば、人類学の目的は人類の普遍性と多様性を明らかにすることであり、そのためには比較が不可欠だからである。たとえば、分野創設的な著作（タイラー『原始文化』やモルガン『古代社会』など）はすでに、各地の民族誌や旅行記、歴史文献から無数の事例を取り上げ、宗教思想や社会組織の人類史的な展望を描き出そうというものだった。この系譜は長期的フィールドワークが人類学の主要な実践になってからも変わらず、たとえばアルフレッド・ラドクリフ＝ブラウンは、人類学のことを「比較社会学」とも言い換えている。比較研究はクロード・レヴィ＝ストロースの構造人類学によって頂点を迎え、その後の解釈人類学の時代にやや弱体化したものの、現在でも、存在論的人類学を含む多くの分野で盛んに行なわれつづけている。

第2部では、そうした比較研究のなかでも、南米研究者にして「転回」の主要論者でもあるフィリップ・デスコラとエドゥアルド・ヴィヴェイロス・デ・カストロが提唱する枠組み——アニミズムとアナロジズム、パースペクティヴィズムを参照する。前二者は、詳細は第六章などで説明するが、ヒトとヒト以外の関係性のバリエーションを示す存在論である。アニミズムでは、両者は霊魂の面では共通するが、身体の面では差異化されている（狩猟採集社会に多い）。アナロジズムでは、霊魂の面でも身体の面でも差異化されている（階層化された社会に多い）。

他方、パースペクティヴィズムは、アニミズムに組み込まれることの多い存在論で、人間／ヒトについて独特の概念を有している。第2部ではこれらの概念が重要になるので、あらかじめ用語法を解説しておきたい。まず、ヒトであれそれ以外の存在（死者、動植物、精霊など）であれ、自身および同類はヒトの姿で現れる。より厳密にいうと、再帰的に認識される個体の現れ方は、どの存在グループであれ、同一の概念で示される。それに対して、自身とは違う種（異類）は、通常はヒト以外の姿で現れる。したがって、（たとえば）ジャガーにとってヒトはバクの姿で現れるが、ジャガーはヒトの姿で現れる。この「同類として、ヒトの姿で現れる」状態のことを、第2部では「人間」と表記する。それに対して、私たちや先住民の成員を指すときは「ヒト」と表記する。それぞれ、英語の人類学文献では person および human に相当する。前者は日本語だと「人格」と訳されることが多い。同類ではない場合は、「異類」などと表記する。ヒト以外の存在（英語の nonhuman）は、「ヒト以外」や「ヒトならざるもの」などと表記する。

第4章では、柳田國男の妖怪論をパースペクティヴィズム的な異人論として読み替え、南米アマゾニアなどのアニミズム的な諸社会との比較を行なう。第5章では、股のぞきという呪術的所作を、やはりパースペクティヴィズムの観点から再構成し、行為者自身が変身する行為であることを論じる。第6章では、非人間的存在がヒトのような容姿で描かれる美術作品をアニミズム的だとする従来の見方に対して、デスコラらによる新たな概念化を参照し、アニミズムでは説明できないことを示す。また、アナロジズムでなら読み解けるという仮説も検討する。第7章では、ヒトの男性とメスゴリラが結ばれる「ゴリラ女房」という民話の起源を探るため、全世界から類話を探り出す。「ゴリラ女房」のなかでは、一般的な異類婚姻譚とちがい、ゴリラはヒトに変身しないが、この特異性は、アニミズムではなくアナロジズム的存在論によって可能になるものである。

第5章と第7章に顕著だが、全世界から似たようなモチーフを拾って列挙するという作業は、存在論的人類学における概念の組み換えというよりは、ドイツ語圏民族学（Ethnologie）の衣鉢を継ぐ大林太良や山田仁史などの文化史的研究に近づいて見えるかもしれない。この点を否定するものではないが、筆者自身は、大林らが目指すような民族史・文化史の再構成は意図していない。どちらかというと構造主義的に――上記のデスコラは存在論的構造主義者と言ってもよい――、人々が〈怪奇的で不思議なもの〉の経験を概念化するときのパターンを、相互変換できる諸要素に基づいて説明することが目的である。

第4章の終わりの方でも触れるが、分布の大部分を少人数の狩猟採集民社会が占めるアニミズムやパースペクティヴィズムにおける人間やヒトの概念を、そのままのかたちで現代社会に持ち込むことはできない。自分たちとは異なる集団の人々を非人間的存在とみなし、対蹠的だとみなす認識の実践は、ウクライナやパレスチナ、ミャンマーなどで現在も進行中の戦争や虐殺を引き起こし、助長するという最悪の形であらわれている。いうまでもなく、本書の議論はそのような行為の正当性を裏付けるものではまったくないし、ヒトの非人間化という問題は、アニミズムやパースペクティヴィズムを単純に流用して理解できるものでもないことを述べておく。

第4章　異人論が異人と出あうとき

動物＝妖怪としての異人をアマゾニアに探る

序論

あまり注目されてこなかったことだが、一九三六年に発表された柳田國男の「妖怪談義」は、最初のほうで有名な「幽霊とオバケの違い」を提示した直後、異人論を展開している。やや長めになるが、その部分を引用してみよう。

そこで話は生粋の晩方のオバケから始めなければならぬのだが、夕をオホマガドキだのガマガドキだのと名づけて、悪い刻限と認めて居た（…）古い日本語で黄昏をカハタレと謂ひ、もしくはタソガレドキと謂つて居たのは、ともに「彼は誰」「誰ぞ彼」の固定した形であつて、それも唯単なる言葉の面白味以上に、元は化け物に対する警戒の意を含んで居たやうに思ふ。(…)私などの小さい頃には、ヨソの人といふ語にこの不安を托して居たが、少し西へ行くとボウチといふ語がある。岡山県でもStrangerを意味する語を、面と向つてはボーツツアン、陰ではやはりボウチと謂つて居る。(…)兎に角に子供たちには気味の悪い、普通の通行人とは全く別なものに、感じられて居たことはほゞ慥かで、少なくとも中国のボウチには、薄暮の影響があつたかと思ふ。(…)だから黄昏に途を行く者が、互ひに声を掛けるのは並の礼儀のみで無かつた。言はゞ自分が化け物でないことを、証明する鑑札も同然であつた。佐賀地方の古風な人たちは、人を呼ぶときは必ずモシモシと謂つて、モシとたゞ一言いふだけでは、相手も答へをしてくれなかつた。狐ぢやないかと疑はれるためである。★1 沖縄でも以前は三度呼ばれる迄は、返事をしてはならぬといふ、甚だ非社交的なる俗信があつた。二度までは化け物でも呼び得るからと言つたが、無論是は夜分だけの話であらう。加賀の小松附近では、ガメといふ水中の怪物が、時々小童に化けて出ることがある。誰だと声を掛けてウワヤと返事をするのは、きつと其ガメであつて、足音もくしやくと聞えるといふ。能登でも河獺は二十歳前後の娘や、碁盤縞の着物を着た子供に化けて来る。誰だと声かけて人ならばオラヤと答へるが、アラヤと答へるのは彼奴である。又おまへは何処のもんぢやと訊くと、どういふ意味でかカハイと答へるとも謂ふ。

美濃の武儀郡でも狸が今晩はと謂つて戸を開けたりすることがあるが、誰ぢやと声かけるとオネダと答へるさうだ。オレダといふことが出来ぬので、化けの皮が露はれるのである。土佐の幡多郡でも、狸には誰ぢやときくと必ずウラヂヤガと答へるといふ。即ちオラとは謂ひ得ないのである。そこで此方でも「ウラならもとよ」と言ひ返してやると、もう閉口して化かすことは無いといふ。（柳田 1936：202-204, 1956：17-21）

簡単にまとめてみよう。オバケ（ここでは妖怪と同義）はそれが見えるか見えないかの境界に現れるものである。この時間帯は一般に「黄昏時」と呼ばれるが、そもそもは「あれは誰か」という意味だった。この言葉には、おそらく化け物（これも妖怪と同義）に対する警戒心が含まれていたのだろう。そういう刻限に遭遇するよそ者は、普通の通行人とは別の気味悪さを孕んでいた。ここから生じる不安を解消するために、人々は声をかけるときの作法に注目し、そこに相手や自身がヒトであることの証拠を求めた。尋常ならざる作法が声に現れれば、それは相手がタヌキやカワウソなどのヒトならざる存在であることを示すものとなった。――と言い、柳田は日本列島の各地から、これといった出典も挙げないまま、自身の主張を裏付ける事例をいくつか引用している。

「妖怪談義」のなかで柳田は、stranger という英単語を和文にそのまま埋め込んでいる。このことからは、昭和初期のこの時代は、まだ「異人」などの術語が確立されていなかったことがうかがわれる。いずれにしても、柳田が、ヒトに化ける存在を少なくとも部分的に含むものとして異人のカテゴリーを想定していたことは注目に値する。なぜなら、私たちが現在よく知る二〇世紀末の異人論では、こうした動物＝妖怪としての異人という条件が十分には展開されていないままだったからである。

現代的な議論に典型的な異人のカテゴリーとして、小松和彦の『異人論』を簡単に見てみたい。ここで小松は異人を、「民俗社会の外部に住み、さまざまな機会を通じて定住民と接触する人びと」と定義する（小松 1995：13）。初手からヒト以外が排除されているように見えるが、民俗社会から見て異人がすべて一般的なヒト扱いされていたとは限らないため、この定義はやや狭い。[★2]もう少し先のほうでは、民俗社会は異人を歓待することもあれば排除することもあり、これまでの民俗学では前者ばかり注目されてきたが、後者について自分は「異人殺し」という側面から論じたい、と小松は主張する。「異人殺し」とは要するに、村落社会を訪れた外部の者を殺害して金品を奪うという説話中の社会過程のことである（小松 1995：15-16）。

だが、歓待にしても排除にしても、出来事の主導権を握る動作主《エージェント》は村落社会の人々である。それに対して柳田が「妖怪談義」で描き出した相互行為は、どちらでもない。なぜなら彼が引用している各地の事例において、何かを仕掛けようとしているのは妖怪＝異人の側であり、ヒトの側ではないからである。たとえ先に声をかけるにしても、それは相手が何かを働きかけることが予見されるがゆえの予防策であり、いわば行為をするように作用を受けている状態にある。行為を遂行しなければ化かされてしまう――食料を盗られたり、延々と道を迷わされたり、場合によっては転倒や落下などによって殺されてしまう。ヒトは妖怪＝異人と遭遇した時点で、受動者《ペーシェント》にならざるをえないのである。

このような関係性において、何かをする主体というのは異人の側にあり、潜在的な被害者であるヒトの側は客体化されてしまい、そして場合によっては食料を喰われてしまう。本章の中心的な目的は、ヒトが客体化され、喰われてしまうと表現するとき、厳密には何が起きているのかを、現代アニミズム理論を参照しつつ明らかにすることである。ここで「客体化」というのは抽象的な出来事のカテゴリーではなく、何よりも具体的な事態である。人々が薄暮のなかからせり出してくる異人を恐れるのは、その瞬間、客体化が自身にとって不可避なものとして現れてしまうからである。

本章はさらに、異人による客体化を、非アニミズム的に構成されている従来の異人論にも仕掛けてみたいと思う。というより、議論の過程において必然的に生じる異人論の組み換えを、異人論が異人と出あい化かされてしまう出来事として描き出してみたい。これが本章のもう一つの目的であり、タイトルの意味するところである。

1　地球の裏側からの眺め

先に提示した謎を解き明かすべく、私たちはアマゾン（南米研究では「アマゾニア」と言うので、以下この語を用いる）の奥地に向かうことにしよう。ここからは、南米アマゾニアの民族誌やそれらの分析を、日本の異人＝妖怪を論じるために利用する。近代西洋科学が必ずしも支配的ではない日本の諸社会におけるヒトと動物妖怪との関係性が、いくつかの重大な差異を持ちつつも、アマゾニアの諸社会におけるヒトとそれ以外の存在との関係性と構造的に同形であること――具体的には現代の人類学が定義するところの「アニミズム」的であることについては、すでに近藤祉秋（現代隠岐におけるヤマネコ）や筆者（近代以降の世間話におけるキツネ）が議論している（近藤 2012；廣田 2021c）。またアマゾニア以外では、北米北部や北アジアの諸先住民が同じようにアニミズム的である（あった）ことも論じられている（e.g., Fausto 2007；デスコラ 2020：第6章を参照）。そのため、以下ではそれらの地域がアニミズム的存在論を共有していることを前提として、ある種の応用問題として、異人＝妖怪による客体化を議論する。

二〇〇九年四月一二日に放送されたＮＨＫスペシャル「ヤノマミ　奥アマゾン　原初の森に生きる」の初めのほうに、次のような印象的なナレーションがある。

彼らは私たちを「ナプ」と呼び　自分たちと明確に区別した

「ナプ」とは「ヤノマミ以外の人間」あるいは「人間以下のもの」
彼らは自分たちこそヤノマミ――人間だと言ったのだ★3

私たちにとって「ヤノマミ」はブラジルのアマゾニアに暮らす一民族（あるいは集団）の名称なのだが、そのように呼ばれる当の人々にとって、この言葉は「人間」そのものを意味する。従って、このナレーションにある「私たち」すなわち白人もアジア人も含めたヤノマミ以外の人々は、人間ではなく人外のナプだということになる。私たちは、別の人間集団や異民族ですらない、というわけだ。私たちが民族名だと思って使用しているものが、当事者にとって「人間」を意味する事態は、実際のところ南米の先住民のあいだでは広く見られるものであり（Viveiros de Castro 1998 : 476）、遠く離れた北アジアを見ても、たとえば日本の先住民族である「アイヌ」という言葉は、やはり「人間」を意味している。アニミズム的な世界に住んでいる人々は、地球のどこでも類似した人間の概念を持っているということがうかがわれる。

だが、より厳密に言語を分析するならば、南米の先住民諸社会における「人間」は、特定の対象を指示する名詞ではなく、使用者との関係によって対象が定まる直示的な代名詞である――すなわち「私たち」として考えたほうがよいことが指摘されている。エドゥアルド・ヴィヴェイロス・デ・カストロが述べるように、「そうした語は、むしろ人間であることの社会的条件を指示しているのであって、（…）主体の位置を示している。これらは名称などではなく、言表標識である」(Viveiros de Castro 1998)。だがこのことは、単に「人間」が誤訳であり「私たち」が正確だという問題ではない。より重要なのは、「人間」がヒト(私たちが生物学的に自身と同種だとみなす、全世界および宇宙空間に分布した個体群)に限られないということである。再びヴィヴェイロス・デ・カストロから引用しよう。

従って、「人々」(民族、people)のような自己言及は「ヒトという種の成員」ではなく「人間」(人格・人称、person)を意味するのであり、それらは固有名ではなく、語る主体の観点を登記する人称代名詞なのである。それならば「動物や精霊は人々である」と言うことは「動物や精霊は人間である」と言うのに等しいわけで、ヒトならざるものに、主体の場を定める意識的志向性や行為主体性の資質を帰属させるものとなる。こうした資質は、ヒトならざるものの有する霊魂や精神として客体化される。霊魂を持てれば何であれ主体であり、霊魂を有していれば何であれ観点を持つことができる。

より具体的に言うならば、「人間」という表現は、「ペッカリーやホエザル、ビーバーによって用いられる時には、それらの語はペッカリーやホエザル、ビーバーに自己言及している」(Viveiros de Castro 1998 : 477)。こうした世界のもとでは、ヒトのみならず、動物も死者も精霊も潜在的に主体であるような、そうした集団が無数に存在することになる。言い換えると、規範的な状態では、集団は自己言及的には（自己や同類に対しては）人間であるが、相互的には（異類に対しては）人間ではないということである。

ここでの要点は、ヤノマミの表現法にあるとおり、私たち（本書の読者としてはヤノマミ以外を想定しているためこの表現を用いるが、将来的には不適切になるかもしれない）もまた、彼らにとっては人間の姿をした人外のもの——すなわち異人だということである。

エクアドル側のアマゾニアに居住するチャチの人々のあいだで調査した人類学者イストヴァン・プラトは、異人＝妖怪に相当するものについて、多くの具体例を挙げて論じている。現地の人々は、「チャチ」がスペイン語の「人々《ヘンテ》」（gente）に相当すると言うのだが、「スペイン人のような外部者はしばしば人間とは考えられない。神話において、スペイン人たちは「まともな人間」と明確に対立している。彼らは淫乱で好戦的であり、まったくチャチに似ていない。チャチの伝統的な規範に従わない者、カヌーの作り方を知らない者、無能な猟師、とくに一夫一妻制から外れる者などは誰であれ、人外（extra-human）とされる」（Praet 2009：741, 強調除去）。この人外の代表例が「粗暴なインディオ」（indios bravos）である。プラト自身、最初のうちはそのように扱われたのだと言う。

> あるとき、長老の男性が私を近くに呼んで尋ねた。「お前の国では、人間たちは何を食べるのだ？」。ピザやフライドポテトのことを説明しようとすると、長老は重い声で付け加

えた。「こう聞くのは、お前が怖いからだ」。彼は私が驚いたことに気づいたようで、もっとはっきりと尋ねた。「要するにだ……お前は人を食うのか？」」。（…）私は「白人」の現地語が「粗暴なインディオ」と同一であることに気づいた。つまり「ウヤラ（uyala）」、「人食い」である。粗暴なインディオは、神話に現れる敵対部族の不思議な成員などではないことが分かってきた。（Praet 2009：741）

チャチの人々にとって、目の前にいる白人は異人であり、その属性は、ヒトを喰うことのない自分たちとは正反対であった。異人であるならば、自分たちとは違うので、ヒトを喰うのである。それらはいかなる意味でも、異なる人々ないし異民族のことではない（Praet 2014：38-39）。

似たような逸話は多くの人類学者が経験しており、すでに岡正雄が「異人その他」のなかでメラネシアの話として引用したものでもあった。「土人等は君は誰れかと最初に問われると、彼等は人だと答える。それは彼等は霊鬼や亡魂ではなく、生きた人であるという事を意味するのだ。彼等は訪来者を人だとは信ぜず、海に棲む亡魂、霊鬼、精霊であると信じているからである」（岡 1994：106；Codrington 1891：21 からの引用）。

私たちにとっては極端に見えるものを再びメラネシアの事例から取り出してみるならば、パプア島の西にあるドブ島では、「ヤムイモがすぐれて人間的存在として取り扱われているのは明らかである。トモトという語は制限なくヤムイモに用いられる。トモトは年齢や性別にかかわらず、男性、女性、子ども全体を指す唯一の言葉である。形容詞としては、白人に対する現地人を指すものでもある。(…) ドブ島民はヤムイモを人間的存在として自分たちに分類するが、白人は除外される」(Fortune 1932 : 109)。白人は彼らにとって、ヤムイモよりもヒトから遠い存在なのである。ここで「人間的」というのは、おそらくヤムイモの観点から見たとき、ヤムイモもまたドブ島の人々とほぼ同じように生活しているということを指しているのだろう。それに対して白人たちは、明らかに異なる文化を持っている――文化とは、アニミズム的にはヒトや動植物が自身を人間と見なすときに共通する条件のことであり、その意味でアニミズム世界は多文化的ではなく単一文化的なのだが、そうした秩序を打ち壊してしまうのが白人とその文化だったのだろう。

マーシャル・サーリンズは、一九九〇年代までのオセアニアにおける類似例を豊富に紹介している (Sahlins 1995 : 177-189)。もっとも有名なのは、ハワイに上陸したキャプテン・クックがヒトではなくロノ神と見なされた事例である。マルケサス諸島やニュージーランドでも、初期のヨーロッパ人たちはアトゥアやトゥプア (「神」や「霊」に近い語) とされた。また、パプア島西部のアストロラーブ湾沿岸で調査したニコライ・ミクルホ＝マクライもまた、現地の人々に神あるいは霊的存在と見なされたり、月から来たとされたりした。さらに「マクライ」(Маклай, Maklai) という名前は「マサライ」(masalai) に変化し、ピジン語 (地域の共通語) で霊的なものの総称として使われるようになった。ニューギニアの高地地方でも、よそ者は基本的に祖先の霊だったりヒトならざる霊だったりした。白人は、現地の人々と同じ存在論的なカテゴリーに位置付けられなかったのである。

話題をチャチに戻すと、ヒト（チャチ）とウヤラは、「全体として通約不可能であり、そして同時に、完璧に等価である。これらの項は別個の形であって、クラスでもカテゴリーでもない。どちらの形もまったく同じ一般的特性（可視性、物質性など）を有しているが、何であれ、共通点を持っていない」（Praet 2014：39）。従って、ウヤラは生肉を喰うが、チャチは調理する。ウヤラは塩をかけないが、チャチは盛大にかける。以下同様に、ヒトを喰う／喰わない、森林に棲み樹皮を衣服とする／村落の家屋に住み普通の衣服を着る、攻撃的で性欲過多の巨人／平和好きで標準的な背丈、一夫一妻制。このようにウヤラとチャチは相互排他的な反転関係にあるが、それは存在特性としてそうなっているのではない。むしろ、さまざまな行為や知覚をとおして、ウヤラあるいはチャチになり続けなければならない。プラトによると「ゲリラ戦士、川の者、丘の者、水竜（ピピニ、pipini）、幽霊（ウフム、ujmu）」など、妖怪や怪物、精霊と呼べるようなものもウヤラの仲間に入るのだが、それらをまとめて彼は Monster と概念化する（Praet 2014：39）。

プラトの論じる Monster は、日本語では「鬼」が適訳であるように思われる。なぜなら、前段落で素描した Monster の特徴づけは、小松和彦が日本の鬼を論じたときの「人間がいだく人間の否定形、つまり反社会的・反道徳的人間として造形されたもの」という定義づけとほぼ一致するからである。加えて、人喰いや殺人、村落外領域に居住するなど「人が鬼の属性とみなされるような立ち振舞いをすると、その人は人間ではなく鬼とみなされることになる」という論点も（小松 1997：72）、プラトの概念化と大部分が重なる（ヒトもまた、ヒトになるよう努力しなければならないという点を除く）。ここまで異人＝妖怪と述べてきたものは、まさしくこの意味で、鬼である。

ただ、小松が日本の鬼について「人間という存在を規定するために造形されたもの（…）そうした反対物を介して、人間という概念を、人間社会という概念を手に入れた」（小松 1997：72、強調除去）とすることには留保が必要であろう。第一に、アマゾニアの先住民にとってスペイン人や人類学者がそうであるように、反対概念としての鬼は純粋な文化的構築ではなく、実在する存在者を指している。それは、たとえば白人が鬼のモデルとなった――のような仮定に留まらない。白人は、その現実の行動（侵略行為、殺人、頻繁な酩酊、喫煙など）によって鬼とされたのである（Praet 2009：745）。そのため、鬼としての異人も、そうした者たちがひそむ異界もまた、実在的であると考えなければならない。民族誌的には、鬼を想像力に還元するのではなく、つねに、現実的な遭遇のなかで身体的にも行為的にも概念的にも構成されつづけているものと位置づけるのが重要である。第二に、鬼が反社会的であるのはあくまでヒトから見た属性であり、鬼から見るとヒトが反社会的なものとして現れることを付け加える必要がある。プラトがチャチとウヤラを「完璧に等価である」と論じたのもこの点を重視しているからであって、人間と鬼を包摂する存在論的領域を想定するとき、前者を内在・内部・現世・文化、後者を超越・外部・異界・自然などとして二項対立化することはできない。そしてこの点と関連することだが、第三に、人間であることは再帰的な問題であるが、鬼であることは相互的な問題である。そのため、人間と鬼はそれ自体では対称的な概念ではなく、概念化の方法によって対比される。従ってアニミズム世界においては、小松の言うように鬼を規定することによって人間が規定されるのではなく、人間が規定された後に、鬼が規定されることになる。

本章の冒頭は「妖怪談義」を引いて、動物である異人についての事例を論じるところからはじめた。この点は、表象はどうあれ実体としてはヒトを念頭に置くことの多かった従来の異人論と本論の違いを標すようにも思われる。しかし鬼のアニミズム的概念化を踏まえるならば、重要なのはその点ではない。むしろヒトであれ動物であれ、自己にとっての異類は潜在的に異人であり、そして異人の観点からは、ヒトで動物であれ、自分自身は人間だということである。赤坂憲雄は、「〈異人〉とは実体概念ではなく、すぐれて関係概念である」と指摘したが（赤坂 1985：19、強調除去）、その射程は「異」の部分に留まっていた。だが本章がここまで参照してきた現代のアニミズム理論から言えるのは、異人の「人」の部分もまた関係概念だということである。

このように、みずからを人間たちとみなす小集団が無数に、互いに拮抗しながら存在しつづけるのが、かつては精霊信仰や原始宗教などと混同されたアニミズム世界の実際であり、アニミズム的な異人論の基礎となる政治存在論である。箭内匡はこの拮抗状態を、ピエール・クラストルの未開戦争論を参照しながら、「細分化された小さな社会集団が、顕在的にせよ潜在的にせよ、相互に戦い合うような状況が永遠に続くことで、そうした一連の小さな集団は一つの権力――国家への道を辿りうるような――のもとにまとめ上げられるという事態を常に免れる」と論じている（箭内 2018：158；クラストル 2003）。こうした「多」への遠心性のなかで、各々の集団は、たとえばヒトと精霊ならば儀礼や病気、ヒトと動物ならば狩猟や捕食、ヒトとヒトならば戦争や婚姻などのさまざまな形態をとる関係性のなかで輪郭を維持したり崩壊させたりする。

ここまでは南アメリカの民族誌に事例を絞ってきたが、やはりアニミズム的とされるアイヌ世界においても、ほとんど同じような理解が可能である。それは山田孝子がアイヌの死者観を論じるときに立てた矛盾する二つの見出し――「あの世はこの世と同じ」と「あべこべの世界」――が、プラトの言う「通約不可能であり、そして同時に、完璧に等価」という表現と類比的であることからもうかがえる。つまり再帰的に言えば死者であれ生者であれ同一なのだが、相互的に言えば反転しているのである（山田 2019：57-62）。★4

この関係性は、アイヌとカムイにも見いだすことができる。「静内のある古老は次のように語っていた。「カムイは人であり、人はカムイである」。（…）人間とカムイはまさに反転した関係で捉えられている」（山田 2019：127-128）。プラトは世界中のアニミズム社会をチャチと比較してアニミズムの本を書いているが、そのなかでカムイをgodやdeity, spiritなどではなく、Visitorすなわち「訪れる者」と訳している（Praet 2014：51-53）。この翻訳は、「カムイ」を「神」と訳す現代日本語の感覚からはかけ離れたものであるが、カムイがアイヌ（人間）にとって何よりも人間の世界を訪れて交流する者であるということは、アイヌ研究において強調されている（山田 2019：128-129）。こうした考え方とアマゾニアのアニミズムを結びつけるならば、ある存在者がカムイであるのは、当の本人にとって自身がカムイではなくアイヌである以上、それが異類と出あったとき、異類（その異類にとって自身はアイヌなのだが）の視点から、ということになるだろう。

2　蘇る超自然

エクアドルからパプア島、そして北海道まで移動してきたので、このあたりで本州以南の「妖怪談義」にまで戻ることにしよう。柳田國男は、相手の顔がよく見えない黄昏時、村人は意図的に挨拶をして誰か確かめていたと言う。それでも誰か分からないとき、相手はよそ者——異人ということになる。柳田がstrangerという言葉を使っているのもこの時点で、「岡山県でもStrangerを意味する語を、面と向かってはボーッツアン、陰ではやはりボウチと謂っている」と書いている。柳田は、語源は「法師」かもしれないとしつつ、それがオバケの名称になっていることも指摘する。そのため、声をかけるのは「自分が化け物でないことを、証明する鑑札も同然であった」。たとえば佐賀ではモシモシと言い、モシと一回だけなら応じることはない。なぜならキツネと疑われるからである。沖縄でも三回呼ばれるまでは返事をしない。

石川県小松では、ガメという妖怪が人間に化けるときは、誰だと言うと「ウワヤ」と言う。また能登でもカワウソが化けたものは、ヒトなら「オラヤ」というところを「アラヤ」と言う。岐阜の武儀郡ではタヌキが化けた人間は誰だと言われると「オネダ」と言う。高知県幡多郡では「オラ」ではなく「ウラジャガ」という、そこで「ウラならもとよ」と言い返すと化かされないという。——要するに、人間の姿で現れていても、言語の運用能力に部分的な不完全さがあるので、慎重に判断できれば、相手に化かされることはない、という民俗知識が広まっていたと言うことを柳田は言おうとしている。ただし柳田の常として、そこから分析を展開するのではなく、次の話題に移行してしまう。

より近年のデータにも関連するものがある。島根県隠岐はヤマネコが化けることで有名だが、たとえば次のような話があるという。

年配の島民は山中や海上で遠くにいる人に「よーい」と呼びかけることがある。猫が人間に声をかけるときにときにも、「よいよい」、もしくは「よーい」と言う。夜中、山中を歩

> くときにその声を聞いて返事をすると、猫に化かされてしまうのだという。隠岐の島町布施の例では、仕事帰りの村人が山道を歩いていると、漁船の明かりが異常に近くに見えて「よーい」と呼ぶ声がするので、「あー」と返事をした。すぐ後ろを振り返ると大男が立っていた。村人が「しょうがあるものか、ないものか」と尋ね、後ずさりしながら逃げ帰った。（近藤 2012：467）

この出来事において、人間的な声は化かす準備段階ということになるであろう。こうしたやりとりは言語人類学において交感的（phatic）と呼ばれるもので、相手との社会関係を確立する機能を持っている。だがそれだけではなく、アニミズム社会においては、交感的な発話は超自然的な力を持ったものとして現れている。

ここで「超自然的」という言葉を用いたが、現代アニミズム論において、この概念が通常の意味を持っていないことは指摘しておかなければならない。そもそもアニミズム社会を含めた非近代的な状況において、妖怪や怪異などを超自然的であると概念化することは大半の場合において不適切である（廣田 2022, 本書第1章参照）。そのため、アニミズムを議論するときあえて交感的発話が超自然的であるというとき、それは超越的・霊的・神的・非物質的・呪術的……であることを意味しない。この点を理解するためには、私たちは再びアマゾニアの奥地に向かわなければならない[★5]。

アニミズム世界における呼びかけの恐怖を、ヴィヴェイロス・デ・カストロは、アン＝クリスティーン・テイラーの民族誌を用いて分析している。テイラーによると、ペルーのアチュアル・ヒバロの人々がひときわ恐れるのは、イウィアンチュ（Iwaianch）という死者である。イウィアンチュはおぞましい影のような毛だらけの巨人の姿をしているのだが、女性や子どもには普通に見える。女性や子どもがそれと知らずイウィアンチュと会話をしてしまうと、それと同類と化してしまう。それに対して成人男性は明晰に見ることができるので、話しかけられても「私も人間ですよ」（テイラーによるフランス語訳で moi aussi, je suis une personne）と言い、銃声などを立てれば助かると言う。被害にあった女性や子どもは、ヒト――つまり元同類と出会うと、昏倒するか言葉が話せなくなってしまう。だが、タバコの煙でいぶすなどすれば元に戻る（Taylor 1993：430）。

日本の事例と近いものをこのデータの端々に探すのはそれほど難しいことではないだろう。さしあたりイウィアンチュに関しては、妖怪＝異人すなわち鬼が人間に見えてしまい、そして会話をしてしまうと化かされた状態になり、ヒトとの真っ当なコミュニケーションが不可能になるが、それに対して適切な応答をすれば化かされないこと、さらに鬼に対しては大きな音や煙が効果的だということ、とまとめることができる。

だが、なぜ日本においてもペルーにおいても、鬼の呼びかけに素直に応じることが致死的なのだろうか。一九九八年の論文におけるヴィヴェイロス・デ・カストロの超自然概念に関する記述は、いくつかの方向性の異なる事例を同時に説明しようとしているため（ヒトが鬼の犠牲になる事例と、ヒトが鬼の同類になる事例）、多少混乱している。ここでは化かされる事例に限定して、その記述を敷衍してみたい。

まず、会話やコミュニケーションが可能であるということ自体が、相手を「私」と同等の存在論的身分になるものと位置づけることである。つまり「私」はヒトであり、実際には鬼である相手もヒトである、という事実が確立される。だが直後、相手がヒトではない、死者あるいは動物であることが明らかになったとする。すると、「私」は通常のコミュニケーションによって死者・動物である相手と同等であることになっているので、「私」も死者・動物だということになる。すなわち相手の罠にかかっており、この時点で「私」は主体＝文化である人間ではなく客体＝自然になってしまう。このプロセスが、異人＝鬼によるヒトの客体化である。しかし相手はそのような変化が起こることをあらかじめ知っており、現場を掌握しているため、単なる他者＝客体＝自然ではなく超自然として、すなわち主体＝自然として「私」に対して現れる。ヴィヴェイロス・デ・カストロが端的に言うように、この場合の超自然とは、「〈主体〉としての〈他者〉の形式」である（Viveiros de Castro 1998：283）。「私」はもはや死者・動物と化してしまっているので、ヒトとの文化的なコミュニケーションが不可能になっている。こうした客体化を回避する方法が、自分もヒトのままで人間であることを宣言する発話である。ヴィヴェイロス・デ・カストロが定式化する関係論的な超自然概念は、日本における「化かされる」事態と正確に対応する一方で、従来の超自然概念とはほとんど一致しない。
より物質的な超自然的事態として、ともに食事をすることが危険な行為とみなされることがある。ブラジルのワリの人々を調査するアパレシダ・ヴィラサは、動物や死者に化かされることについて次のように述べる。

森林で狩人が誰かに出会ってその住居に行き、後になってその人物が同類ではなく動物か精霊、あるいは死者であったことに気づく。(…)獣肉と称して虫を食べる、ハンモックと称して樹木で寝るなどである。こうした異常行動を目撃して、狩人は逃げ道を求め、帰宅する。しかし、もし彼が相手を完全な同類として見ることができてしまい、自分と同じような習性を持つと認めることができてしまったなら、彼は相手方に捕らわれてしまうことになる――つまり、それらの同類に変わってしまうのだ。家に戻ろうと思っても、彼はもはや自分が属している人々としては認識されず、動物か死者、精霊とみなされてしまう。ここでは共食が中心的な役割を果たす。それは、単に同じ食料が似た身体を作るからだけではなく、食料を分け合えることがパースペクティヴ的同一性の重要なしるしでもあるからだ。一緒に食べた者は、何よりも、自分たちが似た観点を共有しているという事実を確保する。それはお互いを食べるときに起こることの反対なのである。(Vilaça 2005：454)

要点は、あるヒトがヒトにとって人間でなくなるというとき、それは社会的排除だけではなく、物質的・身体的にヒトではなくなるということである。★6 また、引用部分の後半でのヴィラサの指摘が日本の古典的な黄泉戸喫《よもつへぐい》にも該当することは言うまでもない。死者として黄泉の国に滞在していた女神イザナミは醜悪な死体と化していたが、しかし死者から見れば、彼女は美しい身体を持った普通の人間だったはずである。一方で、ヒトが超自然的になる状況も付記しておくべきだろう。たとえばシャーマンは古典的な意味でもアニミズム的な意味でも超自然的だし、また動物に変装して近づく狩人は、動物に対して超自然的である（Viveiros de Castro 2015：181-182)。

以上のように、「私は人間である」という宣言は、岡正雄の異人論が解釈するような「私たちはあなたと違って人間である」という意味ではない。なぜならば、会話ができる＝霊魂がある以上、相手も異類の人間であるのは自明の理だからである。むしろ先に述べたとおり、「人間」が固定的カテゴリーを指示する名詞ではなく代名詞的なものであり、「人間である」と言うことが、特定の代名詞を発する主体として自己を確立させることだとするならば、これは柳田の「妖怪談義」にも確認できる。すなわち、土佐の幡多郡では、タヌキは「オラ」とは言えず「ウラじゃが」としか言えないので、ヒトが「ウラならもとよ」と言い返すと化かされないという。これはタヌキが化けた人間的存在に向かって、お前は私にとって人間ではないと宣言していることに等しい。まだヒトである自分にとって正しく「私である」と言えるかどうかが、相手が異人なのか、それとも自分の属する集団の成員なのかを判断する基準になっている。それは相手のみならず自分が人間であること、可視的身体を正当に帯びている主体であることを確立するための、メラネシアや日本、アマゾニアといったアニミズム世界に共通する生存の技法であった。

3　核分裂する異人

呼びかけによる客体化というプロセスは、近代西欧社会に生きたルイ・アルチュセールが論じた、呼びかけによって主体化されるというプロセス（アルチュセール 2010：227-235）と正反対になっている。この差異は、まずは単純に、アルチュセールにとってヒトとヒト以外とのコミュニケーションが想定されていないという理由による。だが、ヴィヴェイロス・デ・カストロはより深いところに両者の共通点を指摘する。国家を持たなかったアマゾニアの先住民にとって、精霊との超自然的遭遇は、「国家についての土着の祖形的経験のようなものである。つまり、自身が国家の「市民」であることを見いだす重大な経験を予告している」（Viveiros de Castro 2015：182）。警察に呼び止められるとき、監視カメラに見られているとき、身分証をチェックされるとき、それらは「何かが起こりかける」ときであり（アルチュセール 2010：

233)、しかしその何か（逮捕や拘禁など）は、「私も人間です＝市民です」と言うことにより逃れることができる。先住民は鬼から逃げようとするが、結局のところ国家のなかの市民となってしまう——客体化されてしまう（Viveiros de Castro 2015：183）。鬼である異人は、先住民にとっては、すでに市民となっている近代的な私たちなのである。

鬼を擁するものとしての国家は、警察や市民以外にも驚くような形態で現れることをイストヴァン・プラトは示唆している。あまり適切な議論が組み立てられているとは言えないが、興味深い事例なので、ここに紹介しておきたい。それはアメリカ先住民のナバホにとっての核物質ウランである。「トリニティ、ヒロシマ、ナガサキの原爆の爆発実験と投下の前から、その後に続く戦略核兵器の開発の過程でも、先住民が住むこの大地でウランが採掘され、核実験はこの大地で行われ、放射性廃棄物はこの大地の中に埋設され、事故が起きて、核処分施設と暫定貯蔵所は更に拡大をつづけ、先住民たちの母（大地）を汚している」（内山田 2019：227）。ナバホ居留地にはウランの二大産地があり、先住民の男性たちもまた、採掘に駆り出された過去があった。一方でナバホ神話には、イェイーツォー（Yé'iitsoh）と呼ばれる火打石の鬼が登場する。イェイーツォーは最終的に爆発四散し、その一部分が珪化木になった。この土地では、ウランと珪化木は同時に出土する。そのため、アメリカ国家にとってのウラン採掘は、ナバホにとっては鬼の遺骨を拾い集める作業でもあった。さらにウランが生成する核エネルギーは、イェイーツォーの神話に現れる攻撃手段だったという解釈もなされるようになった。米軍は鬼の破壊的な力を利用しているのである（Praet 2014：48-49）。

このように、アニミズム世界を基盤とする人類学の観点からは、異人とはマジョリティ集団によるマイノリティの歓待や排除の問題ではなく、むしろ脆弱なマイノリティ集団にとっての強権的な外部の問題である。私たち近代人こそが異人であり、そうした諸集団を蚕食していた鬼であったし、今でもそうである。ここで言う鬼は、いかなる意味であれメタファーではなく、現実に存在する個体群を示す関係論的な概念である。その一方で私たちからすればマイノリティ集団もまた人権を有するヒトであり、アニミズムとはそもそも存在論的に異なる世界（フィリップ・デスコラのいう「ナチュラリズム」（デスコラ 2020：第8章））に生きている。そのため、ここまで見てきたような異人は存在しえないことになる。国家を前提とする異人論は、以上のようなアニミズム的な分析を踏まえたうえで、あらためて構築されるべきものであろう。

結論――異人論を客体化する

アニミズムを前提として、「妖怪談義」の異人とイストヴァン・プラトの鬼について整理しよう。異人は人間のような形をしている。それに対して鬼は非人間的である。鬼が化けるかあるいは化かすことにより（超自然的事態を引き起こすことにより）[★7]、ヒトにとって人間として現れるとき、それが異人である。したがって、異人は鬼が超自然として現れるときの様態を示すサブカテゴリーということになる。繰り返すが、ここで重要なのは、ヒトにとって非人間的である鬼は、鬼自身にとってみれば人間であるという再帰的なカテゴリー化である。存在者のマッピングをするとき、ヒトは人間だが鬼や動物は非人間であると区分することはできない。

このように異人を概念化するならば、妖怪研究や日本民俗学などにおいて、きわめて厄介な類似概念である異界についても、構造的に明晰な定義を与えることが可能である。それは、ある主体が客体化される状況、人外のパースペクティヴが支配的である状況、ヒトが他者との遭遇において人間ではなくなってしまう状況のことである。より端的に表現するならば、異界とは超自然の客体側である。異界や異人が超自然的であるというのは、一周回って元に戻ってきたように見える。だが、ここまで見てきたように、アニミズム的な超自然概念は、従来の超自然概念とまったく異なる。

本章がここまで行なってきたのは、非アニミズム的に構築されてきた異人や鬼、そして異界の近代的な概念を、同じ語彙（鬼や人間や超自然）を用いることにより同じ分析の水準で論じているように見せかけて、実際のところ現代アマゾニアの民族誌を紹介することをとおしてアニミズム的に論じることにより、非近代的な水準へと引きずり込むことによって客体化することだった。柳田國男以来の日本の異人論はアマゾニアのアニミズム的主体と出あうことにより、非近代的に変形される。ここまでの議論のプロセスは、異人に出あうことを厳密な意味で遂行するものだった。人類学者はフィールドワークした人々のやり方を自分たちの議論の方法へと流用することで悪名高いが——現代におけるその代表がヴィヴェイロス・デ・カストロの多自然主義であり、ここでは取り上げなかったがマリリン・ストラザーンの比較民族誌である（Strathern 1988）——本章もそうした技法の一つの実践である。

註

★1 単行本版『妖怪談義』以降は「疑はれぬ」と改訂されている（柳田 1956：20）。表現としては逆になっているが、異なる文脈を補えば意味はほぼ変わらない。
★2 実際には小松は、別の論考で妖怪と異人を結びつけてもいる（小松 1995：248）。
★3 NHKオンデマンド版の二分四八秒—三分二五秒。
★4 本書第5章では、この世界の反転を身体技法として論じる。
★5 以下の議論は廣田（2021c：99-101）でも論じており、重複する点がある。
★6 一般的に「憑依する」と表現されるウェンディゴ（北米アルゴンキアン諸民族に伝わる人喰い怪物で、言語ごとに名称は異なる）もまた、それに憑依されたヒトは身体的に変容してしまうことが語られている（Leland 1884：251-254）。これは「超自然的に化かされる」状態に相当する。

★7　分析概念としての「化ける」と「化かす」の差異は、廣田（2021c：86）を参照。

第5章　存在論的反転としての股のぞき

股のぞきは、読んで字のごとく、立った状態で脚を大きく横に開き、腰を曲げて頭を両脚のあいだに下ろし、上下が逆さになったまま、後ろのほうを見る身体動作が中核にある行為である。日本国内では天橋立を股のぞきする風習が有名だろう。こうして見られた風景は、直立して正面を見たものとどこか異なる点が多く報告されており、早いところでは一九世紀後半に、生理学者のヘルマン・フォン・ヘルムホルツが「いつもとは違う体勢をとって、腕の下や、あるいは脚の間に頭を入れて風景を見ると、平らな映像のように見える」（Helmholtz 1867：434；英訳は Higashiyama and Adachi 2006：3961 に引用）と言っている。以来、この知覚異常に関する実証的研究は多いが、二一世紀では、東山篤規と足立浩平による論文が（Higashiyama and Adachi 2006；cf. 東山 2012：第1章）、あのイグノーベル賞を受賞している。

股のぞきは単純なしぐさではあるが、風景が変わって見えるというだけではなく、より異なるものが見えるとも言う。たとえばホラービデオ作品『渋谷の女子高生たちが語った〝呪いのリスト〟7』(二〇一〇)では、都内の高校に通う学生が教師に「霊感(「お化けや未来が見える力」と説明される)があるかどうか確かめる方法」を教わったと言い、その友人がこのしぐさを実行する。すると、そこにいないはずの子どもの姿が見えてしまう。

この話が事実に基づくものか、それとも創作なのかは、ここでは問わない。重要なのは、股のぞきによって異常なものが視野に入りうるという感覚は、日本列島の諸社会でも知られていたということである。現代のホラー映像は、そうした身体技法に関する知識が現在もなお存在していることを示している。[★1]だが、なぜ股のぞきをすると霊が見えるのだろうか。身体を折り曲げるこの動作にどのような作用があって、尋常ならざる知覚が可能になる――と見なされているのだろうか。

日本における股のぞきの事例および分析は、すでに常光徹が『しぐさの民俗学』にまとめている。以下で紹介する事例の多くは、同書で言及されたものである(常光 2006：96-110)。『しぐさの民俗学』の結論を先取りすると、これらの股のぞきはいずれもが「異界を覗き見るしぐさ」であるという(常光 2006：109)。しかし、何が、どのように見えることが異界を見ることになるのかについて、常光の議論は明確ではない。本章では『しぐさの民俗学』で検討された事例を再分析し、さらに国外にも視野を広げることにより、股のぞきを実行することが何を引き起こすのかを考えてみたい。

1　日本列島における股のぞき

（1）妖怪を見る股のぞき

周防大島にて宮本常一が幽霊船のことを近所の若い船乗りに話したところ、その見分け方を教えられた（以下、丸数字を事例番号とする）。それによると、①「之は怪しいと思ふ船を見たら股の間から逆見をするのださうである。（…）逆見をして、船が海面をはなれて、少し高く走つて居るのを認める時は即幽霊船である、と」（宮本 1930：49）。また、この話者と同一かどうかは定かではないが、『周防大島を中心としたる海の生活誌』にも似たような対策が書かれている。②「船幽霊は股くらかゞみをして見ると、船が海の上からはなれて宙を行つてゐるからすぐ判る」（宮本 1936：210）。

關山守彌も『日本の海の幽霊・妖怪』のなかで長崎県五島列島の嵯峨島に同じようなことがあるのを報告している。曰く、③「人間の股から相手の船を見る。本物の船は、帆柱の上の十字の先が出ている。これを「セブ」といって、そこから網を張って帆を掛けるが、船幽霊にはこれがない」。また、櫓をこぐとき掛ける二本の綱のあいだから見ても同じような効果がある

（關山 1982：13）。宙を浮くほど異常な行動をしているわけではないが、正常な船舶と違うところがあるのを、「股から見る」ことによって判断するということである。

以上の事例はいずれも船乗りの対策法だが、地上でも股のぞきを行なって妖怪に対応することはできる。周防大島から遠く離れた青森県五戸では、④話者の女性が若いころ、奇妙な出来事があったという。日暮れのころ、遠方からの夫の帰りを待っていた女性が、夫の姿が見えたので確認してみたが、自分のほうを見るでもなく、のそのそと歩いていたので不気味な感じがした。「もしこれが狐だと両手を組合せて股の下から見れば分るということを思い出し、そうして見ると果して脛がなかった」。夫のようなものはキツネだった。結局、すでに本物の夫は帰ってきていた（能田 1958：301-302）。キツネが化けた人間の正体を見破るために、ここでは股のぞきが用いられている。同じように、⑤岩手県稗貫郡（現・花巻市）では、ある男が大入道に出会ったが、「大きなものに行会つた時は、股から見れば正体をあらわす」と聞いていたので実行してみると、キツネが後ろ向きで尾を立てていた（藤原 1937）。⑥山形県尾花沢市では、旧暦一〇月一〇日は「狐のムカサリ」（結婚式）と言い、夜中の一二時ごろ、特殊な条件下で股のぞきをすると、狐火を灯した行列が見られるという（三浦 1986：268）。また、⑦群馬県松井田町では、「イタチに化かされたときは股のぞきをするととける」（群馬県教育委員会編 1967：112）。

⑧富山県小杉町（現・射水市）では、「化物に会つたら煙草のむとよい必ず逃げていく」とと

もに「化されたらうつむいて股の下から空のぞくと正体がわかる」ということが言われていた（小杉町史編纂委員会 1959：292）。⑨新潟県六日町（現・南魚沼市）ではコト八日に「屋根のグシ（棟の部分）の上で股からのぞくと、化物や死者の姿がみえる」とされた（新潟県編 1982：686）。⑩長野県南条（現・坂城町）では、昭和の初めごろ、あるところに生えていた一本松の近くで、緋色の着物の大入道が出ていた。こちらが何もしなければ、大入道が大きくなっていって喰われてしまう。だが「股かがみ」をすれば逆に小さくなり、最後には消えてしまう。この妖怪は「みこしの入道」といい、タヌキの化けたものである（長野県 1986：535）。この事例⑩では、股のぞきは相手に直接作用する攻撃呪術である。

⑪長崎県吾妻町（現・雲仙市）では、「火の玉の本体」を見極めるには女性の股間からのぞけばよいという。だが先に火の玉に気づかれると災いが起きる（吾妻町 1983：976）。⑫熊本県葦北郡津奈木町では、ヤマワロの「千人揃い」（非常に多く集まっていること）を見るには、股のあいだから見なければいけないという（丸山 1950：19）。奄美大島瀬戸内町にもやはり股のぞきが伝わっている。まず⑬「バケムンはいろんな木や石に憑いているものである」。そして「バケムンに遭遇するときには、自分の股の下からみるとよい。股の下から見ると、ちゃんとあたりまえに見えるものである」。さらにこのとき眉に唾をつければよい（安全が確保される?）とも言う（登山 1981：32）。

以上のように、既知の事例は多くないものの、妖怪であることを認識するための股のぞきは、民俗学的調査が行なわれてきた近現代の日本列島において、北から南まで知られていたことが分かる。

また、常光は股のぞきに類したものとして「袖のぞき」というしぐさも紹介している（常光 2006：106-109；常光 2021：215-216）。袖のぞきとは、身体動作としては、脇のところから後ろをのぞくしぐさである。脚と腕が入れ替わっているだけだと考えるならば、股のぞきの変形として捉えることができる。

⑭青森県田子町では、ある男性が釣りに行った夜寝ていると、声がしたので、袖から見てみると、山男が見えたという世間話がある（青森県環境生活部県史編さん室編 1999：244）。⑮新潟県新潟市の間瀬では、漁をしているときに火が現れて船に近づいてきたことがあったが、「袖下から見るとその正体がわかるといふ」（大藤 1949：314）。また⑯壱岐では、「着物の袖をかぶつて見ると川の神の正体が見えるものだといふ」（山口 1934：273）。⑰熊本県天明村（現・熊本市）では、船幽霊を見分けるためには「草履の紐を眼鏡にして見るとか、袖下から見るとわかる」（小山 1961：778）。さらに⑱奄美大島では船幽霊を「真正面からみては絶対にみえないけれども、袖の下からみるとよくみえるものである」（登山 1982：177）。⑲青森県夏泊半島では、キツネにつけられたとき、振り返っても見えないが、脇の下からならば見えるという（大塚 2003：220）。⑳宮崎県馬関田（現・えびの市）では「河童その他の化物は袖の下から見れば見える」（楢木 1937：146）。その他の事例についても常光が多く収集している。たとえば㉑和歌

山県中辺路町（現・田辺市）では、オオカミは「萱一本あったら姿隠す」ので、「脇の下から覗いたら姿は見える」という。㉒鹿児島県大口市（現・伊佐市）では、ガラッパを見るには、蠟燭をつけて袖を透かしてみれば見えるという（松崎 1970（1971）：85-86）。㉓西表島でも、脇の下から見るとマジムンが見える（常光 2006：108-109）。㉔奄美では、ヨタという霊能者が死者を呼び出したとき、ヨタの袖の下からのぞくと、その姿が見えるという。だが、見ると近いうちに死ぬともいう（長田 1978：187）。㉕沖縄県中頭郡西原町では、マジモノや霊魂（マブイ）は「かなぶやあ」と呼ばれる人にしか見えないが、この人の袖を通せば、マジモノなどが見えるという（比嘉 1934：508）。

近世までさかのぼると、㉖浅井了意の『浮世物語』（一六六五年ごろ）に、いつまで経っても目的地にたどりつけない登場人物が、「顔を懐にさし入れて、袖口よりのぞきて見れば、背中のはげたる古狐、うしろ足にて立ちて先に行く」という描写がある（谷脇校注・訳 1999：139）。また、㉗『男女御土産重宝記』（一七〇〇）に、山で怪しい人に遭遇したときは、狐狸かどうか見破る方法として、胸元から袖口まで筒のようにしてのぞけば正体が分かるという技法が載っている（長友 2020：224）。股のぞきや袖のぞきとは少し違うが、技法としては袖のぞきに近いものが近世から知られていたことが分かる。

（2）予兆としての股のぞき、異国を見る股のぞき

股のぞきには、親の妊娠を示すという機能もある。大藤ゆきによると、「子供の所作によってその母の妊娠を知る俗信がある。多くいわれているのは子供が股のぞきすることで、これを「アト見る子はアト見る」といって妊娠の兆候としていた」（大藤 1954：152）。

この手の習俗は各地にあり、㉘たとえば宮城県（加藤 1975：270）、宮城県仙台市（仙台市歴史民俗資料館 1981：49）、宮城県唐桑町（唐桑町史編纂委員会編 1968：679）、福島県飯館村（飯館村史編纂委員会 1976：118）、福島県国見町（国見町 1975：817）、福島県山都町（現・喜多方市）（山都町史編さん委員会編 1986：97）、福島県相馬市（相馬市史編纂会編 1975：503）、新潟県河原田町（現・佐渡市）（中山 1932：31）、新潟県山古志村（現・長岡市）（戸塚 1983：266）、新潟県小千谷市（鶴巻 1989：53）、群馬県休泊村（現・太田市）（山田郡教育会編 1939：1459）、埼玉県蕨市（蕨市 1994：78）、茨城県日立市（関 1987：81）、長野県小布施町（小布施の民俗編さん委員会編 1985：696）、長野県木曽郡南木曽町（和洋女子大学民俗学研究会 1973：22）、島根県佐田町（現・出雲市）（佐田町教育委員会 1976：687）、山口県和木村（現・和木町）（末岡 1963：238）、福岡県宗像郡（福岡県庶務課別室史料編纂所編 1949：11）、福岡県田川市（田川市史編纂委員会編 1979：271）などの記録に見つかる（以上、すべて㉘とする）。また、㉙沖縄県宜野湾市（宜野湾市史編集委員会編 1985：494）、石垣島（瀬名波 1973：34）などでも同じ俗信が伝わっていた（以上、㉙）。

二〇二三年になってもなお、インターネットで「股のぞき」と「迷信」や「ジンクス」などを組み合わせて検索すると、子どもが股のぞきするのだがこれは妊娠の予兆なのかという質問や、実際に二人目三人目を妊娠したという報告などが多く見つかる。

股のぞきの行為者はいずれも乳幼児であり、何が見えるのか伝わっていない。小谷田美恵子は、中島恵子から、股のぞきによって「別世界・異次元が見える」という指摘を受け、「兄になる立場として胎児の姿でも見ていたのだろうか」と推測している（小谷田 1992：77）。また常光は、㉚新潟県川西市には、幼児は次に生まれる子が見えるという説明があることを引き、近未来が見えているのではないかと指摘する。同様に、㉛『提醒紀談』（一八五〇）にも大晦日に丘にのぼって股のぞきをすると「明年の吉凶を知る」ことができるとある（中村 1959；日本随筆大成編輯部 1973：176（いずれも常光 2006：99-101 に引用））。㉜また、宮城県には、重病人の家を近所の家の屋根から「股メガネ」でのぞくと、柩が見えるという俗信があった（茂木 1973：466）。おそらくこれらはいずれも、股のぞきすれば視野が現在から未来へと移行することを示している。㉝茨城県利根町では、田植えのときに太陽を股のぞきして見ると人が死ぬと言われていた（利根町教育委員会＋利根町史編さん委員会編 1992：60）。死の瞬間が見えるわけではないが、未来に関わることではある。

常光はさらに、㉞近世の『三州奇談』（一七五一―一七七二頃）には、唐島（現・富山県氷見市）のお堂で海に向かって股のぞきをすると「異国の人家」が見えると言われていたことを紹介し、「もともと見えるはずのない異国が見えるという発想」があったと指摘する（日置校訂 1933：222-223（常光 2006：103-104 に引用））。㉟宮城県古川市（現・大崎市）には、放火犯の家の前で股のぞきをすると「その家の軒から火がみえる」とされるが（古川市史編纂委員会編 1972：1036）、これなどは、本来は見えない内心が現れているということだろうか。

以上の事例をまとめて常光は、股のぞきとは、妖怪や未来や異国などの、現在の場からは見えない「異界を覗き見るしぐさ」であり、「日常では見ることのできない世界が股のぞきの向こうに透けて見える」（常光 2006：109-110）ものだと結論付ける。

2　国外の股のぞき

常光は股のぞき論の最後に少しだけ、ロシアにも似た事例（下記㊴）があることを指摘している（常光 2006：110）。だがそれに限らず、妖怪や近未来など、尋常ならざる物事を認識する方法としての股のぞきは世界中に広まっている。スティス・トムソンによる民間文芸モチーフインデックスでは、D1821.3.1.（腕の下から見ることによる呪的視界）、D1821.3.3.（脚の下から見ることによる呪的視界）がそれぞれ袖のぞきと股のぞきに相当する。★2 国外の事例は、管見のかぎり日本語や英語文献で十分にまとめられたことはないので、資料提供の意味も含めて、本章

でそれらを列挙する。★3

（1）妖怪を見る股のぞき

㊱ロシアには、「急にざわざわと音がしたら、股のぞきをしてみろ。チョールト［Чёрт, Chort. 魔物］が見える」という伝承がある（斎藤 1999：26-27）。また、㊲イヴァン・クパーラの前夜（六月二三日の夜）、ヤマナラシの木を東側に切り倒し、切株に乗って股のぞきをして森の精霊レーシィ（Леший, Leshy）に人間の姿で現れるよう頼むと、カサカサ音がしてレーシィが現れる。そこで自分の魂と引き換えに狩猟の成功や家畜の保護を望むことができる（佐野 2008：77）。逆に農民からは、猟師や牧人は妖怪と契約をしているのではないかと疑われることがある。㊳あるノヴゴロド州の話者が、股のぞきをして牧人を見ると、レーシィの集団が周囲にいたという（Ivanits 2015：68）。㊴アルハンゲリスク州ピネガでは、婚礼の日に股のぞきをすると家の霊ドモヴォーイ（Домовой, Domovoi）の婚礼が見えるという（斎藤 1998：36）。

㊵ロシアのウラル地方に広がるフィン・ウゴル系の少数民族コミでは、森の主ヴァルサ（versa またはヴァルィシュ verïś）がつむじ風として現れたとき、股のぞきをするか広げた手の指のあいだから見ると、その姿が見えるという。㊶同じく少数民族のウドムルトにおいても、つむじ風に対して同じことをすると風の精霊テル・ペリ（tel peri）が見えるという（Konakov 2003：341）。㊷ラトヴィアでは、親指を交叉させるか股のぞきをすれば、森の妖怪ヴァダー

ターイス（Vadātājs）の姿を見ることができる。見ることができたならば、この妖怪の力から解放されるという（Biezais 1961：17）。㊸フィンランドの少数民族サーミ人にも同じようなしぐさが伝わっている。ある男がソリを引っ張っていると、積荷が突然重くなったので、すぐに頭を下げて股のぞきを行ない、ロープに乗っている妖怪を見つけた。すると妖怪は消え、ソリも元に戻った。幽霊や妖怪は、ヒトが振り向くときは姿を消して逃げられるが、股のぞきは思いがけない行為なので、姿を消す余裕がなくなるのだという（Turi and Turi 1918-1919：179）。本来ならば姿は可視的なのである。

㊹スコットランドの妖精事情について詳述したロバート・カークの『秘密の共和国』（一六九一）では、妖精を見るために、頭髪を編んだ網を胴体に巻き付け、葬列が敷地の境界線を通過するまで股のぞきするか、この姿勢でモミの木の節穴から後方を見る方法が紹介されている。この視覚をカークは「第二の目」（second sight）と呼んでいる（Hunter 2001：86；ブリッグズ 1992：483）。㊺ノルウェーでは、四つん這いになって股のあいだから丘をのぞくと、フルデル（独：Huldren）という妖精の一群を見ることができる（Feilberg 1901：429）。㊻ポメラニア地方の海辺では、船の精霊クラバウターマン（Klabautermann）は、午前一時に車地のあるところに行き、その棒孔を股のぞきすれば安全に見ることができる（Buss 1973：52）。㊼ポメラニア地方ベルガルト（現・ポーランドのビヤウォガルト）のドイツ系住民のあいだでは、大晦日の「霊の時間帯」（Geisterstunde；真夜中）に家を三回歩きまわり、股のぞきをして竈を見ると、悪

魔（Teufel）が見える（Knoop 1893：50）。以下の二事例は袖のぞきに近いが、㊽歴史書『デンマーク人の事績』（一三世紀初め）には、不可視の存在オティヌス（Othinus）を見るために、魔力を持った女性ルタ（Ruta）が肘を曲げ、腕を通して見せるという場面がある（Fisher 2015：139）。㊾ヘッセン州のある土地には今もカール大帝とその軍勢が潜むとされ、太鼓の音が聞こえるだけで何も見えないことがある。そこで肘を曲げて輪を作りそこから見ると、軍事演習をしている様子が見える（Grimm 1883：938-939）。

㊿一九世紀末アメリカ合衆国メリーランド州のアフリカ系の人々のあいだでは、霊感がある人の上げた右腕からのぞいたり、同じく左肩越しに見たりすれば、霊感がなくても幽霊が見えると言う（Bergen 1899：130）。㉛トリニダード・トバゴでは、吸血鬼スクヤン（Soukouyant）と思しき人物を股のぞきすると、浮いているのが見える（Leid 2014）。㉜ジャマイカでは、葬列を股のぞきすると、棺に幽霊が座っているのが見える（Ed. 1904：208）。㉝英領ギアナ（現・ガイアナ）の沿岸部でも、ジャマイカとほぼ同じことが伝わっている（Dance 1881：181）。これらは分布から考えると、黒人奴隷のルーツである西アフリカ由来のようである。たとえば、㉞現代ナイジェリアの作家E・C・オソンドゥの短編「アメリカの声」に、市場で股のぞきをすれば精霊が見えるという記述がある（Osondu 2010：206）。

東南アジアに目を向けると、㉟タイのホラー映画『ナンナーク』（一九九九）に股のぞきの鮮烈な実写化がある。通常の妻子、住居と思っていたものが、股のぞきしてみると、実は死者と廃墟だったのである。監督のノンスィー・ニミブットによると、これは若かったころ祖母から教えられたもので、タイ人なら誰でも知っているという（Davis 2003：66）。㊻フィリピン・ビサヤのヒリガイノンの人々に伝わるアグダ（agda）という妖怪は、股のぞきをすると見つけることができる。ドゥエンデ（duende；小人）もこのようにして発見することができる（Jocano 1983：254）。㊼マレーシアでは、産女の幽霊ランソヨル（langsoyor）をはじめとする妖怪は、宙に浮いて歩いているが、その姿は股のぞき（chlah kangkang）しないと見えないという（Majid 1928：43）。㊽マレーシアのヌグリ・スンビラン州では、梯子の下に立ち、遺体を洗うのに使われた水を浴びれば、股のぞきするだけでジン（djinn）などの魔物が水を飲んでいるのが見えるということがムスリムに伝わる（Winstedt 1961：101）。㊾バリ島では、妖怪レヤッ（Leyak）は「裸で立って急にからだを折り曲げ、脚の間から」見ると見える（コバルビアス 1991：325）。

（2）予兆としての股のぞき

妊娠と股のぞきの関連性も各地に広まっている。㊿ミャンマーのカレンの人々のあいだでは、末子が股のぞきをするのは、弟・妹を探しているということで、母親が妊娠する徴候になる（Foll 1959：57）。61イギリス・ヨークシャーの一九八二年の事例でも、幼児が股のぞきするのは妊娠の徴候だとする（Opie and Tatem 1989：10）。62北海道・ロシアの少数民族ウイルタには、幼児が股のぞきするとまた妊娠するという言い習わしがある（池上編 1997：171）。妊娠ではないが、㊸イランのテヘランでは、子どもが股のぞきするのを「門が閉まった」と表現し、来客の兆しだという（竹原 2020：185）。いずれも幼児に何が見えているのかは明確ではない。

㊹ハンガリーでは、男性が聖金曜日に下着姿のまま墓地で股のぞきすると、将来の妻が見えるという。㊺ドイツのヴェストファーレンでは、女性が将来の夫を見るためには、大晦日の夜にストーブの穴の前で股のぞきをしなければならない。また㊻ポメラニアでも、大晦日の夜にストーブを股のぞきして、新郎新婦が見えれば翌年結婚できるが、何もなければできないという（Feilberg 1901：430）。

（3）呪術としての股のぞき

呪術的作用を引き起こす股のぞきも知られている。異常な状況を脱する方法として、㊼ウクライナでは、森のなかや見知らぬ土地で迷ってしまったときは、股のぞきの格好をして「私にとってはこっちの方向が道だ！」と言えばよいという（Zhuikova 2004：274）。㊽ロシアでは、レーシィに迷わされないために、服を裏返しに着る、靴を左右逆に履く、そして股のぞきをするなどの方法が知られている（Máchal 1918：262；佐野 2008：50）。

攻撃呪術としての股のぞきは、中世アイスランドのサガにいくつか確認することができる。★4たとえば㊾『みずうみ谷家の人々』（一三世紀後半）では、リョート（Ljót）という魔女は、「スカートを頭からかぶり、うしろざまに歩いて、両脚の間から」眼を剝きながら進んでいた。もし呪術が成功していれば、相手の世界をひっくり返し、感覚も意識も奪い、野獣のように走り回るように仕向けられたが、相手に先に見られてしまったので失敗して死んだ（グレンベック 2009：202）。⑩『植民の書』（一二世紀―一三世紀）にも同じ描写が見られる（Pálsson and Edwards 1972：86）。近代のものとしては、⑪スコットランド西部へブリディーズ諸島では、魔女が船を沈めるとき、股のぞきをするという技法が知られていた（Cárthaigh 1992/1993：278）。

おそらく筆者が見逃した股のぞきの事例も大量に存在するだろう（たとえば中国やインド、アフリカは未調査）。これだけ幅広く日本列島と同じような効果（妖怪が見える、妊娠の兆し、未来が見えるなど）が認められる以上、股のぞきを世界的な比較の枠組みで理解することも許されるだろう。以下では、あらためて事例を分類したうえで、パースペクティヴィズムの観点から股のぞきの効果について分析する。

3　股のぞきで何が見えるのか

（1）事例の分類

股のぞき（以下「袖のぞき」も含む）では、直立姿勢では見えないものが見えてしまう。私たちはこれが、先に触れたように、「異界を覗き見るしぐさ」（常光 2006：109）だという常光のまとめに納得してしまいそうになる。だが事例を見てみると、本当に見えているものが「異界」なのか疑わしくなるものがいくつかあることに気づく。まず国内の事例を、股のぞき前後での視覚の変化をもとに分類してみよう。「⇩」は対象の変化、「⬇」は対象の出現または消滅を示す。

Ⅰ　正常な対象⇩異常な対象（①②③④）。
Ⅱ　異常な対象⇩正常な対象（⑤⑧⑬⑪㉗）。
Ⅲ　異常な対象⬇正常な風景（⑩）。
Ⅳ　正常な風景⬇異常な対象（⑥⑨⑫⑭⑱⑳㉒㉓㉔㉕）。
Ⅴ　正常な風景⬇正常な対象（⑲㉑㉖）。
Ⅵ　異常な風景↓正常な風景。何が見えるかは述べられていない（⑦）。
Ⅶ　具体的な「正体」や「本体」が分からないので何とも言えない（⑮⑯⑰）。

常光などが指摘する股のぞきの機能は、この分類ではⅠとⅣである。正常な対象・状態が、股のぞきによって異常な対象に変転するからである。これは確かに異界が見えるということだ。だが、Ⅱ、Ⅲ、Ⅴ、Ⅵのように、股のぞきをすると正常な対象・状態になるのはどういうことなのだろうか。たとえば袖のぞきするとキツネが見えるとすれば（⑲）、キツネが見えないのが異常な状態であり、キツネが見えるのが正常な状態のはずである。また、股のぞきをすると大入道が消えてしまうのも（⑩）、正常な状態に戻るということである。それならば、Ⅱ、Ⅲ、Ⅴ、Ⅵの股のぞきは、常光の主張とはまったく反対に、異界ではなく現世が見える身体技法だということになる。

国外の事例に広げると、大半は異常な対象が見えるパターンだが、(51)では、正常な対象が異常に見える。(55)(67)(68)も、異常な知覚をしている状態を脱することができるのだから、現世が見えることになる。(69)(70)(71)は異常な対象にするパターンである。国外でもやはり、どちらの方向性も確認できる。

さらに議論を進めてみよう。分類Ⅰの船幽霊の場合（①②③）であっても、異界が見えるとは限らない。というのも、船幽霊は異常な存在なのだから、異常に見えるか、単に見えないのが正常のはずだからである。異常なものが正常なものに見えているほうが異常である。だから、股のぞきをするということは、異常なものを異常なものとして見ることのできるという、それ自体では正常なものの見方が回復できているということになる。股のぞきをすると脛がなくなっていた④、狐狸が見える㉗も同様で、やはり正面からの見え方は、キツネが人間に見えているのだから、異常である。それを股のぞきすると、少なくとも部分的にその姿が動物という正常な見え方に近づいているということは、①②③と同じである。つまり、いずれも異界ではなく現世が見えている。

だが、股のぞきによって現世が見えるという筆者の推論は、異常な結論にたどりついてしまう。股のぞきをするヒトが異界に属することになってしまうからである。以下では、この推論が決して異常なものではないことを示してみたい。

（2）世界を反転させる

まず、股のぞきというしぐさを、大半の民俗資料で表現されていない「異界を見る」技法ではなく、形式的に「世界をひっくり返す」技法だと捉えることにしよう。するとこの技法は、常光が参照したロシアの事例（㊴）について斎藤君子が述べるように、「さかさの国」（斎藤1998：29）という概念につながることが見えてくる。同様の分析は多いが、まとまっている記述として、ラネ・ヴィラスレウは、極東シベリアのチュクチにおける生者と死者の関係性について、次のように述べる。

可逆性の原理はチュクチの宇宙論に広がる特性であり、いろいろなスケールで繰り返されている。霊魂と身体が可逆的であるのとほとんど同じように、死者の世界は生者の世界のパースペクティヴィズム的な反転だと見なされている。生者と同じように、死者は家族とともにイランガス（幕屋）に住んでおり、トナカイの群れを飼っている。こちらが夜ならあちらが昼で、こちらが冬ならあちらが夏だ。死者の身体は「間違った」ほうへ回転しているので、その体色は生肉であり、頭と脚は後ろ向きになっている。さらに、トナカイは、生者のあいだで減ったときは生者のあいだで増えている（反対方向も同じ）。とはいえ、「死者」とか「生者」とかいうのは民族誌的には正しくない。というのも、それぞれの存在カテゴリーの観点からは、自分たちが生者であり、他方が死者なのである――二つの世界を合わせる霊魂の大交換を考察するとき重要になるポイントだ。（Pedersen and Willerslev 2012 : 477）

私たち生者と死者の世界は反転している。ここまでは世界的によく知られている観念だ。しかし要点は、死者のパースペクティヴから見ると、私たち生者（ヒト）が死者のように見え、死者がふつうのヒト（人間）のように見えるということである。どの立場のパースペクティヴから見ても、自分自身や同類は人間として現れるという再帰的な存在形態――パースペクティヴィズムは、南米アマゾニアや北米北部、北アジアなどの狩猟採集民族で広く知られている（Viveiros de Castro 1998）。この存在論を前提とするならば、船幽霊がふつうの船のように現れ、狐狸が人間のように現れるのは、そのように見ている主体がすでにヒトではなくなっていることを示唆している。すなわち化かされて（パースペクティヴを変調させられて）、相手側になってしまっているということである（詳しく本書第4章を参照）。本来ならば見えるはずの狐狸やオオカミが見えないパターンもまた、ヒトとしてのパースペクティヴが変調しているという意味では、化かされたものとして捉えられるだろう。従来の民俗学では、これらを「異界に行く」と表現していた。

したがって、こうした状態に抗して、失われたヒトとしてのパースペクティヴを回復するための方法が股のぞきと考えることができる。このロジックが有効ならば、股のぞきは、「異界が見える」ことも当然あるが、ある条件下ではむしろ「現世に戻る」技法だということになる。だからこそ、長野県の事例⑩においては大入道が消滅していったのである。股のぞきが単に異界を見るだけならば、妖怪が消滅することの説明がつかない。

常光が論じるように、股のぞきは「上半身と下半身の向きが逆で、顔は下にさげて後ろを見ているが足は前を向いて立っているという、上下と前後があべこべの関係を同時に体現した形」であり、袖のぞきも原理的には「股のぞきに近い」（常光 2006：102, 109）。こうしたしぐさをするとき、私たちは文字通り、身体を反転させている。そして、すでに動物や死者に化かされ、異類へと生成変化してしまっている自らの身体を、強制的に裏返し、ヒトへと戻るためのきっかけを得る。裏にとっての裏は表、ということである。以上をまとめるならば、股のぞきは、変身するための、文字通り「身体技法」だということになる。股のぞきは異界を見るための認識論的調整というよりは、現世へと帰還するための存在論的反転なのである。

このように見ていくと考えざるをえないのは、股のぞきをして現世化したならば、また姿勢を戻すと異界に戻ってしまうのではないかという疑いである。おそらく、次のようにロジックを組み立てることはできるだろう。股のぞきで相手のヒトならざる姿を暴き出すことによって、相手はヒトよりも優位な立場を保てなくなる。いわば妖力が失効する。この瞬間に、姿勢をもとに戻せば、妖力による異界化の作用が消失しているので、現世的存在のままでいられる(「妖力」という、いわば何でもありの説明項を導入してしまってはいるが、おそらく人々にとっても化かされる原理を利用する手段は分かっていなかっただろうから、それをとりあえず「妖力」と表現しておく)。

(3) 現在と未来が共存する

股のぞきで反転されるのは、生者/死者、人間/異類という対立以外に、現在/未来という対立でもある。★5 それが未生の子が見えたり未婚の配偶者が見えたりする結果として現れる(事例㉘―㉜、⑥⓪―⑥⑥)。ここにうかがえるのは、未来は反転させれば現在として現れるという観念だ。現在と未来の変換という点では、股のぞきと並立している技法に鏡を見るというものが国内外で知られている。たとえば青森県七戸町や新潟県新発田市、新潟県刈羽郡北条村(現・柏崎市)、新潟県小国町(現・長岡市)、新潟県出雲崎町などでは、幼児の股のぞきと鏡のぞきがどちらも次子妊娠の予兆とされている(七戸町史刊行委員会 1982:181;新発田市史編纂委員会 1972:177;金塚 1939:12;片桐 1976:595;出雲崎町史編さん委員会編 1987:56)。また、国外に関して言うと、特定の条件で鏡を見れば将来の配偶者が見えるという言い伝えは、イギリスでも一七世紀後半から記録がある。ロバート・バートンの『憂鬱の解剖』（一六六〇）に「彼女たちの唯一の望みは、もし魔術で可能ならば、自分の夫の姿を鏡に中に見ることである。彼女たちは、いつ結婚することになるのか、何人の夫をもつことになるのかを知るためには何でも供するだろう」とあるのだ（岡村＋伊藤訳 2022：97；Opie and Tatem 1989：252）。そもそも世界を反転させる技法としては、股のぞきよりも逆立ちよりも、鏡を見るほうがより正確である。

より議論を展開させるならば、現代日本で一般的な結婚式のブーケトスも、現在と未来の入れ替えとして理解できる。花嫁が後ろ向きにブーケを投じるのは、単に「誰に届くか分からないようにする」という偶然を狙ったものであるのみならず、通常と反転した行為によって、現在時における現在が未婚女性の数だけ可能性のある未来に変換され、そして一人の未婚女性がブーケを受け取ることにより、その女性が次に結婚するという未来へと収束するという機能を持っている。さらに、少なくとも民俗的思考のなかでは、結婚と妊娠は隣接した概念だったが、この点からすると、股のぞきによる妊娠の兆しとブーケトスによる結婚の兆しは、背後に関わることによる反転構造として類似しているのみならず、人生の諸段階における機能としても隣接した現象であることが推測できる。

常光は「股のぞき」と別に「後ろ向き」による物品授受の章を立て、身体の背後に「異界や妖怪、幽霊、死霊、穢れなどといった非日常が想像されている場合が多い」と論じる（常光 2006：148）。だが乳幼児（ヨーロッパでは若者）の股のぞきやブーケトスの技法からは、それが日常的で通時的な領域に通じていることを指摘することもできる。この点からは、「股のぞき」と「後ろ向き」を総合的に論じる視座が開かれてくることも考えられる。

おわりに

妖怪や幽霊が反転しているという考え方は、日本近世における「さかさまの幽霊」をはじめとしてほかにも多く知られている（服部 2005：第2章；伊藤龍平 2023：第3章）。特徴的なのは足だけが反転しているという類型で、これはユーラシア大陸にもアメリカ大陸にも広まっている（Kutin 2016）。股のぞきは、ヒトとヒト以外の存在がどのように存在論的に関わり合っているのかを考えるための重要な身体技法である。この関わり合いは、従来の「異界」のような人間中心的な概念ではなく、パースペクティヴィズムのような、ヒトとヒト以外の存在が等価な立ち位置にある存在論によってうまく捉えることができる。おそらくその他の「俗信」や「しぐさ」と呼ばれてきたものについても、異なる視座は必要となるだろうが、同じように脱人間中心的な概念化をすることが可能であろう。

註

★1　常光が股のぞきの論考（常光 2006）を著作として刊行したあとの作品なので、それに影響を受けた可能性も考えられる。

★2　常光が股のぞきと並べて分析する「狐の窓」はD1821.3.9.「手の穴からのぞくことによる呪的視界」の一種である。北欧のサガには、指で輪を作ってそれをのぞくと有毒生物に悩まされないという技法が描かれている（Loth（ed.）1963：187）。

★3　ドイツ語圏は（Stemplinger 1987）も参照。

★4　テリー・グンネルはサガにおける股のぞきを「魔術的尻まくり」（magical mooning）と名付け、山羊皮を振りまわす魔術と合わせ考察している（Gunnell 2014）。だが、いずれも妖怪を見る技法ではないため、本章とは視座が異なる。

★5　㉞異国がみえる股のぞきは距離（遠い／近い）の反転と言えるが、類例に乏しいため、厳密なことは言えない。㉟もよく分からない。

第6章　鳥獣戯画はアニミズム的とは言えない

動物妖怪との比較から

『鳥獣戯画』甲巻（以下「鳥獣戯画」）は、欧米文化とは違い、日本文化がヒトと動物に厳格な区切りを設けないことを表した作品だと言われる。このヒトと動物の関係性は、ときに文化人類学の古い概念を採って「アニミズム」と呼ばれることがある（辻 2013：110；徳田 2008：24；中沢 2016：94-97）。だが、そうした文章の多くは、九〇年代以降目覚ましい発展を遂げた新しいアニミズム研究を参照していない。他方で、伊藤大輔は二〇二一年の著書『鳥獣戯画を読む』のなかで、人類学を援用しつつ「「鳥獣戯画」という個別の作品においては、人類学的な意味でのアニミズムが認められるか否かはなお検討を要する事項のように思われる」と指摘する（伊藤 2021：295-296）。本章では人類学の立場からこの問いを引き受け、どのような回答ができるかを考えてみたい。

1　アニミズムの概念

現代の人類学におけるアニミズムは、エドゥアルド・ヴィヴェイロス・デ・カストロが提唱する、南米先住民のパースペクティヴィズムと深く結びついた概念としては、本書の第4章と第5章で紹介してきた。ただ、ヴィヴェイロス・デ・カストロ以外にもアニミズム研究に寄与してきた人類学者は多くいる。なかでも重要なのはティム・インゴルドとフィリップ・デスコラであろう（ほかにはヌリト・バード＝デイヴィッド、グレアム・ハーヴェイなど）。

南米や東南アジアの狩猟採集民社会を調査してきたカイ・オルヘムは、アニミズム研究の現況を整理して、大きく分けると、インゴルドに代表される現象学的アプローチと、デスコラに代表される構造主義的アプローチという二つの方向性があることを指摘する（Århem 2016 : 6-12）。

まずインゴルドにとってアニミズムとは、すでにある事物を客観的に表象することにより世界を捉える西洋近代的なものではない。むしろアニミズムは、人々が環境と相互作用するなかで、世界を知覚する＝知る＝生成する実践のことである。ヒトは主体、石は無生物――のような固定的属性は排除され、あらゆるものが潜在的に、ヒトと同じ人間としての資格を持つことになる。アニミズムにおいては、「人間」や「生」の概念は存在との邂逅ごとに拡張され、それと同時に「生」を根本とする世界もまた生成されなおす（インゴルド 2020：29-30）。

人間性をヒト以外にも認めるという点では同じだが、デスコラによるアニミズムの定義は大幅に異なった方法で行なわれる。まずデスコラは、歴史的・民族誌的に知られているすべての社会において、人々が環境に「何らかの連続性や不連続性を把握・分配する能力」が、内面性と肉体性の二つを前提としてなされることを指摘する。内面性は自己を構成する「精神・霊魂・意識」などで、肉体性は他者からも感知できる物理的身体や行動様式などである（デスコラ 2020：170-171）。連続性と非連続性、内面性と肉体性の二つの対から、構造的に四つの同定様式としての存在論が現れる。まず近代世界に特有のナチュラリズムでは、ヒトと動物が物質的には連続しているが、精神の面では断絶している。これが自然と文化の二項対立を生じさせる。この対称的反転がアニミズムで、ヒトと動物は霊魂や本質の点で同一なので、身体や行動の点で差異化される。オーストラリアに多いトーテミズムでは、ヒトと動物が肉体的にも内面的にもサブスタンス[★1]を共有している。最後に、アナロジズムでは、ヒトと動物は（というか、すべての存在は）両面で異なっており、世界には互いに異なる集団が無数に存在している。

この四つの存在論を**表1**にまとめると、以下のようになる。

こうした概念化の利点の一つは、「西洋近代とそれ以外」という二項対立から脱し、四つの

	内面の連続性	内面の非連続性
肉体の連続性	トーテミズム	ナチュラリズム
肉体の非連続性	アニミズム	アナロジズム

表1　デスコラの提示する、4つの存在論の関係

対等な類型を提示したところにある。たとえば鳥獣戯画の制作環境は、当然ナチュラリズムではないが、だからといってアニミズムやトーテミズムとも言えず、おそらくアナロジズムが支配的であった。というのも基本的に、国家形成はアナロジズム的だからだ（箭内 2018：168-175）。加えて、アナロジズムは社会的階層化や占術の多様性、万物照応の宇宙を産出することができるが、これらはすべて院政期の都市社会に現れている。

オルヘムがまとめるように（Århem 2016：11）、インゴルドのアニミズムが、他者との出会いのなかで世界を構成するのに対して、デスコラのほうは、存在論的特性の配分を前提として他者との関係が生起する（デスコラ 2020：181-182）。現象学と構造主義——両者の概念化は水と油のようにも見える。しかしまた、両者は自己と他者のどちらもが作用者《エージェント》として関係しあい、ヒトも動物も人間であるという観点からアニミズムを理解している点で一致する（Århem 2016：12）。本章はデスコラの概念化を利用するが、インゴルドの概念化——特に動的であるという点も重視する。

現代アニミズム論にとって重要なのは、デスコラのアニミズム概念が、ヴィヴェイロス・デ・カストロが南北アメリカ先住民の思考から取り出したパースペクティヴィズムと、全面的にではないが重なるという事実である。アメリカ

先住民にとっても、ヒトや動物は共通の霊魂を有しているが、「身体」すなわち毛皮や羽毛、行動様式などは異なる。それに加えてパースペクティヴィズムの場合、自己や同類を見るときは、ヒトであれ動物であれ人間のように見えるが（ジャガーからはジャガーは人間に見える）、異類を見るときは、たとえヒトであってもヒト以外のように見える（ジャガーからはヒトはバクに見える）。つまり、対象との関係によって、対象の現われ自体が異なってくるのである（デスコラ 2020：198-204）。

2　アニミズム的造形における変身、アナロジズム的造形におけるキメラ

各々の存在論的世界では、どのように動物が描かれるのだろうか。この点は『自然と文化を越えて』以降のデスコラが重点的に論じるようになった主題であるが、それ以前にインゴルドも、トーテミズムとアニミズムに関して詳細な分析をしている。デスコラもインゴルドの主張をフォローしているので、ここでは両者の分析を並べて紹介したい。

インゴルドはアニミズムを世界生成的な相互作用と見なしたが、トーテミズム世界においては、世界を賦活する成分は原初のときすでに土地に浸透しており、現存する存在はいずれも土地から放出される成分によって生きている（Ingold 2000：112-115）。トーテミズムの本場である

図3　アラスカの仮面

オーストラリア・アボリジニの人々による造形（depiction, インゴルドが art「芸術」の代わりに使う用語）がそれを明瞭に表している。そこでは動物と狩人の「対話」は見られず、むしろ両者の行動は、原初的秩序を無時間的に放出する土地のうえで実行されるものとして描かれる。動物造形は、動物ではなく景観と同じなのである（Ingold 2000：116-121；Descola 2018：35-37）。

アニミズムにおいては、土地や景観は文字通り後景に退き、動物はヒトとの相互作用のなかで可変的なものとして描かれる。そうした造形の典型としてインゴルド（そしてデスコラも）が挙げるのが、**図3**のアラスカ地方の仮面である（Nelson 1900：pl. ci）。上はサケ（ユーコン川下流域南部)、下はゴマフアザラシだが(クスコクィム川下流域)、どちらも背中がぱっくり割れて人間の顔が現れている。この構造は、ヒトと異なる種であっても、内面は人間的であり、身体的外装を取り除けばヒトと共通していることを示している。より端的に言うと、これは自己以外の何かに「変身する」=「化ける」ときを描いている(Ingold 2000:121-127;Descola 2018:32-33)。

アナロジズムではどうだろうか。デスコラによると、アニミズムにとっての「変身」は、アナロジズムにとっての「キメラ」である。キメラは「異なった種の属性の組み合わせでありながら、解剖学的にはある首尾一貫性を持って」おり、「要素の異質性と連結の首尾一貫性という、アナロジズムを定義する二重の特徴を、一つの図像のなかに最も効率的な形で埋め込む」(箭内 2018:167-168 に引用)。古代文明の擁する存在——メソポタミアのアプカルル(Apkallu)、ギリシアのケンタウロス(Kentauros)、エジプトの獣頭の神々、中国の竜、メキシコのケツァルコアトル(Quetzalcoatl)などは明らかにアナロジズム的な形象である。興味深いのは、デスコラがキメラと別に挙げる代表例が「山水画」だということである。山水画においては、山と水という異なる項が、両者を媒介する霞によってつなげられる。山水はさらに、宇宙全体を表す小宇宙でもあり、「ヒトを生かす情感や勢い」を描くものでもある。ゆえに典型的なアナロジズムなのだという(Descola 2018:39-40)。

図4　『きつねの草紙』（部分）

3　動物が化けるとき

アラスカやオーストラリアの造形がそのまま日本にも見られるわけではない。重要なのは、存在論に由来する表現がそれぞれにあるということである。そのため、かりに日本における動物との関わりがアニミズム的ならば、それに対応する造形があることになる。先述のように、アニミズム的造形の特徴が人間をめぐる変容を捉えるものだとすれば、そうした状況――すなわち「ヒトに化ける」行為は、民間説話においてもっとも多く見られるものだった。

化ける話は古代から戦後まできわめて多く知られているので（特にキツネとタヌキ。狐狸と比較するとウサギやカエルの話はかなり少ない。ないわけではない）、この紙幅で十分に論じることはできないが、さしあたり視覚的な「化ける」造形の代表例として、伝・土佐光信画の室町物語『きつねの草子』（模写本）から一場面を挙げよう（**図4**）[★2]。これは異類婚姻譚の流れで化けているのが露見したところで、左のキツネは髑髏をいただき、中央のキツネはお経を体にまとい、右のキツネは人髪のようなもの（藻草？）を頭部につけている。

髑髏と藻草は、キツネが使っているものとして広く知られていた変身アイテムである（小松2003：144-147）。こうした身体的外装に妖力が加わることにより、キツネはみずからをヒトに対して人間のように見せ、同じ人間として、ヒトと社会生活を送ることが可能になる。身体が近づいていけば、そもそも霊魂は共通しているので、それだけで人間＝同類として暮らせるのである。北アジアや北アメリカ北部などでは、ヒトのシャーマンが外装によって動物に化け、動物は毛皮を脱いで人間に化けるのだが（アラスカの仮面のように）、日本では動物もヒトと同じように外装で化けるという点が特徴的である（廣田2021c参照）。図4のキツネは「擬人化」されておらず、動物的な体勢で逃走を図っている。一方で同じ絵巻のなかでも、人間に化けているときは、キツネはほぼ完全にヒトと同型で描かれている。物語中のヒトからは、そのようにしか見えないのである。

こうしたイメージは絵画にかぎらず、動物が化けるほとんどの怪談や世間話で確認することができる。尻尾が出ている、声がおかしい、体臭が違うなど、些細な点で化けきれないところはあるが、原則として動物は、化ける瞬間が捉えられないかぎり、単なる異類として現れるか、化けて人間として現れるかのどちらかである。★3 動物妖怪譚はその意味で、日本の諸社会が、少なくとも部分的にはアニミズム的存在論によって組織化されていたことの明白な証拠であった。それに対して鳥獣戯画に変身の場面はなく、ヒトとの相互作用もなく、容姿も大部分が一貫して獣人型（therianthrope）である。以上の点からすると、鳥獣戯画をアニミズム的と言うことはできない。徳田和夫は天狗やキツネなどの妖怪譚と鳥獣戯画を同じ平面に並べ、「およそ異類の物語の発想には、自然物も人間同様に霊魂を持つという自然崇拝《アニミズム》がある。（…）したがって、異類物を単に擬人物と片づけてはならない。異類物は妖怪物と層を重ねているのである」と論じる（徳田 2009：24）。だが、動物造形がどのような存在論的配分によって可能になるのかという観点から考えるならば、すべてを「自然崇拝」で片づけることこそが問題である。

4　擬人化される動物

鳥獣戯画の造形は、アニミズム的動物妖怪とは大きく異なる一方で、単に「動物がほとんど衣服もつけないいまま、ヒトのような体勢でヒトのような行為をする」獣人型という点だけ見るならば、世界各地に類例がある。院政期日本と同じくアナロジズム的な環境が生み出した事例を挙げると、たとえばラムセス二世時代エジプト（前一三世紀）の「風刺パピルス」（図5）[★4]や中世後期ヨーロッパの彩色写本周縁部（カミール 1999）などが比較的知られている。[★5]単純な事実として興味深いのは、古代エジプトでも中世ヨーロッパでも院政期の日本でも、その背後にある言語的物語が知られていないという点だ。たとえばトム・ヘアはパピルスと鳥獣戯画を比較し、双方に詞書がないこと、ヒトに置き換えると写実的な表現になっていることなどの共通点を指摘する（Hare 2013：223-224）。

アナロジズムとの関連については、伊藤大輔が『鳥獣戯画を読む』において、鳥獣戯画には自然と文化を媒介する王権の性質が現れているという仮説を踏まえ、存在論的にはアニミズムではなくアナロジズムではないかと言う（伊藤 2021：295）。それならば、本当に王権と関わるか否かが伊藤説の妥当性に影響するだろう。だが文化史的判断は筆者の専門外である。ここでは本章で提示してきたものとの比較に留めたい。

まず、山水や霞の描写はアナロジズム的である。他方、鳥獣戯画の動物に関して言えそうなのは、アニミズム的ではない以上に、そもそもヒトと動物の関係性を伝えるものではないということである。伊藤慎吾は江戸初期の魚妖怪と魚の擬人化を対比させ、前者に決まった形態はないが、後者はコード化していることを示した。擬人化は描き手が意図的に造形するものだから、ある種のコードがあるわけだ（伊藤 2017：24-26）。それならば、動物の身体にヒトの体勢を組み合わせる獣人型をアナロジズム的とするのも可能だが、むしろ、いかなる現実的な動物との関係性も表象しないことを示すコードだったと見なすべきだろう。これは、昔話や寓話のなかで

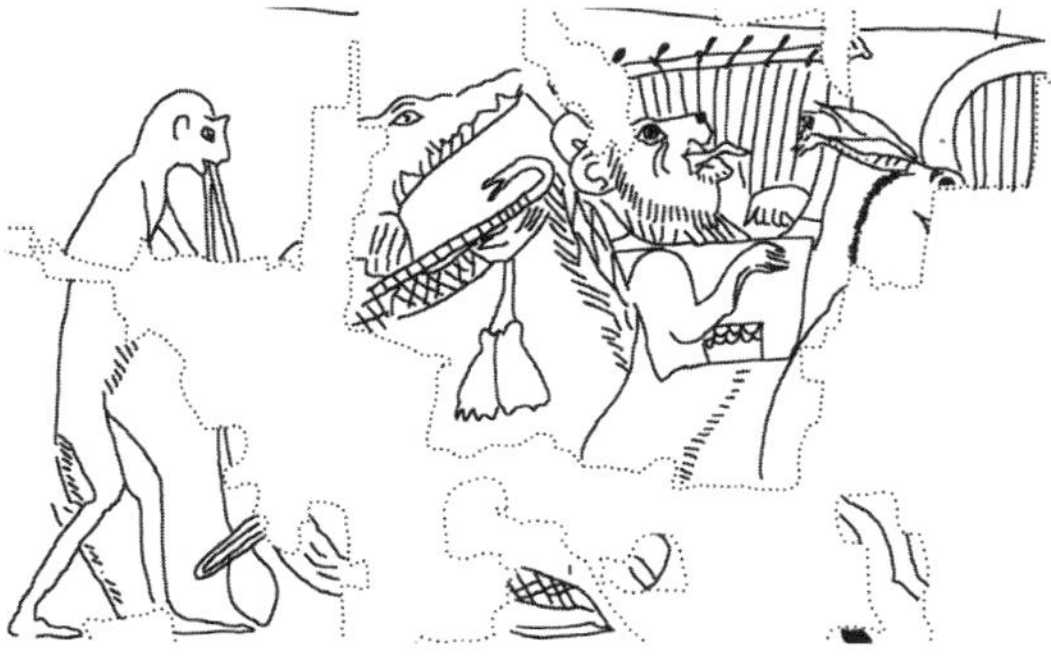

図5　古代エジプトの風刺パピルス

動物がヒトのように行動したところで、語り手も聞き手もそれが現実ではないという了解があるのと近い（Ingold 2000：91）。ただ、今橋理子は、鳥獣戯画と中世後期・近世の擬人化を比較して、人間的表情が後者では失われていることを指摘する（今橋 2004：136-141）。この点から見るならば、院政期はまだ擬人化のコードが確立されておらず、動物もヒトも同じ特性を有するというアニミズム的感性が残っていたのかもしれない。

かりに、擬人化をデスコラの議論に位置付けるならばどうなるだろうか。デスコラの四つの存在論を、ヒト以外の人間性を弱めていく段階として「アニミズム→トーテミズム→アナロジズム→ナチュラリズム」に再配列したマーシャル・サーリンズの議論が参考になるかもしれない。サーリンズは後二者の中間に「デフォルト擬人化」を位置づけ、ナチュラリズムが支配的な欧米においても多くの生物や概念に修辞的に主体が与えられるのを指摘する。ただ、擬人化はその場かぎりのものでしかない、とも言う（Sahlins 2014：288-289）。実際、鳥獣戯画のような動物造形がもっとも多く見られるのは、現代の私たちが生きるナチュラリズム的世界である。中沢新一が鳥獣戯画を捉えるために参考にしたのも、クロード・レヴィ＝ストロースが「自然の人間化」と記した一九世紀フランスの風刺画だった（中沢 2016：96；レヴィ＝ストロース 1976：写真3―4）。しかし、鳥獣戯画はナチュラリズム的描写であるなどと指摘することは、おそらく不可能である。

サーリンズの図式はデスコラの構造を崩して歴史化したものなので、デスコラ自身は納得していない（Descola 2014a）。彼の立場からは、デフォルト擬人化を存在論の一つに数え入れるのは受け入れられないので、ふたたび四類型を確保するためには、それを別の水準に移動する必要がある。つまり、デフォルト擬人化は、アニミズムやトーテミズムと違い、造形の外側では、ヒトと動物の関係性にほとんど関わりがないのである。この擬人化は確かに歴史的には、アナロジズムから動物の人間性を削いでいき、やがてナチュラリズムへといたる、三〇〇〇年にわたる連続体のなかに生じた造形技法の一つであろう。その意味でアナロジズムによって可能になった造形ではあるだろうが、しかしそれをもって「西洋と違い日本人は動物と……」などと言うことはできない。

5　鳥獣戯画はアナロジズム的か？

伊藤大輔は、以上のような筆者の議論（廣田 2021a）に対して、伊藤慎吾は擬人化の奥に「デスコラ的な図式」としてのアニミズムを見ているし、またデフォルト擬人化は近世期に入ってから発達したものと指摘しているではないか、と反論している（伊藤 2022：284-285）。だが、伊藤慎吾はデスコラやサーリンズなどの人類学者の議論を参照しているわけではなく[★6]、上記の人類学的な枠組みをもって伊藤の歴史記述をパラフレーズするのは適切ではないだろう。

筆者が言いたいのは、ヒトと動物との存在論的関係性がいかなるものであれ、どのような時代や地域であれ、表現形式としての擬人化に基づいた獣人型の描写は存在しうるし、それが現実的な形態ではないとすれば――鳥獣戯画について、伊藤はこの点を認めている（伊藤 2022：285）――、ヒトと動物との存在論的関係性とは別の水準で議論すべきだということである。

伊藤はさらに、鳥獣戯画における虚構（表象とも言いかえられている）と現実との断絶および連続性の双方が見出されることなどをもって、これはアナロジズムの特徴であり、筆者による「アナロジズムではない」という結論には問題があると批判する（伊藤 2022：285）。その後も伊藤は鳥獣戯画のさまざまな要素に（拡張された）アナロジズムを見出しているが（伊藤大輔 2023）、制作時の環境が基本的にはアナロジズム的な社会だとすれば、妥当な議論の方向性だろう。そもそも、アナロジズムから構成される社会に関する記録は極めて膨大である一方（歴史学的区分で言えば、全世界の「古代」から「近世」まで、場合によっては「現代」まで）、アナロジズムがどのような現実を顕現させるかについての議論は極めて少ない。呪術、卜占、供犠、憑依、多神教、国家、身分制、いずれもアナロジズムに包摂されてしまうのである。鳥獣戯画のような、世界的に知られた絵画作品からアナロジズムの諸動向を示すことができるならば、この概念の有効性や拡張可能性を示すこともできるだろう。

だが、筆者の関心は、動物妖怪と同じ存在論的水準で見るならば、ヒトと動物との関係性を捉えるうえでアニミズムやアナロジズムといった概念がどれだけ有効なのかを考察するところにある。したがって、鳥獣戯画の複数の側面にアナロジズム的な特徴が見出せることは、本論の成否とは無関係である。筆者の主張は、この絵巻に描かれた動物の姿から、ヒトと同様に動物にも霊魂があると考えていた――などと言い、表象がそのまま現実認識を投影したものであると安易に仮定する議論に対して行なわれている。

この点からすると、依然として、鳥獣戯画における動物たちの描写は、それ自体ではアニミズムやアナロジズムが伏在していると結論付けることはできない。ましてトーテミズムやナチュラリズムから構成されているわけでもない。鳥獣戯画の描写は、人類学の提示する諸概念の布置のなかで、現実のヒトと動物の関係性がどのように想定されていたかを対置させつつ、あらためてその位置づけを考えるべきである。

★註

1　人類学において「サブスタンス」の概念は多義的であるが、松尾瑞穂は「人を含む諸物質のつながりと、そのリアリティを生み出す媒介となる身体構成物」と定義し、それは物質それ自体でもなければ文化的に定められた記号でもなく（そのような二分法には括りえない）、むしろ「物質と記号」が「互いに関係づけられることで共構成」するもの、と指摘する（松尾 2023：22）。

★2　国立国会図書館蔵（本別七―四六四、https://dl.ndl.go.jp/info:ndljp/pid/2541766）をトリミング。

★3　近世の怪談集では、キツネが人間に化けた姿が描かれるとき、頭部と尾だけキツネになっている造形も存在する。ただし手足や胴体、服飾などはヒトのように描かれており、鳥獣戯画の多くを占める獣人型ではない。また物語上は、正体が露見した瞬間か、登場人物に対して人間として現れているかのどちらかである。尾だけ描かれている作例はより多く、いずれも読み手に対する標識として使われたのではないかと思われる（伊藤 2017：44も参照）。

★4　トリノ・エジプト博物館のパピルス Cat.2031/001（https://collezionepapiri.museoegizio.it/en-GB/document/202/）の一部をトレースした。

★5　他方で、アナロジズム的な社会体制が主流というわけではなかったアフリカ南部の人々によるロックアートにも獣人造形は多い。これらは、少なくとも神話時代が終わってからのものとしては、静態的で安定した容姿ではなく、アニミズム的存在論に基づき、変身やトランスなどの動的状態を表現したものと考えられている――「サンの宇宙論における、曖昧性の二つの根本的顕現たる獣人と変身は、概念的にも現象学的にもつながっている。一方の獣人は、存在論的可変性の産物であり、他方の変身は、その過程なのである」（Guenther 2020：5-6；cf. Jolly 2002；Wallis 2014）。インゴルドがトーテミズムと比較して言うように、アニミズムにおける形態は本質的に可変的である。対して鳥獣戯画には、変身の契機はほぼない。

★6　伊藤慎吾氏の主宰する「異類の会」において、筆者が二〇一九年三月九日、デスコラやヴィヴェイロス・デ・カストロの理論を紹介したとき、新鮮な驚きをもって迎えられたことを記憶している。「アニミズム、パースペクティヴィズム、マルチスピーシーズ――民俗学的／人類学的な異類・妖怪研究のための理論的エクスポジション」（於武蔵大学）。

第7章　ゴリラ女房とその仲間

エーバーハルト121からAT485Aへ

はじめに――「ゴリラ女房」とその類話

沖縄に「ゴリラ女房」という奇妙な昔話がある。★1 ある島の川を探検していた若者のグループがゴリラに襲われ、一人だけ捕まって山奥の群れのところに連れていかれた。ゴリラたちは若者の男性に果物などを与えた。それから一年ほど経つと「動物であっても情が湧き出て」、ボスゴリラを妊娠させてしまった。そして子が産まれた。それでも帰りたかった若者は筏を作り、ひそかに逃げようとしたが、見つかってしまった。それを見たゴリラは、置き去りにされる悔しさと怒りのあまり、自分の子の両足を引き裂いてしまった（一九七七年八月記録）（読谷村教

育委員会＋歴史民俗資料館 1983：63-67）。

興味深いことに、大正時代の本土でも、同じような話が実話として語られていた。たとえば『現代心中ばなし』（一九一六）には「ゴリラ女王の恋」の章があり、それによるとボルネオの未踏河川を遡行していた日本人集団がゴリラの群れに襲われ、一人の男が洞窟に閉じ込められた。ゴリラの女王は男を寵愛し、子を産んだ。七年経ち、男はひそかに作ったカヌーで逃亡する。そこに女王が現れ、叫び声をあげつつ子を「バリバリと引裂いた」。そして男は、この事件を語ることになる日本人に助けられたのだった（しげおか 2018）。河川遡行など細かい点まで「ゴリラ女房」と一致している。また、大本の聖典『霊界物語』にもほとんど同じ「猩々姫」のエピソードがある。違いは結末で、半人半獣の赤子は引き裂かれそうになるが、最終的には絞殺され、姫は入水して死ぬ（出口 1924：201-223）。また口承としては、伊勢湾の神島で、異類が「緋々猿」の女王になっているものが語られている（昭和初期）（岩田 1970：262）。

さらに遡ってみると、江戸中期にも類話があるようだ。国学者・荷田在満の『白猿物語』（一七三九）である。まずは先学による要約を転載しよう。

相模の男が乗った舟が、大風に吹かれて無人島に漂着する。男は上陸して島を見回るが、その内に舟は出てしまい、一人取り残されることとなる。島には多くの猿が住んでいるが、その群の長で雌の白猿に助けられ、「ほがらかなる洞」の内に軟禁され、飢えを凌ぐうちに、男は白猿に「いもせのまじわり」を求められ、心ならずも交りを結び、子猿までもうけることとなる。こうした日々にも、男は故郷をなつかしみ、島に舟の漂着するのを待ち続け、三年が過ぎたある日、漂着してきた舟があり、助けを求め、すぐに舟に乗り込み島を離れる。浜では猿達が嘆き叫んで、白猿は「なきてはふし、おきてはさけび、……手をあげあしをつまたてゝ、くるしびまろび」していたが、今は及ばずと思ったか、「をたけびしつゝ、立あがり」、傍の子猿を抱いて千尋の底に飛び入った。（森田 1992：2）

「ゴリラ女房」そのものではないが、かなり似ている。子の最後は「引き裂く」ではなく海への心中だが、後述するように、「ゴリラ女房」に似た説話のなかには溺死パターンもあるので、このバリエーションは例外的なものではない。

面白いのは、これが「作者の友人小泉の何某が幼い時に、その相模の男と親しかった八十歳の老人から聞いた話」だということである（森田 1992：2）。大正時代のゴリラ女王などと同じく、実話テイストで語られているわけだ。

近年の研究では、『白猿物語』は在満の創作だと推測されている。だが、『白猿物語』が海外に輸出されて各地に定着したという、かぎりなく低い可能性を考慮しないかぎり、この小説はすでに存在していた話型を受け継いだものと考えるしかないであろう。この点は、かつて明治期の国文学者・藤岡作太郎が、同書を「唯民間に云ひ伝へたる珍事異聞を雅文に認めたるまで」と評したほうが正しい（藤岡 1917：343）。

ところで、男が「相模の人」というのは、相模が太平洋に面しているのだから、物語の舞台が日本列島の南方にあったことをにおわせる。おそらく東南アジアだろう。あまり意味はないが、あえて年代を計算してみると、在満が一七〇六年生まれなので、友人も同年代とすると、一七一〇年代に話を聞いたことになり、相模の人が、そのとき八〇歳の老人の友人だったということは、これも同年代だと考えるとさらに半世紀くらい遡れる。よって、おおよそ一七世紀後半に事件が起きたのだと考えられる。

ここまでならばまだ、「ゴリラ女房」のような説話群が、日本列島に限定された話型だという予想がつく。しかし、まったく異なるところにも類話は伝わっていた。ルドルフ・アルトロッキという研究者が、エドガー・バロウズの冒険小説『ターザン』の元ネタを探ろうとして、シカゴ在住の著者に連絡を取ったことがあった。

ターザンには、他にも元ネタがある。一九一二年以前なのは確かなことだが、おそらく雑誌かどこかで、バロウズ氏は遭難してアフリカ沿岸に一人たどりついた船乗りの話を読んだという。船乗りはロビンソン・クルーソーよろしく困難な状況を生き抜いた。ジャングルに滞在せざるを得なかったとき、手懐けた雌の類人猿が彼を愛するようになった。ようやく助けが来たとき、その雌猿は男を追いかけて波間に飛び込み、自分の子供を彼に向けて投げたのだという。私は、この現代の物語を見つけることができなかった。（Altrocchi 1944：95；Dodds 2005-6：75に引用、森 1973：330も参照）

一読して明らかなとおり、最後の殺害方法に違いはあるにしても、この物語の流れは「ゴリラ女房」に近い。何よりも、現在日本で知られている、ゴリラが主役の説話のもっとも古いものが一九一四―一九一五年であり、アルトロッキの言う一九一二年（以前）とかなり近いというのが興味深い（ただ一九一二年というのは単に『ターザン』以前というだけである。バロウズの生年は一八七五年）。日本でいうところの明治後半から大正初期にかけて、洋の東西で同じパターンの実話が語られていたのである。

まったく偶然に、筆者は別の地域で類話を発見した。それは一九七二年、イラク北部の都市ティクリートで出版された雑誌に掲載されたもので、シルーワという山姥のような妖怪の物語だった。それによると、「シルーワ（Siʿluwa）は野女の姿をした怪物的な魔物である――悪魔の娘だ。（…）シルーワはみすぼらしく、毛髪は逆立っている。彼女は川岸の洞窟に暮らしているが（ティクリートから二〇㎞ほど北で、ザウル・アル＝シルーワ――シルーワの茂みと呼ばれる）、（…）オオカミと水を恐れるとも言われた」。

このシルーワの話は、モースルやティクリート、バグダードのスンニ派地区などで知られているという。最初に活字化されたのは一九七二年のことである。それによると、船乗りのフセイン・アル＝ニムニムは仲間とともにモースルに行くことになっていたが、用事があり、深夜、友人と連れ立って歩くことになった（夏季は暑さを避けて夜中に航行するのだ）。雨が降ったので、友人が、洞窟でやり過ごそうと提案した。しかし洞窟のなかで分かったことだが、友人は実はシルーワだった。シルーワは入口をふさぎ、脚を麻痺させる呪文をかけた。そして強制的にフセインと性的関係を持ち、息子ダビーブ・アル＝ライル（Dabib al-Layl, 夜に這う者）と娘をもうけた。

毎日シルーワは外出し、狩猟に励んだ。ある日、シルーワが狩りに出かけていたとき、フセインは何とかして洞窟を這い出た。川岸に座ると、ティクリートからの船員たちがいるのに気づき、助けを求めた。彼らは、水のなかに飛び込めば引き上げてティクリートに戻せると言い、フセインは従った。このとき怪物が戻ってきて、悲痛な叫びをあげた。「食事を無理強いしたことはあるが、お前を食べてはいない、脂のかたまりが逃げていく！」。シルーワは、水に触れると脚が萎えてしまった。そこで彼女は子を手に取って、真っ二つに引き裂いた。そして片方を水中に投げ、「半分はお前のだ」と叫び、彼の方向に唾を吐いた。

フセインは家族のもとに戻った。このことがあってか、彼は一般の世襲職をやめて、伝統的な療養師になった。フセイン・アル＝ニムニムは実在していたらしく、遅くても二〇世紀後半まで、彼の子孫は同じような治療を続けていた（Zeidel 2005：906-907）。

内陸の出来事なので無人島のことではないだが、水辺で別離があり、子が悲惨な目に遭うところなど、「ゴリラ女房」とほぼ同じである。ただ、川岸なので野女と男の邂逅過程は大きく異なっている。

シルーワは、『妖怪 魔神 精霊の世界』によると「アラビアの民間にいると考えられている妖怪の類」で、こう説明されている。

> シルーワは魔女的、食人鬼（女）的な妖異で、水辺に住み、長い髪と長々と垂れ下がった乳房を持ち、時には足がなくて魚の尾をしている。男にとりつき、人肉を好むという。（…）大猿のようなものから連想した魔物であろうとも言われる。（矢島 1974：142）

人を食う、水辺に住む、髪の毛が長い、そして男にとりつくなどといった特徴は、ティクリートの物語に現れるシルーワとよく似ている。乳房が長いというのもユーラシアに広がる女の怪物に共通している。大猿からの連想というのも、このシルーワの現れる物語が「ゴリラ女房」に近いことを示唆しているようでもある。ただ「魚の尾をしている」など、水中で暮らせそうな特徴を持つ点は大きく異なる。

シルーワという名称は、古典アラビア語のシラハ（Siʿlah）に相当する（Zeidel 2005：908）。ただ、ほかの地域に伝わっているシルーワ系の妖怪にはまた別のストーリーが伝わっているようなので（Zeidel 2005：908）、ゴリラ女房型なのはティクリート版だったからなのかもしれない。

古典的な物語だと、シラハは美しい女に変身し、それと知らずにヒトの男と結婚することがあるという。あるとき夫婦で夜の砂漠を眺めていると、光が見え、それに妻が反応して「息子たちをよろしく」といい、そのまま砂漠のほうに行って戻らなかった、あれはシラハだったのだという話である（Nünlist 2018：160）。ティクリートの場合、変身を解いてから行為に及んでいるが、場所が場所なので問題なかったのだろう。シラハは「シルワハ」（Siʕlwah）とも綴られ（Al-Rawi 2009）、こちらは「シルーワ」の発音に近くなっている。

以上の、相互に類似した説話を形式化すると以下のとおりになるだろう。

Ⅰ　ヒトの男が異類の領域に迷い込む
　Ⅰa　そこは孤島／山奥の洞窟であり、容易には脱出できない
Ⅱ　人型の異類と深い仲になって子をもうける
Ⅲ　異類の領域から抜け出す
　Ⅲa　みずから船を制作する／通りがかった船に助けを求める
　Ⅲb　異類は水辺を越えて追いかけることができない
Ⅳ　異類は悲嘆・怒りによって子を引き裂く／子を死なせる

この話型を「ゴリラ女房型」と呼ぶことにしよう。一七三九年の江戸文学、一九一二年以前のアメリカの雑誌、一九一六年の日本の書籍、一九七二年のイラクの地方伝説、一九七七年の沖縄の民話――ほぼ同一の話型に属するこれらの説話は、いったいどのくらいの広がりのなかに位置付けられるのだろうか。その特徴はどういったものだろうか。本章は沖縄の「ゴリラ女房」を起点として、異類婚姻譚の複数の話型を総合することを試みる。[★2]

1　説話のグローバルな比較方法論

類似する諸事例が異なる地域にある場合、どのような分析が可能だろうか。まず、類似の原因を説明する方法として、ロバート・ブラストは「収斂または独立発生」、「伝播」そして「共通起源」の三つを挙げる。そして、事例間に言語的な関連があるか、地理的に連続しているか、つながりのない地域にも類例が生じているか、の三つの判定基準から、それぞれの説明法のいずれが適用可能かを示している（Blust 1981：285-288）。先に紹介したゴリラ女房型の諸事例は、言語的にも地理的にもつながりがないので、ブラストの基準に従うならば「収斂」（進化学における「収斂」の意味だろう）で説明されることになる。だが、ブラストによる収斂の例示は、吹き矢（インドネシア、南米など）と「血・雷・猿」複合（マレー半島のスマン、ボルネオのプナン）であるが（Blust 1981：287）、それらと比較してもゴリラ女房型は、複雑な要素を持つにもかかわらず、また各々の地域の支配的宗教や技術的水準、生態学的特徴などに大きな違いがあるにもかかわらず、登場人物と舞台を入れ替えるだけでほとんど同じナラティヴが得られるぐらいには類似している。実際、モチーフとは異なり、民間説話の類似性に関しては、伝播を前提として説明されることが多い（トンプソン1977；近年のものとして沖田2020：10章など）。したがって、本章の主要部分は、説話の伝播を前提として、いわば「地図の隙間」を埋める作業を進めていくものとなる。

類似の原因に見通しが立ったならば、類似という事実からどういったインプリケーションを導き出せるかが問題となる。この段階は一般に、共時的分析と通時的分析という両極から探究することが可能である。前者の例としては、小沢俊夫による異類婚姻譚の比較研究が、古代・キリスト教民族・自然民族・日本という区分で自然観の違いを明らかにしようとしている（小沢1994：203）。また近年の代表的業績としては、フィリップ・デスコラの研究が挙げられる。デスコラは構造分析を歴史分析より優先することを明言し（デスコラ2020：19）、そのうえで、ヒトとヒト以外の存在との関係性を、構造的に構築された四つの「存在論」に分類している（本書第6章参照）。他方、通時的分析の大規模なものとしては、ミハエル・ヴィッツェルらの世界神話学仮説が挙げられる。この仮説は、アフリカ誕生以来の人類史的な集団移動を究極的な根拠として、世界各地に伝わる神話のモチーフやプロットを分類し、その成立過程を解明しようとする（後藤 2017）。共時と通時という両極の中間には、歴史的な連続性を前提としながらも、変換の操作によって神話の構造を剔抉したクロード・レヴィ＝ストロースのアメリカ先住民神話研究を位置づけられる（たとえばレヴィ＝ストロース 2018）。

本章では、伝播の経路については示唆するにとどめ――地理的広さに対して事例が少なすぎるためであり、また既知の事例間の連続性の検討だけでも分析にかなりの紙数が必要となるため――、最終的には、ヒトと異類を分かつものとしての形象と技術に注目して、動物が人間に変身するアニミズム的な異類婚姻譚と比較し、ゴリラ女房型にどのような特徴がみられるかを簡単に分析したい。

2　ゴリラ婿型、中国、仏教説話

ゴリラ女房型と（二元論的）ジェンダーが反転した話も南西諸島にいくつかある。「ゴリラ婿入」（国頭村）では、船が難破して生き残った女が洞穴でゴリラとのあいだに子を産む。しばらくして船が島に着いたので子とともに乗り込むと、ゴリラが子を引き裂くそぶりを見せるが、結局逃げ切る。子が成長して洞穴に戻ってみると、ゴリラの死体があった（遠藤ほか編 1990：49-50）。また、読谷村などでは雄の狒々が殺害を完遂する話が伝わっている（大宜見

1979：71）。奄美大島の「猿女房」では、若者が猿によって山奥の樹上に閉じ込められ、半猿半人の子を複数もうける。言い訳をして樹を下り川に通い、筏を作って逃げる。猿は子を次々と川に投げ込む（稲田＋小沢編 1980：587-588）。ヒトが女であるものを「ゴリラ婿型」とする。

「ゴリラ婿入」のように、子が成長して大人になるパターンも伝わっている。「虎女房」では異類がトラ、舞台は離島で、子が人間界に戻り、トラは憔悴死する（読谷村教育委員会＋歴史民俗資料館 1983：60-62）。別の民話「熊女房」では異類がクマだが、出会いと出産、子が人間界に戻ってからの憔悴死はほのめかされるだけである（読谷村教育委員会＋歴史民俗資料館 1983：69-70）。結末が「子は生き延び、立派な人物に成長するが、異類は心痛で死ぬ」（Ⅳrとする）になるものを「熊女房型」とする。さらに構成が変化したⅠ→Ⅱ→Ⅳrは、有名なヨーロッパの昔話「熊のジャン」の冒頭＝ATU 650AのⅠ＝F611.1.1.である。

千野明日香は、南西諸島の類話を考慮したうえで比較研究を行なっている（千野 1993）。同論では熊女房型が代表例とされ、まず、この話型が異類婚姻譚に分類される。しかし、日本列島でよく知られているもの（鶴女房など）と違い、異類がヒトの姿にならず媾合する点に特徴がある。さらに、この形式のものは中国大陸に多く見られる。それが「野人女房」説話である（千野 1993：25-29）。千野は、熊女房型が中国から伝播したという先行研究の説を受け継ぐ。だが中国では、異類はクマではなく野人である。千野は、野人の別称に「人熊」があること、沖縄民話の語りでは「人熊《ちゅぐま》」と言われていることを指摘する。おそらく沖縄に伝わる過程で「人熊」が「クマ」と間違えられたのだろう。やはり沖縄に生息しない猿やゴリラになっているのも、野人が合理化されたからであろう（千野 1993：27-29）――日本列島に広げるならば、これらは妥当な推測である。

千野は山中に誘拐されたパターンを「山中型・野人女房」と名付ける。古いものでは『太平広記』に引用された唐代・大暦年間（七六六―七七九）の話がある（太平広記研究会 2002：122-124）。異類は「夜叉」で、ヒト側は女性（つまりゴリラ婿型）。川船で逃げる、子が引き裂かれるといった要素はすでに揃っている（話の流れのうえではかなり唐突に川と船が登場する）。『夷堅志』（一一九八）以降は、舞台が孤島のものも現れる（『夷堅志』のものは泉州の話で、野女に相当するのは単に裸体の、意味不明の言葉を話す女。三仏斉に行く途上で遭難した話。三仏斉はおそらくボルネオを含む（齋藤ほか訳注 2014：206-207）。要素Ⅳがない版もある（竹田＋黒田 2007：241-245））。これを千野は「海島型・野人女房」と呼ぶ。千野の推測では、この話型は、中国人が東アジア・東南アジアの島嶼部の人々と交流したのを反映している。ただし中国の話型では、異類と結婚するのは男に限られる。船乗りは男性集団だからだという（千野 1993：37）。

また、本章で言うところのⅠ・Ⅱの要素に注目した王立は、熊女房型（Ⅳr）の古いものとして、『ジャータカ』（六世紀までにインド北部で成立）の第四三二話を挙げる（王 2005：83-84）。ここでは馬面の女夜叉（ヤッキニー、Yakkhinī）が野女の役割を果たしている。女夜叉が笑いながら襲いかかるという中国の野人に似た描写があるほか、川で追跡が阻まれるという要素Ⅲもすでに存在している（女夜叉は、熊女房と同じく、悲嘆死する）。ただし船などは現れず、神の決めた境界が川だということになっている（中村監修・補注 1982：216-219；Policardi 2018：138-139）。漢訳仏典では、「緊那羅神女」版が『根本説一切有部毘奈耶雑事』（八世紀初頭訳）にあり、同じものは九世紀チベット語文献にも知られる。ただ、緊那羅版は要素Ⅲを欠く（『大正大蔵経』二四巻三四八頁b段九行 ff.；Schiefner 1906：229）。

現代中国でも「野人女房」型体験譚は語られている。チベット北部（おそらくナクチュ）で、ある男が雌の人熊によって洞窟に閉じ込められ、結果二人の子が産まれた。男は隙を見て逃げ、追いかけてきた人熊は射殺された。あとで洞窟を見てみると子は殺されていた（周 1991：90-91）。水辺の要素がなく、Ⅳも変形気味である。同様に、ニンチ県の若者が野人に連れ去られ、洞窟に閉じ込められ、子が産まれた。動物の毛皮を用い、野人が走れないようにして逃げると、野人は子を持ち上げて引き裂いた。若者は全身に白い産毛が生えた老人のようになっていた（周 1991：93-95）。

黒竜江省のオロチョンおよびエヴェンキの人々のあいだにも「野人女房」話があるが、異類はクマで逃走手段は川筏、引き裂かれた子熊は片方が人類の祖先に、もう片方が熊の祖先になった（千野 1993：33）（その一方で、裂かれたままで終わるエヴェンキの話もある（郎 1989：296-297））。神話化している。

中国・青海省趙木川のトゥ族のあいだにも、ゴリラ女房型の話がある。ある将軍が追放され、豪雨の地滑りで気を失い、気づくと雌猿がいた。猿は実は妖鬼であり、将軍を洞窟に閉じ込め、無理強いして結婚。七、八年経つうちに子が二人でき、次第に将軍への監視は緩んでいった。猿がいないあいだ、子らと外出した将軍は、そこで捜索隊に出会い、ともに船に乗って逃げた。それを見つけた猿は、「子らは私のものだ」と叫んで二人とも半分に引き裂き、片方を船のほうに投げつけた。春節、趙木川ではこの出来事を記念する祭礼があるとのこと（Stuart and Limusishiden 1994：138-139）。唐突に川が現れている。

千野は、「熊女房」や「野人女房」が、ヴォルフラム・エーバーハルトが作成した中国話型インデックスの121「メスグマの愛の死」に相当することを指摘する（千野 1993：27）。すなわち、「1 男が島に打ちあげられる／2 メスグマにとらわれ、連れていかれる／3 結婚し、子どもができる／4 男は救助される／5 メスグマは子どもを殺し、自分も死ぬ」（馬場＋瀬田＋千野編訳 2007：302）。千野が指摘するように、「メスグマ」は「人熊」の誤訳であろう（千野 1993：27-28）。ゴリラ女房型のⅣとはやや異なるが、重なるところは多い。

以上のように、東アジアという視野から見ると、ゴリラ女房型はエーバーハルト121の変種として考えることができる。その分布域は、大陸では中国南部からチベットそして黒竜江省まで、さらに南西諸島をはじめとする日本列島に及んでいる。しかし、これでは『ターザン』にもティクリートにも届かない。

3 近世ヨーロッパから北米へ

『ターザン』の源流を調査したジョルジュ・ドッズもまた、ゴリラ女房型／ゴリラ婿型の説話を比較研究した論文を著した（Dodds 2005-06, 2007-08）。だが、その探索範囲は千野論文と重なっていない。そのため両者を接合すれば、より広い視野が開けてくることになる。

まずドッズが注目するのは、アントニオ・デ・トルケマダの『奇華園』（*Jardín de Flores Curiosas*）である。同書は一五七〇年出版の、スペイン語で書かれた奇譚集で、英語を含めヨーロッパ諸言語に訳され、当時は広く読まれていたという。そのなかにヨーロッパ最初の、やはり実話として語られたゴリラ婿型の出来事が載っていた。

長い文章なので要約すると、凶悪犯罪に加担したポルトガル人の女が「トカゲの島」に島流しにあった。女が嘆き悲しんでいると、山から猿の大群が下りてきた。ボスと思しき個体が女を憐れみ、洞窟へと連れ帰った。女は抵抗ができず、結局二人の息子を産んだ。数年後、真水をもとめて立ち寄った人々が船から降りてきた。猿たちは隠れたが、女は助けを求めて乗船することに成功し、船はそのまま出航した。猿は海岸に集まり、ボス猿は海にまで入ったが、追いつけないと分かると引き返し、子をつかんで海に放り投げた。さらにもう一人も投げるぞという仕草をしたので、船乗りたちは子のほうを助けようとしたが徒労に終わった。女はポルトガルに戻され、島からの逃亡および獣姦のかどで火刑を宣告された。しかし教皇使節のジローラモ・カポディフェッロ（一五〇二―一五五九）が王に恩赦を求め、結局彼女は修道院で余生を過ごすことになった。（Dodds 2005-06：75-77）。

ドッズが紹介する事例はさらに一七世紀のイタリア語文献、フランス語文献などへと続く。フランスの冒険家ヴァンサン・ル＝ブランによる旅行記（一六四〇）では、女は船長の妻だったが、不貞行為への懲罰として島流しにされたことになっている。別離の場面では、まず目の前で子を殺し、女のほうに投げつけたというところが、『奇華園』以来の伝統とはやや違っている。また、ル＝ブランを引用したというポン＝ゾーギュスタン・アレッの『猿ほか奇妙な動物誌』（一七五二）ではさらに、四肢を引きちぎり、女のほうに投げつけたという細部が加わっている。要素Ⅳがゴリラ女房に近づいている。（Dodds 2005-06：77-88）。

時代をかなり下って、一九六三年出版のポルトガル民話集を見ると、ゴリラ婿型の話が載っていて、そこでは異類が「ゴリラ」と明言されている。舞台は森のなかの洞窟である。しかしなぜかヒトの女は船を発見し、何とかしてそこに辿りつく。ゴリラは生まれた子を殺すと脅すが、どうみても子がゴリラにしか見えず愛着が持てないので、無視して逃げ切る――というものである。ほかのバージョンでは猿の島が舞台になっているのもあり、息子がヒトに近かったので連れて逃げたというものもある。★3

ドッズによると、ヨーロッパでは、（「海島型・野人女房」とは逆に）ヒト側はつねに女性であった。だが彼が見落としていた文献にはゴリラ女房型のものも存在する。一六一七年にパリで出版されたジャン・モケの『アフリカ、アジア、東西インド旅行記』(英訳 *Travels and voyages into Africa, Asia, and America...*)である。それによると、西インド諸島のある島に漂着した船乗りの男が「インディアンの女」に出会い、言葉は通じなかったが、「印」によって結婚することになった。女は船乗りのために食物を採集し、現地の人々との通訳をこなした。それから二、三年ほど経ち、子も生まれた。船乗りは故郷に帰ろうなどと思っていなかったが、あるとき港にイギリス船が停泊しているのを目にして、「裸のインディアン女と一緒にいることを恥じ」、妻を捨て去った。女は嘆き悲しみ、激しい憤怒に駆られ、子を手に持って二つに引き裂いた。片方を海のほうの船乗りに投げつけ、もう片方を手元に残した。助けた船の人々は惨たらしい様子を見て、男に、なぜ女を残していったのか尋ねた。すると男は、あいつは野蛮人だったからもういらないんだと言った。ジャン・モケは、この男に対して激しい嫌悪の情をもよおしたと述べている(Felsenstein 1999 : 294-295 ; Eastman 2008 : 135-136)。

ドッズはさらに南北アメリカにも目を向ける。合衆国ケンタッキー州にゴリラ女房型の民話が存在するのである。一九五七年、民俗学雑誌『ウェスタン・フォークロア』に紹介されたものである。――あるとき、狩猟に出かけた男が遭難した。大きな穴があったので入ると、老いたヤホー(Yeahoh, 野人の類い)がいた。男はそこで暮らし続け、火の使い方を教え、そして半人半ヤホーの子が産まれた。しかし男は逃げ出し、船に乗り込んだ。ヤホーは子を連れて来て叫んだが、どうにもならず、そのまま子を二つに引き裂き、片方を船のほうに投げつけた。

また「人の起源」という民話では、大筋は同じだが、ヤホーには子が六人できて、さらに別離に際して六人すべてを引き裂いたことになっている。もう一つの「毛深い女」(the hairy woman)という話では、男が、毛深い女と一緒に暮らして二年後に子ができた。半身は毛深く、半身はすべすべだった。彼女は男を愛していたが、男はボートを作って脱出した。女は子を爪で引き裂き、毛深いほうを男に投げつけた(北米の話型については、Przybylek(2016)にまとめがあるが、ドッズの紹介と大差ない。ヨーロッパから持ち込まれたという推測を紹介している)。

またメイン州では、雄の「ヨホ」(Yoho)の物語が語られている。ヨホは「ヨホの洞窟」に棲んでいたという。地名の由来になっているのがティクリートのシルーワと似ている。

南アメリカでもっとも古いのはベネズエラのもので、エル・サルバへ(El Salvaje)という毛深い異類が女を誘拐するというもの。一七八〇—一七八四年に書かれたイタリア語の本に紹介されている。また二〇世紀には類話がグアテマラやホンジュラスでも採集されている。ベリーズでは「人間のような頭部の、巨大で毛深いゴリラ」シシミト(Sisimito)がオスの異類の役割を果たしている。とはいえ、ドッズは結局、『ターザン』の源流にはたどり着けていない。ただ彼は、南アジアと東南アジアにも話型の広がりがあることを指摘する。

4　起源としての南アジア・東南アジア

ここから三段落分はすべて（Dodds 2007-08：105-112）に紹介されたものである。まずブータンでは、ミゴイ（Migoi, いわゆるイェティ）の雄が女と交わり、子は川辺で引き裂かれる。また、ネパール東部シンドゥパルチョークの話では、ある男が小川でカエルをとっていると、女のニャルム（Nyalmu）に出くわした。ニャルムは男を引っ張って「来い、さもなくば食うぞ」と脅した。男は洞窟に入れられ、入り口は大岩で塞がれた。一年後男の子が、二年後には女の子が産まれた。男は脱出を考え、鹿の毛皮でニャルムと自分用に靴を作った。ニャルム用はきつく縛り、脱げないようにした。そして男の子を連れて洞窟から逃げ出した。ニャルムは女の子を連れて追いかけたが、毛皮靴が合わず、痛みのせいでゆっくりとしか行くことができなかった。男が小川を渡るとニャルムはあきらめ、荒れ狂って女の子を小川に投げ込み殺した。そして座ってそれを食べた。要素Ⅳに、さらにおぞましい結尾——わが子を食らう——が付け加わり、戦慄すべきものになっている。

一九九三年に報告されたモンゴルの話では、未確認動物にも分類される異類アルマス（Almas）がゴリラ女房に相当する役割を担っている。何らかの理由でアルマスの女がヒトの男をさらった。山中で二人は子をもうけた。男はアルマスが水を苦手とすることに気づき、川を越えて逃げることにした。アルマスは川沿いに追ったが、水中に入ることはできなかった。怒り狂い、アルマスは子を引き裂いて殺した。この男は今でも生きている。野生に暮らしていたから、背中から毛が生えてきている。

ボルネオ島のダヤクのあいだでは、雄のオランウータンがヒトの娘をさらう話が多い。しかし雌のオランウータンが男をさらう話もあるにはある。スペンサー・セントジョンの『極東の森林生活』（一八六二）によると、若い男がオランウータンに連れ去られ、樹上での生活を余儀なくされたが、数か月後に隙を見て逃げた男は毒矢で雌異類を射ち殺したという。要素IIもIVもないが、樹上という点は奄美の「猿女房」と共通している。

東南アジア島嶼部については、人類学者のグレゴリー・フォースが「樹上に閉じ込められる、女側が半人半猿を産む、ヒトがココナッツなどの食料を与えられる、ココナッツ繊維で作ったロープでヒトが逃げる、逃げたのを見て猿人が力任せに子を殺す」という話が北スマトラ、ボルネオ、ロテ島（ティモールの西）に伝わることを紹介している（Forth 2008：283-284）。前二者では猿＝オランウータン、後者では普通の猿である。スマトラとロテ島の話は、ヒト側が男なのでゴリラ女房型、ボルネオはゴリラ婿型である。スマトラの話はフォースが直接聞いたもの、ボルネオは一九一一年の、ロテ島は一九九九年の文献にあるという（Forth 2008：314）。

ドッズが紹介する類話に戻ろう。ジャン・ロシュという未確認動物学者の報告では、一九五〇年代、ヴェトナムのブムノトゥオという集落の若者が森で仕事をしていると、大型の毛深い類人猿のような（しかし類人猿ではない）異類に捕まってしまった。そして女の異類とともに洞窟に暮らすことを強いられた。一年以上経ち、女の子が産まれた。結局、若者は三年間もそこで過ごしたが、最終的に洞窟を脱出して村落に帰りついた。村からでも異類の女の嘆き声が聞こえてくるので、武装した村人たちで洞窟を見てみると、小さな女の子は殺されており、女は去っていた。これは要素Ⅳが後になって判明するという変形型である。また、要素Ⅲが薄れている。

ドッズはこの話に続き、日本の説話を紹介している。しかしそれは日本語と沖縄語以外にテクストのない「ゴリラ女房」ではなく、英語訳があるから読めたのだろうが、柳田國男の『遠野物語』（一九一〇）であった。ドッズは「これまでの物語とは少しだけしかつながりがない」と言いつつ、同書の第六・七話を紹介する。長者の娘が山の「或物」にさらわれ、子を多く産んだが、ことごとく食べられたというもの（六話）、山で「恐ろしき人」にさらわれ、子を産んだがやはりことごとく食われ殺されたというもの（七話）である。だが、さすがにこれらの説話は無関係だろう。

ドッズはほかに一九世紀イラン（後述）や二〇世紀ロシアなどの類話を紹介したところで、それらについては検討せず、この話型が南・東南アジアを訪れたポルトガル人探検家によってヨーロッパに持ち帰られたのではないかという短い結論を述べる（Dodds 2007-08：112）。伝播経路の推測の妥当性について、今は検討できない。だがドッズの射程からは南西諸島も中国もジャータカ説話も漏れている。また、西アジアやロシアの類話にも触れることができていない。

以下では、この欠落を埋める事例を探索する。

5　西アジアからロシアへ

ヨーロッパ人がアジアに進出するはるか以前からアラブ商人がインド洋沿岸で盛んに交易をしていたのはよく知られている。その領域はインドネシアにまで及んでいた。そうした商人たちの見聞を集成した『インドの驚異譚』（一〇世紀、イラン）に、変形したゴリラ女房型の話を見ることができる。それによると、西暦九二一／二年、カークラ（家島彦一によると、マレー半島の付け根付近）に寄港した船の乗組員の一人が、仲間たちが商売のため町に出たので、長期間にわたって船番をしていた。そこに雌猿がやってきて、食料を頻繁に持って来ては船内で過ごすようになった。男は情がわき、性行為をしてしまう。三か月が過ぎ、猿が妊娠しているのが分かると、男は恥じて小舟で逃げた。しばらく経って、たまたま当時の仲間と出会い、どうなったのか聞いたところ、猿がヒトのような子を産んでいたが、その後船から投げ捨てたとのことだった（シャフリヤール 2011：230-233）。要素Ⅰとは逆に猿がヒトの領域に入り込み（ただ、ほとんど無人島と同じ状況だが）、ⅡとⅢはあまり違わないが、Ⅳが欠落しており、その代わり猿親子が溺死という点は、心中ではない点が異なるものの、結果としては『白猿物語』などに類似している。

マレー半島からイランに伝わった変形ゴリラ女房譚がどのように展開したかは不明である。だが、時代はずっと下るが、広くペルシア語圏に伝わる「宝石商サリーム」（Salīm-i Javāhirī）という民衆伝奇もの（ダースターン）にゴリラ女房型の挿話がある。現存する最古の「サリーム」写本は、明確に分かるなかでは一八二七年だが、一部は一六世紀にさかのぼる可能性があるという（Marzolph 1994 : 90）。

話は、暴君を「笑わせながら泣かせる」ために、囚人のサリームが呼ばれるところからはじまる。サリームは身の上を語り始める（典型的な枠物語だ）。彼は力持ちだったので運送業をしていたが、いろいろ災難に遭う。あるとき、旅の過程で川を渡ると（または島に渡ると）、夜中に水中からウシが現れ、光り輝く宝石を出すのを目撃する。それをうまいこと盗み取ると、さらに旅を続ける。すると、今度は猿の大群に出くわす（Levy 1923 : 33-46 ; Marzolph 1994 : 82 ; Mills 1991 : 109）。開けたところに無数の小屋が建っていた。冬に備えて食料が詰められていた。どうも猿たちは自分に危害を加えようとしていない。しばらく行くと、愛らしい宮殿に行きついた。なかでは白猿が玉座に座り、宴会を開いていた。白猿は王の娘だった。猿たちはサリームを豪華な食事でもてなした。夜が来ると白猿はサリームを寝台に連れていき、生殖行為に至る。それで子が産まれたが、サリームは何とか脱出を画策し、すべての猿が出払ったときに決行する。しかし王女だけはいたので追いかけられた。彼女は赤ん坊を背負っていた。追いつけないと悟ったこの猿は、赤ん坊を地面に落として脚で引き裂き、半分をサリームのほうに投げつけた（Marzolph 1994：82, 87-88）。なお、参照した英訳では、性行為も出産も語られず、次の話に行ってしまう（Levy 1923：46-47）。性的内容だったので訳者が省略したのだろう（Marzolph 1994：92）。

ドッズが紹介したイランの話というのはこれである。この話には海も川も出てこない。ただ、ドッズの参照した一八三〇年版のほか、現代アフガニスタン・ヘラートの口承版（Mills 1991：110）には続いて「別の島に辿りついた」とあり、もとは海辺が舞台だったのではないかと考えられる。

このように、冒険譚の挿話としてゴリラ女房型がありうることに注目すると、すでに『国際昔話話型カタログ』（いわゆるATU）のATU485がこれを包括していたことに気づく。

ボルマ・ヤリチュカ（旧話型485Aを含む）

ツァーは王冠を手に入れるために男をバビロンに行かせる。男は王冠を盗み、追ってくるヘビたちを燃やす。男は1つ眼巨人のところに来て、巨人の目を見えなくし、巨人の腹の下のほら穴から逃げ出す。（参照：話型1137.）男は荒女と子どもをもうけるが、男が荒女のもとを去ると、荒女は怒って赤ん坊を2つに引き裂く。男はライオンを助け、ライオンが男を家に連れていく。ライオンの警告にもかかわらず、男は酒に酔って自分の旅を自慢する。男は自分を正当化するために、ライオンを酔わせて、ライオンに酩酊の影響を示す。注 荒女が登場するエピソードは単独でも記録されている(旧話型485A)。(ウター 2016:238、傍線部引用者)

傍線部が示すように、「ボルマ・ヤリチュカ」という話型のなかに、ゴリラ女房型の話型が含まれている。ウターの言う「旧話型」は、改訂前のアールネ=トムソン(AT)版にあるもののことで、当時は485Aという番号を与えられていた。ATUでは削除されてしまったが、便利なので復権させる。

遡ってAT版を見てみると、485Aには「島の女とのエピソードのみ」とあり、事例としてアファナーシエフ『ロシア民話集』が挙げられている(Aarne and Thompson 1961:167)。「島」というのは、まさしく「ゴリラ女房」の要点Iaに相当するものであり、この話型がゴリラ女房型を包摂できることが判明する。ただ、トムソンは485Aの出典としてアファナーシエフ民話集を参照しているのだが、485にはAとBがなく、Cだけしかない(Afanas'ev 1957)。トムソンが485のほうで参照しているアンドレーエフの話型カタログ(AAとする)を見ると、AT 485に相当するのはAA 485Aで、AA 485Bのほうに「島でのエピソードのみ(野女)」と書かれている(Andreev 1929:38)。だがAA 485AにもAA 485Bにもアファナーシエフ民話集は示されていない。Bのほうにはニコライ・オンチュコーフの民話集だけ載っている。トムソンは両者を取り違えてしまったのだろう。最初のアールネ版に485はないので（Aarne 1910：21）、話型名がロシア由来であることからも、この番号はアンドレーエフにより追加されたものと思われる。

ＡＡまで遡って確認すると、日本語訳で「ボルマ・ヤリチュカ」となっている話型名は、より正確には「ボルマー・ヤルィージュカ」（Борма Ярыжка, Borma Jaryzhka）だということが分かる。「ヤルィージュカ」は「貧しい船乗り」なので、話型名は「貧しい船乗りボルマー」と訳すことができる。「ボルマー・ヤルィージュカ」には英語訳があるので、AT 485Aについて具体的な民話を参照してみよう。

まず一つ眼巨人から逃れたボルマーは、川を越えなければならなかった。そこに宮殿があり、夜になると若い娘が現れた。どうも娘の兄は一つ眼巨人だったらしく、ボルマーを殺すと脅したものの恋に落ちてしまったので、彼は脅されながらも過ごし、息子が一人産まれた。二〇年後、娘は日中宮殿を空けることになったのでボルマーを鎖で縛り、息子には彼を監視するよう伝えた。しかし息子は父親を解放した。親子は川に鴨猟にいった。というのも穢れた霊（＝妻）は川の上を飛べないからである。ボルマーは鴨で筏を作り、岸を離れた。そこに娘が現れ、息子を引き裂き、半分をボルマーのほうに投げた。不浄な血が一滴、筏に付着して、そこから沈み始めたので彼はその部分を切り落とした。娘は怒り狂ったが向こう岸に渡れないのでどうしようもなかった（ヴォルガ河畔のシンビルスク、現・ウリヤノフスクの話者）（Haney 2001：409-411）。

「ボルマー」の異類は毛深かったり猿のようだったりするのではなく、ヒトの姿をしている。ただ正体が「穢れた霊」(Нечистая Сила, Nečistaja Sila)とあるのみだ。この話型はベラルーシとウクライナでは稀だが、二〇世紀のロシア民話集ではよくあるものらしい(Haney 2001:431)。この英訳ロシア民話集では続いて変形ゴリラ婿型の話も収録されているが、そちらでは異類は「レーシィ」になっている(伝承者はカレリアのケム出身。ウクライナに類話あり)(Haney 2001:413)。さらにオンチュコーフ民話集から別の類話も紹介されているが、こちらでもやはり、男が、見た目は普通の娘と結婚し、息子をもうけ、その後作った船に乗って逃げようとする(要素Ⅳはない)という話になっている(カレリアのペトロザヴォーツク)(Haney 2001:416-417;Ončukov 1908:230)。それ以外のロシア民話にもこの話型がある(ペルミ地方)(プロップ 1983:126)。

ウター和訳にある「荒女」というのは英語だとwild womanで、アンドレーエフ版のほうも「野生の女」という意味のヂーカヤ・ジェーンシチナ(Дикая Женщина, Dikaja Ženščina)である。サテュロスのように、ヒトにとって野生の領域にすまう人型異類のことである。日本ならば先述の白猿のほか、山男、山女、山姥、山童などの人型妖怪がこれに相当する。オランウータンやゴリラもこの仲間に入る。体毛が濃いのが全般的な特徴である。

ATU 485は、ウターによるとフィンランド、ヴェプス(フィンランドの近縁民族)、ブルガリア、ロシア、ベラルーシ、ウクライナ、マリ(ウラル系民族)、サハ(ヤクート)で知られているという。つまりウラル以西の東ヨーロッパに広まっているということだ。ただし注意しなければならないのは、どの地域でも話型が完全に繰り返されている保証はないということである。もしかすると野女のエピソードはなくなっているかもしれないし、あったとしても要素Ⅳがなくなっているかもしれない。そのため、原文を確かめないとAT 485Aがあるかどうか分からない。ただ残念ながら、参照文献はロシア語やフィンランド語など、東欧の言語ばかりだったので、筆者の言語運用能力の限界により、どういうことが書かれているのか知ることはできなかった。

ロシア説話の引き裂き要素については、早くグレゴリー・ポターニンがモンゴルの叙事詩『ゲセル』の挿話との類似を指摘している（Potanin 1899 : 699-700）。彼が記録したブリヤート語版によると、主人公ゲセルの妻の一人アルマ・モルゴン（Alma Morgon）のところにやってきたゲセルは、息子しかいないことに気づく。そこで息子に、自分の進むほうとは違う方向を母親に教えるように言う。そこにアルマ・モルゴンが帰ってきてゲセルを追うが、違った方向だったことに気づく。彼女は怒って息子を引き裂いてしまう（Potanin 1893 : 102）。要素Ⅱが暗示され、ⅢとⅣは認められるが、水域にかかわるⅢabは欠如している。近年、セルゲイ・ネクリュードフはこの挿話がAT 485aであることを指摘し、現代モンゴルに類話が多いことを示している（上述のアルマスの仕業）（Nekludov 2008）。★4

管見のかぎり、これまで紹介した説話とエーバーハルト121、そしてAT 485Aが大略一致することを指摘した研究は見当たらない。韓国の「熊女房」（熊が完全にヒトに変身する）も、韓国昔話研究ではKT 213の番号を与えられ、エーバーハルト121に相当すると指摘されているが（崔1976：229-230；崔＋厳2013：298-299）、やはり485は見逃されている（嬰児殺しのモチーフがないなど、構成に大きな違いがあるからというのもあるだろう）。

『昔話百科事典』の項目「異類女房・異類婿・異類婚姻」は、ドッズを引用しているが、この点を見逃している（Kawan 2008：566）。またアラブやペルシアの話型カタログでも無視されている（El-Shamy 2004；Marzolph 1984）。唯一の例外は、「宝石商サリーム」をAT 485（およびAT 485A）に割り当てたアゼルバイジャンの話型カタログである。冒険譚のなかで主人公が「猿の国へ行き、ある猿と結婚する、それから一男一女を産む、それらを見捨てて逃げる」という一節があるらしい（さらにAT 485A単独もあり）。この主人公名はジェヴァヒルサタン・セリムなので（Rüstəmzadə 2013：146）、要素Ⅳはないが、ドッズの紹介したサリームと同系統に見えてくる。

6　部分的な比較分析

ここまで沖縄民話「ゴリラ女房」の属する話型を特定し、その世界的な分布をおおむね確認した。ここからは、ヒトと異類を分断するものの観点から、標準的な異類婚姻譚と比べてゴリラ女房型の独自性がどのように見えてくるのかを簡単に検討したい。

ゴリラ女房型（ゴリラ婿型を含む）で際立っているのは、千野明日香が指摘するとおり、異類が非人間的形象のままヒトと性交し、そして子が生まれるというところにある（「ボルマー」を除く）。たとえば、小沢俊夫による異類女房譚の三類型は、いずれも異類がヒトから見て人間的形象になることを前提としているが（小沢 1994：130）、ゴリラ女房型の大半はそこに収まらない。

異類がオス／男性である「異類婿」ならば、異類が非人間的なままの類型がある。たとえば、日本でよく知られている「猿婿入り」は、猿が男に対して、仕事を手伝うかわりに娘をくれと要求し、娘は仕方なく猿とともに家を出るが、途上で（あるいは嫁入り後に里帰りする途上で）策略を用いて猿を殺し、人間社会に戻るというものである（小沢 1994：30-31, 36）。娘はもとより猿との婚姻に嫌悪感を示しており、うまく逃げおおせたので「めでたしめでたし」となる。その一方、婚姻自体は人間社会（父親である男）と猿社会とのあいだで合意されている。娘の意思と家父長的支配との衝突が、この説話を駆動するものになっているが、こうした問題は、ゴリラ女房（婿）型には見られない。完全に異界に迷い込んでしまい、余人のあずかり知らぬところで、しかも異界であることを十分に認識したまま（つまり相手が異類のまま）物語が展開するところに、この話型の特異性がある。社会的合意や不合意が無関係である点は、ゴリラ女房型とゴリラ婿型の双方が世界各地に分布していることの要因なのかもしれない。社会や身分などによって異なる婚姻後の居住形態が、この話の流れだと関与しないからである。

同じく異類が非人間的なままのものとして「熊のジャン」があり、異類は猿や野人ではないが、先述のように、熊女房型を中間に据えると、話型自体はゴリラ婿型にかなり近い。ヨーロッパの異類婚姻譚では、異類が実際にはヒトであることが多いと言われる。だが、相手が妖精であるメリュジーヌ伝説はよく知られているし、「熊のジャン」も「記録されたなかではもっともヨーロッパ中に幅広く拡散している」(Frank 2023 : 121) と言われるぐらい広まっていることは念頭に置いておくべきだろう。この話型はヨーロッパ人によって大西洋を渡り、今では先住民社会を含め、北米・中米にまで広まっている (Frank 2023 : 126-127)。詳しい比較検討はここではできないが、ゴリラ女房型・ゴリラ婿型も、多くの社会で変形しつつ伝えられており、「熊のジャン」の拡散と重ねて議論することもできるだろう。

次いで内部比較に進もう。まず形象の類型としては、類人猿(中国、ゴリラ女房、ペルシアなど)、ヒトに化ける魔物(イラク、ロシア)、「野蛮人」(『夷堅志』と近世ヨーロッパ)のように分けることができる。また、ヒトとの近さという観点から社会性の尺度を用いると、孤独(東南アジアなど)、孤独・住居あり(ロシア)、群生・階層あり(ゴリラ女房など)、群生・住居あり(ペルシア)のように分けることができる。一直線に配列できるわけではないにしても、形象と社会性を組み合わせれば、大まかにそれぞれの説話の話型全体に対する位置づけを確認することはできる。この場合、標準的な異類婚姻譚に属するのは「ヒトに化ける魔物」のパターンのみだが、イラクのシルーワがヒトの形象なのは連れ込むときだけであるため、やはり標準から外れている。

この観点からすると、標準的な異類婚姻譚にもっとも近いのは、初出を近代まで待たねばならないロシアの「ボルマー」であろう。AT 485a のもとになった「ボルマー」の場合、異類は技術がないから追跡できないのではなく、河川だから渡ることができない。これはほかにイラク、モンゴルおよびジャータカ説話にも確認できる。悪霊が河川を渡れないというモチーフは広く知られており（幽霊が渡れないのは E434.3、妖精は F383.2、魔女は G273.4、悪魔は G303.16.19.13.）、「ボルマー」もその一端であると考えることができる。

異類がヒトの形象に化ける異類婚姻譚の基盤にあるアニミズム的存在論――毛皮や羽毛を脱ぐことで変身できる――では、ヒトとヒト以外の存在は内面性が等価であり、文化が等しいため（デスコラ 2020：第5章）、ゴリラ女房型のように技術の非対称性によって両者が分断される物語は想定しづらい。この点で、技術ではなく異類の存在特性自体が渡河を不可能にするパターンは、アニミズム的存在論により近いと言える。だが「ボルマー」以外では異類は非人間的容姿をしたままであり、その点で純粋なアニミズムから少し離れた（つまり、ヒトでなければどれだけヒトと交流してもヒトではないまま）捉え方のほうが支配的な話型であると言える。

大半の説話では、技術こそがヒトと異類との別離を可能にしている。この点は、ゴリラ女房型が、標準的な異類婚姻譚よりも、ヒトとヒト以外のあいだには文化的断絶があるとする、近現代の私たちの思考に近いことを示している。デスコラの枠組みでいうと、おそらくアナロジズムに相当するのだろう（この概念については本書第6章参照）。特に、「熊のジャン」もだが、子がハイブリッドであるとする形象化は、アナロジズムに典型的なものである。

ただしこれは、アニミズムに相対的に近い「ボルマー」的類型のほうが古いということを意味するものではない。そもそも動物が身近にいる環境に暮らしていれば、動物が造船技術を持たないことは知りうるのだから、昔話でも神話でもない、事実譚としてのゴリラ女房型説話においいて、動物が（求愛行動以外は）日常的な生活をしているのは不自然なことではない。もちろん、悪霊は流水を渡れないというモチーフを動物に移行した結果として、存在特性が理由としては成り立たなくなり、技術的な優位性が前景化したのがゴリラ女房型だという推測も成り立つだろう。

7　おわりに

本章は「ゴリラ女房」の話型を特定し、その広がりをおおむね確認した。だが、ゴリラ女房型とゴリラ婿型が男女を入れ替えるだけで成立する点や、ヒトと動物がそのまま関係するというクィア性（廣田 2023）、水域と技術がヒトと異類を分断する点、さらに異類とヒトという二項対立を引き裂きとして具現化する結末など、興味深い論点は多い。また伝播経路の推測も、各地域の専門家による類話の探索によって、精密に進められる必要がある。ゴリラ女房型は今後、さらなる注目がなされるべき話型であろう。

註

★1　この民話はインターネット上でも話題になった。発端については「民話「ゴリラ女房」」（https://togetter.com/li/520192　二〇一三年六月一八日作成）を参照。筆者も興味を持ち、国外の類例も含めて事例を列挙した文章を同人誌に掲載した（廣田 2020）。本章は、ロシア語資料を含め、多くの事例を追加し、それらの比較分析を試みたものである。

★2　この説話を「異類婚姻譚」と呼ぶべきなのか、そもそも「異類婚姻譚」という呼称はこのカテゴリーを表すのに妥当なのだろうか、という点については（廣田 2023）で論じた。

★3　オーストリアのブルゲンラント州に伝わる説話では、美しい野女（Wildfrau）が人間の男と子をもうけたが、諍いが起きて二人が別れることになった。野女は子を連れていくか行かないかで迷い、脚を引き裂いて半分を男のほうに投げつけ、もう半分を抱えて戻ってこなかった（一九六六年の語り）（Neweklowsky and Gaál 1987 : 255）。このバージョンでは、Ⅲが欠如しているが、特徴的なⅣは残っている。

★4　ネクリュードフ氏は二〇二一年二月にAT 485aに関するオンライン発表をしたとのことだが、筆者は議論の内容を確認することができなかった（https://vk.com/wall-24329991_1592　二〇二一年二月四日投稿）。

第3部　ネット怪談の世界

一九九〇年代半ばから現在にかけて、人々の生活にもっとも影響を及ぼしてきたものの一つがインターネットであることは贅言を要しないだろう。文化人類学の隣接分野である民俗学は、伝統文化や田舎の風習を調査する学問というイメージがあるが（間違いではない）、私たちの日常を形作っているという意味で、インターネット上の諸実践もまた、研究対象にしてきた。

民俗学が取り上げる題材は国や地域によって大きな違いがあるが、インターネットに関しては、アメリカ合衆国での研究が盛んである。他方で、日本民俗学ではそれほど多くの人々がインターネット研究に携わっているわけではない。そんななかでも、強いていうならばネット怪談は積極的に論じられる傾向にある。たとえば二〇一六年に刊行された伊藤龍平の『ネットロア』は、二〇二三年の時点では、インターネット民俗学に関わる唯一の日本語書籍であり、大部分がネット怪談を事例にしている。そういうわけで、第3部の各章は、どちらかというと民俗学寄りの内容になっている。そもそも、日本で妖怪の研究といえば一般的には民俗学が想起されるわけで、その意味では、第3部はもっとも「イメージどおり」のアプローチかもしれない。

ネット怪談といえば、「くねくね」や「きさらぎ駅」など、文章で表現されたものがよく知られている。その多くは二〇〇〇年代半ばのネット怪談黄金期に無名の人々が投稿したものだ。もちろん本書でもそうした怪談を取り上げるのだが、それ以外にも、二〇一〇年代以降グローバルに普及してきたやTikTokやInstagramなどのSNSにおいて多用される視聴覚メディア

（画像や動画など）を利用したネット怪談もまた、重点的に検討してみたい。旧来の民俗学的な怪談研究では、文字中心の説話が前提となっていることが多く、画像や動画が主軸になっている怪談は十分に扱われない傾向にあった（そもそもSNSに慣れていない民俗学者が多いという根本的な問題点もあるが）。本書の第3部では、そうしたSNSの視聴覚的な恐怖を探し回り、二〇〇〇年代半ばではなく、むしろ同時代的な――二〇二〇年代前半の――ネット怪談の諸相を描き出す。最終的には生成AIまでも視野に入れることになるだろう。

具体的には、第8章では、スマートフォンの顔認識機能が霊を認識してしまう事例を取り上げ、また、第9章では文字コードの食い違いによって生じるはずの文字化けが、異世界に行ってしまった人々が体験する怪奇現象と重なっていることを紹介する。第10章では、異世界に行く手法にデジタルゲームのバグが並行していることを論じ、次の第11章では、TikTokなどで異世界から実況動画が投稿されるという二〇二〇年代前半の話題を、文章的な怪談からの乖離という観点から検討する。最後の第12章は、「バックルーム」と呼ばれる不安げな画像ミームを取り上げ、現代の私たちが抱く過去への否定的感情――思い出のなかに見てはならないものが現れるかもしれないというノスタルジック・ホラー――が、映像系SNSのハッシュタグなどをとおして、分からないままに共有されている二〇二〇年代の状況を描き出す。

ネット上で恐怖を伝えるためにデジタル画像や動画を利用する流れは、日本よりも先にアメリカで盛んになったようである。ただ、その多くは、実際にあった怪奇的で不思議な体験ではなく、フィクションであることを前提とした創作物——ホラーとして発表されていた。現在「クリーピーパスタ」と呼ばれるものがその代表である。これらをネット怪談と区別してネットホラーと呼ぶことができる。日本では、たとえばYouTubeチャンネルの「フェイクドキュメンタリー「Q」」などがネットホラーに相当する。このチャンネルは文字通りフェイクドキュメンタリー形式の作品群で、フィクションであるというメタ情報がコンテンツ内で明示されないことが特徴である。

ここでネットホラーはネット怪談とも重なっていく。「怪談」と違い、「ホラー」は特定の個人や集団による創作物である。だが、フェイクドキュメンタリーだったり、少なくとも最初のうちは創作のそぶりを見せない釣りネタだったり、あるいはフィクションとして発表されていても、コピペ（転載）が繰り返されるなかでそういったメタ情報が脱落していったりすることにより、ネット怪談とネットホラーとの境界は曖昧なものになってしまう。本書で言うならば、第11章の異世界実況はネット怪談としてもネットホラーとしても楽しめるものだし、第12章のバックルームは、どちらかというとネットホラーとして受容されているが、たとえば「アメリカ発の都市伝説」などの、厳密に言えば誤った情報とともに流通することがあり、そうなってしまうとネット怪談の射程に入ることになる。

第3部の主眼の一つは、テクノロジーの発展・普及と、私たちと世界との関係性の変容を、ネット怪談をとおして明らかにすることである。この関係性というのは、クリエイターが、これまで技術的に困難だったイメージを表現することを可能にしたり、怪奇的で不思議な現象なり体験なりを理解するための概念やパターンをテクノロジーが提供したりするという点によく現れている。こうした変化のありようを捉えるために、第3部では、第2部と同じように、たとえば第8章でアマゾニアの精霊を比較に持ち出し、第9章でパースペクティヴィズムを応用している。現代のインターネット社会もまた、あらゆる面で人類史的に例外的だというわけではなく、人類学的な比較研究の俎上に載せられるということを、以下では示すつもりである。

他方、最後の二つの章は、本書第3章の一種の変奏曲である。映像系SNSにおいて、「何だかよく分からないもの」がそれ自体でミームになっていることを論じるものだからである。

二〇二〇年代における〈怪奇的で不思議なもの〉の諸形態を、ここで示してみる。

第8章　非人間の／による認識の存在論的造作《ぞうさく》

はじめに――見えざるものが見えること

紙上では難しいことではあるが、できればリンクをたどって、ある動画を見てもらいたい。筆者がTikTokで見つけた短い動画である。[★1] 二〇二〇年一月一〇日に投稿されたこの動画は、二〇二三年一一月一八日の時点で約二二六〇万回も再生されており、♡（いいね）は約四五〇万、ブックマークは約二三万五三〇〇、コメントも約二万三六〇〇ついている。TikTokでは、再生回数が一〇〇〇万以上、♡が一〇〇万以上であれば、異論なくバズったものと見なすことができる。キャプションは英語で、「私の友達の家はマジで出るから、こんなことが起きた。最後まで見て」（傍点は大文字）とある。映像は屋内を映し出しており、撮影者とその友

図6　TikTok 動画を含む全画面スクリーンショット。まず一体目の AR エフェクトが作動（左）。次いで、横倒しに二体目が現れる（中央）。撮影者の要望に応じたかのように、二体目の AR エフェクトが舌を出す（右）。

人の声が聞こえる。カメラは誰もいないところに向けられていたが、ある瞬間に、顔を認識してイヌの耳と鼻を上書きするARエフェクトが作動してしまう。ARのプログラムが、そこに誰かがいると判断して、人間用のエフェクトをつけたのである。撮影者は、「彼女がそこにいる！　いる！」と興奮し（「スーザン」という名らしい。さらに、もう一体の霊も現れたようだ）、自分が見えるならば舌を出してと言う。すると、誰もいない空間からエフェクトの舌が出る。その反応に撮影者が息を飲んだところで動画は終わる（**図6**）。

　この投稿者はその後も似たような動画を多く載せ、霊とコミュニケーションを取ろうとしている。ここまではっきりと霊がエフェクトに反応した（とされる）ものは珍しいが、誰もいない空間にカメラを向けていると、人間がいなければ作動しないはずのエフェクトが作動したことを報告する動画はTikTokなどの映像系SNSに多く見られる。こうした動画ではいったい何が見えているのだろうか。

筆者がこの章の内容を最初に発表したときの研究フォーラム名は「見えざるものたちと日本人」であり、そしてこの発表が行なわれたワークショップは「見えざるものをカタル」だった。趣旨説明には「神、幽霊、妖怪、鬼、などなど、日本人の周りには、さまざまな「見えざるもの」たちがいた」とある。[★2] この前提にひそむものは何なのだろうか。TikTok動画もまた「見えざるもの」を撮影しているように見えるが、しかし誰かに何かは見えている。見えざることと見えることとの関係は、どのようなものなのだろうか。

1　何にとって見えないのか（見えるのか）

幽霊や妖怪といったものは、肉眼での目撃証言も多いのだが、それでもなお「見えざるもの」とされるのは、科学的・合理的に考えて客観的に実在しないからだろう。存在しないのならば見えるわけがないので、見えるというのは主観的な妄想、錯覚や幻覚でしかない。TikTok

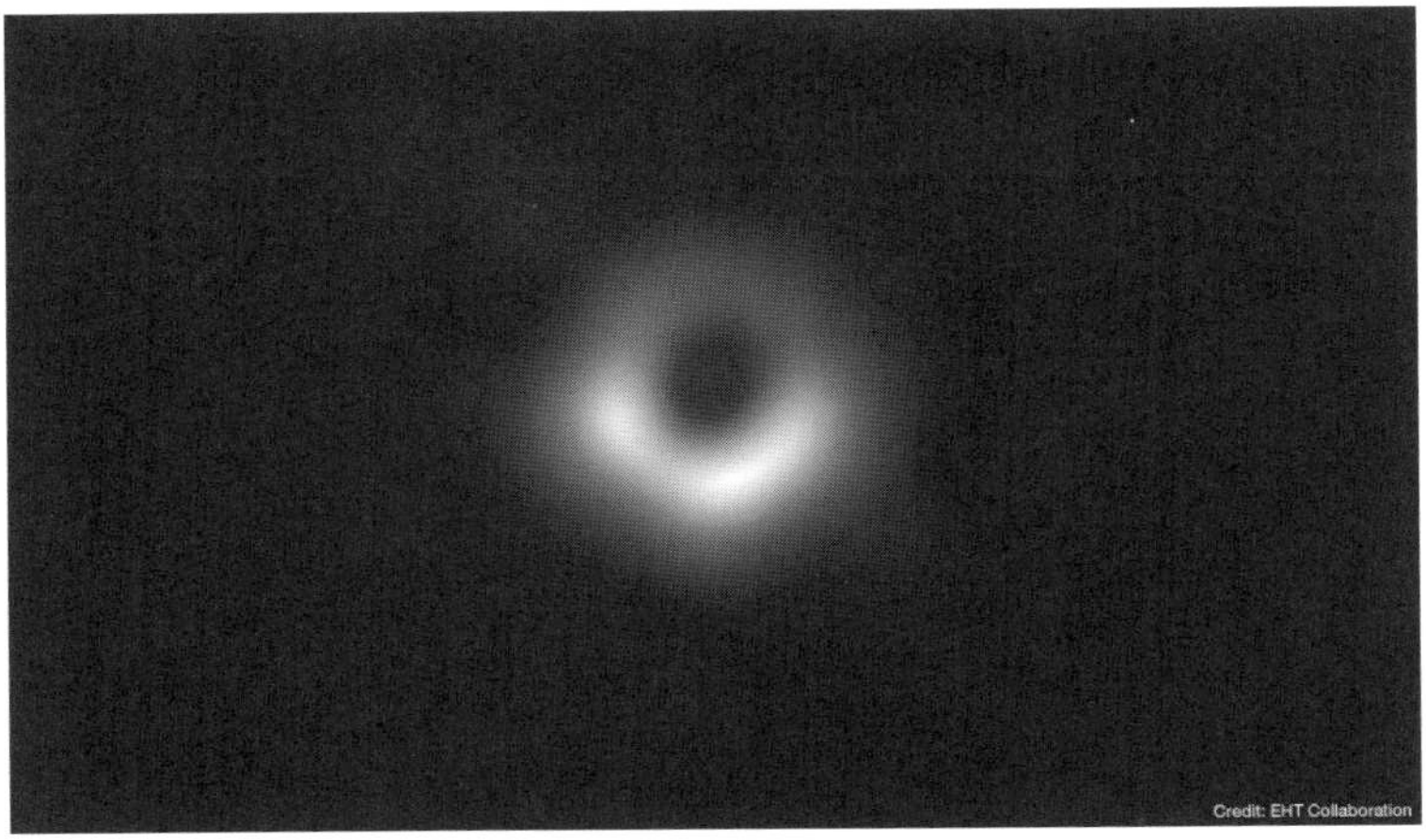

図7　2019年に報道発表された巨大ブラックホールの画像

の動画も、当然、霊を認識したものではない——と私たちは考えるだろう。その一方で私たちは、見えざるものであるにもかかわらず存在するものがあることを知っている。そうしたものは、肉眼ではなくカメラやセンサーなどの機械装置によってはじめて捉えられることが多い。

機械は肉眼と違って主観性を持たないので、法則に従って自動的に作動し、現実を客観的に表象する。科学史家のロレイン・ダストンとピーター・ギャリソンは『客観性』において、このような「機械的客観性」の考え方が一九世紀後半の欧米で生まれ、現在まで持続していることを論じた（ダストン＋ギャリソン 2021：第3章）。現代日本の私たちも、この種の客観性があるという認識を共有していると言えるだろう。だがダストンらは、二〇世紀に入って科学者のあいだで「訓練された判断」という対象認識の様式が生じたことも指摘する。それは自動的な機械を補完する、「自然なものにもとづくように操作され、しかしエキスパートの理解によって特定の特徴を明るみに出すよう構成される」（ダストン＋ギャリソン 2021：293）科学的イメージを生み出す、規律された科学者の能力である。

二〇一九年に報道された、地球から五五〇〇万光年離れた巨大ブラックホールの画像（**図7**）は、そうした機械的客観性と訓練された判断、さらにはシミュレーション（ダストン＋ギャリソン 2021：7章）を組み合わせたものとみなせるだろう。このブラックホールは、地球上からでは単一の巨大望遠鏡でも観察することができない。そのため撮影にあたっては「超長基線電波干渉計（Very Long Baseline Interferometry：VLBI）という仕組みを用いています。世界中に散らばる望遠鏡を同期させ、地球の自転を利用することで、地球サイズの望遠鏡を構成します[★3]」。

ただ、報道で使われた画像は一つだが、実際には複数のイメージングの手法により多くの画像が生成され、シミュレーションと比較され、パラメーターが調整されるなどしている。二枚目の画像（**図8**）は、別々の日に得られたデータの、異なるイメージ化パイプラインによる基準画像（fiducial images）である（The Event Horizon Telescope Collaboration *et al.* 2019）。すべての画像に科学的根拠はあるが、それでも科学者たちは報道用に適切な画像を判断したわけである。

ここで興味深いのは、望遠鏡やシミュレーション、ブラックホールの周囲から放たれる電磁波、地球の自転など、きわめて多くのモノが媒介することにより、ブラックホールが肉眼で見

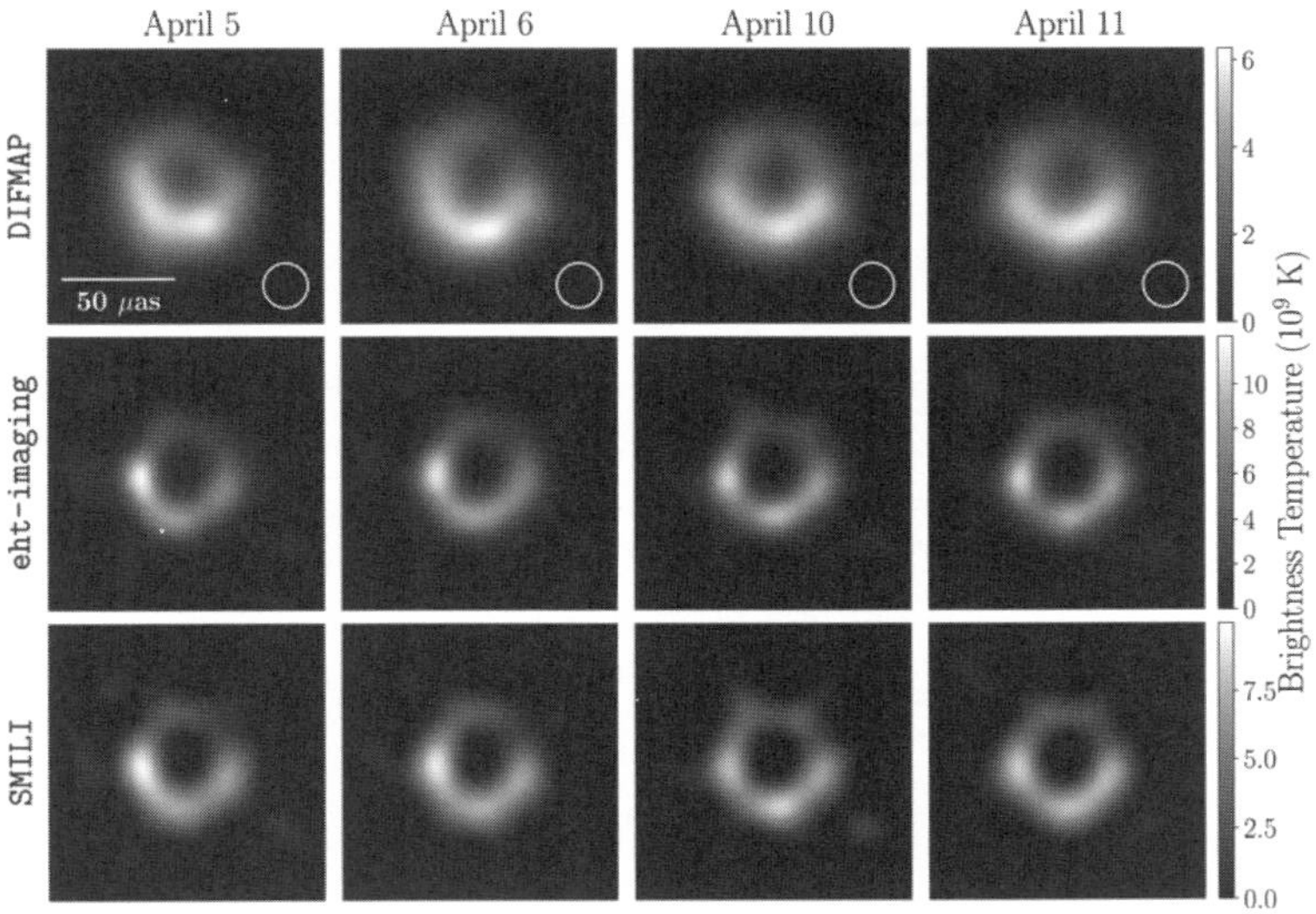

図 8　巨大ブラックホールの異なるイメージ化パイプラインによる基準画像

えるようになったということである。私たちが見えざるものを見て、客観的に実在すると言えるのは、こうした非人間的な機械装置や数式などが媒介するからこそでもある。このような無数の媒介は、肉眼での「見える／見えない」とは異なる認識を可能にする「存在論的造作」（ontological furniture）として概念化することができる。

2　存在論的造作

存在論的造作は、フランスの人類学者フィリップ・デスコラが提唱した概念である。それによると、世界中の諸民族は、つねに「同じもの」を見ているのではない。なぜなら各々の人々が生きる世界の存在論的造作は、その人々ごとに違った「もの」から構成されているからだ。

大半の場合、諸民族は、各自の環境のなかで「同じもの」を見ることにはならない。なぜなら、各々の世界における存在論的造作は、かなり違った「もの」によって構成されるからだ。アチュアル［アマゾニアの狩猟採集民族］の猟師はクォークを見ることができないが、それはいかなる人の自然環境においてもクォークが「もの」として存在しているわけではなく、きわめて複雑な機械装置によってのみ、間接的な手がかりとして探知されるにすぎないからだ。だからといってクォークが「実存」しないというわけではない。むしろ、クォークの実存の存在様態が、実存の認識様態に左右されるということであって、したがってアチュアルの世界を構成する存在論的造作においては実存しえないということである。それとは逆に、ジュネーヴ近郊にあるCERNの大型ハドロン衝突型加速装置で研究する物理学者が、アチュアルにおける死霊イウィアンチュを見ることができるかどうかは疑わしい。なぜならイウィアンチュは、クォークと同じくらいに、環境に「もの」として実存しているわけではないからだ。この死霊もまた、痕跡によってのみ、それを識別できるよう修行してきた人物が、出現したことを推測できるような、複雑な現象学的手がかりの集まりによって、探知できるからである。だからといって、アチュアルの人がちゃんと物理学の修行をしてもクォークを「見る」ことができない、というわけではない。あるいは、物理学者がアチュアルとともに数年暮らしてもイウィアンチュの出現を探知できるようにならない、というわけでもない。ただ言いたいのは、ふつうの状況では、アチュアルと物理学者は違う世界に生きているということである。なぜなら両者は、異なる存在論的前提に基づいて実存する、さまざまに異なる存在者とともに暮らしているからである。

(Descola 2014b：433-434)。

実際にはＣＥＲＮでもクォークを見ることができるわけではないが、それは措くとして、ここでは、近代人にとってイウィアンチュを見られるシャーマンよりもさらに遠い認識様態を考えてみたい。それはすでに紹介したように、機械・ＡＩによる視覚的認識である。

二一世紀に入って、機械が画像データから人間の顔を検出する機能は、一般でも日常的に使われるようになった。たとえば「世界初の「顔認識ＡＦ」搭載」を謳ったニコンのデジタルカメラ COOLPIX7900 は二〇〇五年三月一八日に発売された。[★4] さらに近年は、技術の加速度的発展により、高精細の動画であっても、ほぼリアルタイムで違和感のない顔認識ができるようになっている。ただ、利用者の多くは、機械がどうやって顔を見つけるのか分かっておらず、また、ＡＩ全般に言えることだが、現在では開発者さえも認識プロセス全体を掌握できないほど複雑なものになっている。他方で私たちは、機械が主観性を排することにより、人間以上に正確に対象を捉えられるというイメージも持っている。それを示しているのが先の TikTok 動画だ。人間とは異なったプロセスで、人間が認識してもいいはずのものを、機械だけが正確に（あるいは愚直に）認識してしまうのである。

3　見えざるものと顔認識

見えざるものを機械が写してしまうものの代表例は、もちろん心霊写真である（小池 2005；ハーヴェイ 2009；浜野 2015）。だがＡＩの場合、人々は、単に感光した（撮像素子が出力した）のではなく、能動的に霊を捉えることができるという点で、「機械は霊を認識できる」というイメージを持ってしまうことがある。ここが現代の TikTok 動画と古典的な心霊写真の違いである。

このイメージが顕在化したのはいつごろなのだろうか。上記の顔認識デジカメが二〇〇五年前半に発売されたのだから、二〇〇〇年代後半であることは間違いない。二一世紀のものごとを調べるとき、大変参考になるのが電子掲示板の2ちゃんねる（現・5ちゃんねる）である。なぜなら一九九九年からの四半世紀近くにわたる投稿を、ほとんどそのまま閲覧することができるからだ。超常現象を主題とするオカルト板やデジタルカメラをあつかうデジカメ板の過去ログを検索してみると、（少なくとも日本語圏で）広まりはじめた時期について、だいたいのあたりをつけることができる。
デジカメ板でもっとも古いのは「ｶﾞｸｶﾞｸﾌﾞﾙﾌﾞﾙ心霊写真ｶﾞｸｶﾞｸﾌﾞﾙﾌﾞﾙ」スレの書き込みである。

571：名無CCDさん@画素いっぱい :2005/07/11（月）08:44:17 ID:E33fPn9A
・　・
。

↑こんなパターンに対して人間は『顔』と認識するプログラムが
脳内にあるみたい屋根
だからボケの部分でそんなのが写ってると
顔→心霊写真つーことになるわけね

ということはだな、ニコソのデジカメ『顔認識ＡＦ』ってーのは
そんなパターンにピンくるから
心霊写真撮りやすいのかな（笑）★5

ここではまだ実例が示されているわけではないが、登場したばかりの顔認識機能と霊との結びつきが現れている。三つの点（･:･）があると顔に見えてしまうという人間の認識能力（パレイドリアの一種）をデジカメに投影しているので、いわば「機械的パレイドリア」の概念が発生しているとも言える。また、オカルト板でもっとも古いのは以下の書き込みである。

526: 本当にあった怖い名無し :2006/03/27（月）22:56:31 ID:q7H4yT0K0
>>525

>1／1000秒を撮れるとかいうスーパースローカメラで
>霊がいるって所を撮影してれば
>何コマか霊を撮れるってこと?

実際にやってみたら面白いかも。

俗に言う「心霊ｽｯﾄﾎﾟ」でスーパースローカメラを回して、撮った画像をttp://www.riya.com/みたいな顔認識ソフトウェアで片っ端から処理する。

もちろんそんなもん誤認識はありまくりだろうが、
もし全てが誤認識だったら
「心霊ｽﾎﾟｯﾄ」での認識コマ数とそれ以外の場所でのコマ数に
有意な差はないはず。

理系だったらこれくらいはやりたいやね。
問題はどこが金を出してくれるかだw[★6]

文中で言及されている riya.com は、二〇〇六年三月二五日に一般公開された、画像認識技術を利用する写真の整理・検索サービスである。[★7] ここではすでに、機械が認識したものを人間が一つずつ確認するという水準を飛び越え、大量に画像処理をさせることにより、心霊スポットとそれ以外の場所での霊の出現頻度の違いを算出するという、興味深いアイデアが提出されている。

先の書き込みはあくまで思考実験だったが、同じくオカルト板の「【心霊写真】鑑定、相談、雑談スレ【遠隔霊視】」では、同年五月八日に、

471: 本当にあった怖い名無し :2006/05/08（月）18:37:49 ID:garthbUt0

この話題ここでいいでしょうか？
不適切ならスルーして下さい。

先日、友人がデジカメを買いました。
只のデジカメなんですが、
「人間の顔を識別して、顔にピントを合わせる。」
という機能がついています。
もちろん、人の顔が無い風景とか建物でもピントは合うのですが、
風景を撮っているときに、何もない手前の空間にピントが合う
ということが何度かあります、
これってやっぱり・・・なのでしょうか？

という投稿がある。[★8] 肉眼では見えないものが機械では見えるのではないかという疑義だ。二〇〇七―二〇〇八年以降は無数の報告や画像が出回るようになったので省略するが、その最新版が、顔認識できるアプリで撮られた動画ということになるだろう。

4　機械によるオステンション

こうした事例は、霊を取り扱う分野（民俗学、心霊研究）のなかでは、どう位置づけられるだろうか。霊認識動画は偶然そうなったものが多いが、本章冒頭の「スーザン」のように、コミュニケーションを取るためにやってみるという行為もあることはある。こうした行為をアメリカ民俗学ではオステンションと呼ぶ。都市伝説などで語られていることを実際に再現してみる行為のことで、肝試しのように「霊に会いに行く」ものや、こっくりさんのように「霊を呼び出してみる」ものが古典的な例である。機械を使ったオステンションとしては、顔認識ではなく幽霊探索アプリを用いて大学生が肝試しをするという事例が、エリザベス・タッカーにより論じられている。タッカーはこれを、先端技術を用いた肝試しということで、超近代的《ハイパーモダン》オステンションと名付けている（Tucker 2017）。本報告で取り上げた顔認識も、コミュニケーションを取ることが目的ならば、超近代的オステンションに分類することができる。

機械によって霊を可視化する実践は一九世紀後半から、心霊研究の分野でなされてきたものでもある。ある研究者によると、心霊写真は「霊の認識と記録を同時に、しかも客観的に」実行するものとして画期的だった（ハーヴェイ 2009：16）。ここでいう「客観的」は、もちろん機械的客観性のことである。ただ、当時の写真は現像のプロセスが入るので「同時に」ということにはならず、その点、アプリによるオステンションは、心霊写真の理念を厳密な意味で達成したものということになる。

単に非人間的存在なら人間に見えないものを認識できるというものならば、人間に化けた狐狸がイヌに正体を見破られるという話は多い。それに対して現代の機械による視覚的認識の特徴は、何を顔として捉えているのか（知覚しているのか）が人間にも即時に理解できるところにある。認識結果がスクリーンに可視化されるからだ。イヌと違って、人間と非人間が知覚を共有しているのである。ロレイン・ダストンが、シミュレーションの生成する科学的画像は表象ではなく現前であると主張するのと同じように（Daston 2014）、私たちにとって、霊とはカメラが向けられた先の空間に現前するものではなく、カメラのスクリーンのなかに現前していると考えてもいいかもしれない。

また、霊とのリアルタイムな接触は「こっくりさん」などの有名な先例があるが、こっくりさんとの相互行為が身体的（強いて五感に割り当てるならば触覚的）であるのに対して、機械による霊の認識はきわめて視覚的であり、機械的客観性という裏付けがある（主観的な妄想と解釈できない）点で異なる。さらに心霊写真と比較すると、機械が「知能」を持ち、単に見えざるものを見えるかたちに転写するだけではなく、それを「顔」として認識している——と理解されている点で異なる（この点でイヌとの共通点を指摘できる）。現代の機械による霊認識は、私たちの知覚と認識を増強し、さらに主観性を抑制する客観性を有しているのである。

5　機械の異なる存在論的造作

「見えざるもの」というとき、何にとって「見えない」のだろうか。こういう表現の前提にあるのは、科学的で合理的な存在論的前提――妖怪もあの世も霊も実在しない――であるように思われる。それに対して本章では、異なる存在論的造作の形成という観点から、心霊動画とブラックホールの映像という、どちらも最先端の技術を用いる以外に共通点がない、「見えざるもの」の事例を紹介した。前者では、人間と顔認識ＡＩ、ＡＲエフェクト、そして心霊概念によって霊が可視化された。後者では、人間とＶＬＢＩ、イメージング技術、そして天体物理学によってブラックホールが可視化された。この二つはどちらも現代の現象だが、しかし大幅に異なった連関から構成されており、それをここでは存在論的造作と呼んだ。

ここで重要なのは、だからといって霊もブラックホールも人間によって「つくられたもの」ということにはならない点である。むしろ人々に「見える」ものとしての霊もブラックホールも、デスコラが例示したイウィアンチもクォークも、人間と多くの非人間的存在によって作られ、客観的に実在したものになっていく。その作られ方や実在の仕方（存在論的造作）は、大きく異なったものになっていく。

「見えざる」も「見える」も、素朴な科学的・合理的判断によって決定されるものではない。むしろ現代においては、非人間的機械の認識を私たちが捉えることによって、「見えること」

は拡張している。技術的発展により次々と実現されていく人間と非人間との共同的知覚は、宇宙へのまなざしも、霊へのまなざしも、絶えず新しいものにしている。加えて言うならば、ここまで「非人間」と言ってきたものも、完全に「人間」と異なるものとして存立しているわけではない。非人間と人間は対象を捉える行為のなかで混ざり合い、両者の境界線はずらされたり複数化したりする。この二つの項は、あくまで記述の内容や分析の過程を分かりやすくするための便宜的なものでしかないことは、最後に注記しておきたい。

註

★1 https://www.tiktok.com/@sydney.carpentier/video/6780114201307368709　二〇二〇年一月一〇日投稿。
★2 https://www.kokugakuin.ac.jp/event/200636　二〇二〇年一一月一三日更新。
★3 https://www.nao.ac.jp/news/science/2019/20190410-eht.html　二〇一九年四月一〇日の記事。
★4 https://japan.cnet.com/article/20080738/　二〇〇五年二月一七日の記事。
★5 https://hobby7.2ch.net/test/read.cgi/dcamera/1014805186/571
★6 https://hobby7.5ch.net/test/read.cgi/occult/1130960762/526
★7 https://internet.watch.impress.co.jp/cda/news/2006/03/27/11382.html
★8 https://hobby7.5ch.net/test/read.cgi/occult/1145877131/471

第9章　非人間的な文字列

譁・ｭ怜喧縺・螟夂・然主義的概念化

1　偽文書を真面目に受け取る

この世には、妖怪の発言を記録した文書とか、妖怪の書いた文書などと称するものがある。前者については、コロナ禍にある日本の人々にとって馴染み深いのは、アマビエの描かれたかわら版（と思われるもの）であろう。クダンと呼ばれる人面牛の言ったことを書いた文書も多い。後者については、「疫病神（河童、狐、天狗のことも）の詫び証文」と呼ばれるものが知られている。詫び証文系の文書はいずれも、悪さをしようとする妖怪が人間に懲罰され、謝罪のうえ、二度と手を出さないことを誓う文言が書き留められる――という伝説に基づいたものである（大島 2007：109-110）。

とはいうものの、まともな歴史学者は、妖怪文書を決して額面通りには受け取らない。たとえば時枝務はこう明言する。「まず、文書の差出人が神仏や異類であり、宛名も文書の所持者とは無関係で、内容が虚構に満ちている呪符や守札は、古文書の世界では偽文書以外のなにものでもない」（時枝 2004：137）。私たちの近代において、文字を操作して形式を整え文書を制作できるのは人間（ヒト）だけである。ある文書が非人間に由来するという主張は、この大原則に背くという一点において、偽である。そのため、「疫病神の詫び証文」は偽文書として分類するほかない。同じように、非人間が人語をあやつることはないのだから、アマビエなりクダンなりが発言したという記録もまた、すべてが偽りである。この観点からは、妖怪文書は偽造品の一大群生地ということになろう。分析の前段階において合理的前提に基づいて判断する歴史学（および文献学、民俗学）は、詫び証文やクダンのかわら版を近代的な単一世界へと統合する。歴史学は、非近代的な他者の主張することを真に受けない。そのため視点は、文書を偽造し、受け入れ、伝承してきた人々の動機や心意、信仰に向けられることになる。

この立場と異なるアプローチを採るのが存在論的人類学である。存在論的人類学は、他者を「真面目に受け取る」ことをその基本原理に据える（Viveiros de Castro 2015：83-85）。これは他者を頭から信じ込み、非近代的な単一世界へ自らを統合することではない。むしろ近代的な私たちから広がる世界と部分的につながったものとしての非近代的な他者の世界を措定し、ブリュノ・ラトゥールの言うように「物事そのものを複数的なものとして展開できる」ようにすることである(ラトゥール 2019 : 220)。この場合、事物の様態は「一つは少なすぎるが二つは多すぎる」ものとなる(ストラザーン 2015 : 128)。たとえば「疫病神の詫び証文」という対象は、私たちの世界では人間の制作した偽文書であるが、非近代的な世界では疫病神の制作した文書である。この点で詫び証文は複数化されるが、しかし紙片であることや日本語の可読的文字列を共有している点で同一である。存在論的人類学では、複数性を文化的多様性のみに帰すのではなく事実の属性にも帰すことにより、事実がどのように異なって構築され、効果を与えているのかを他者の観点からたどることが要請される。

2 書かれた文字の物質的変形

妖怪文書の中身を具体的に見てみよう。時枝が紹介する詫び証文には、おおむね次のようなことが書かれている。「(…)私たち二人が、間違った考えによりお屋敷に侵入しましたこと、仰せ出されたものであり、恐れ入ります。今後、お屋敷に金七郎さまのお名前がありますところには決して入り込みません。もっとも、私たちは申すに及ばず、仲間の者まで申し聞かせます。一命を助けてくださったことはありがたき幸せであります。後日のため、この証文、よって件の如し。文政三年（一八二〇）九月二十八日。疫病神。（…）」。時枝が指摘するように、この詫び証文は、末尾で判明すること（差し出したのが疫病神であること）以外、「偽文書であると気づかないほど近世文書の様式を具え」ている（時枝 2004：144）[★1]。ほかの疫病神の文書も似たようなものだ。ある意味で、疫病神はあまりにも人間的なのである。

もちろんこのことは、神が人間の上位互換的存在である（フィリップ・デスコラの言うアナロジズム的）垂直秩序を前提とした世界では、さほどおかしな点ではない。人間に可能なことは、より広範な能力をもつ神仏にとっても、言うまでもなく可能なわけである。

それとは逆に、人間から見て水平的な（アニミズム的）秩序に属することが多い妖怪たちは、人間的文書を用意できないことがある。河童が書いたものについては、飯倉義之による一覧表の労作がある。それによると、「河童の詫び証文」にまつわる伝説は、全国に少なくとも一二七ある（残念ながら、現存が確認されているものは数例しかない）。飯倉のまとめでは、河童による手蹟の大半は判読不能の文字か、人間の書いたものに加えて手判を押したものである。それだけではなく鏡文字で書かれている、濡らすと読める、日光で照らすと文字が出る、真っ黒になっているなど、そのままでは読めない様態のものもあるという（飯倉 2014：218-227, 238）。後者に関しては、その異質性は、単に見る側の文化（言語）的差異に帰せられるものではない。むしろそれらの詫び証文は、文字のリアリゼーションに物質的な介入が必要とされる——しかし河童には必要ない——点で、自然（物理的刻印）自体に差異がある。

文字は共通していてもリアリゼーションが異なるという点は、静岡県伊東市の仏現寺に伝わる「天狗の詫び証文」にも異なるかたちで認めることができる。近くの峠に天狗がいて通行人を悩ませていたので、寺の和尚が折伏した。そのときの証文がこれである。巻軸になっており、一見して読めない文字が並んでいる。だがある研究者によると、それらは古代文字を崩して無意味に羅列したものであるという（知切 1975：18, 27-29）。もちろん近代的主体としては、これはそれっぽく偽造したものでしかない。しかし真面目に受け取るならば、この詫び証文はむしろ現代の私たちがよく知る「文字化け」に近いようにも思われる。もちろん詫び証文の時代にこの現象は存在しなかった。一方で、現代の「怖い話」では、人ならざる者が書いたものが文字化けしていたという事例は頻出するものでもある。ランダムに見える文字の組合わせは、過去であれ現在であれ、異なる世界を経験する一つの様態として捉えられているのではないだろうか。ここからは現代の話題に移ろう。

3　現代における非人間的文書——世界という書物のグリッチ

現在、一般的に知られている文字化けとは、コンピュータ上で、送信側の設定とは異なる文字コードで受信側がデータを解釈したときに生じる現象である（矢野 2010：14, 292-296）。たとえば「怪異」はUTF-8でe680aa（怪）e795b0（異）と符号化されるが、これを別の文字コードであるShift_JISで解釈すると「謖ｪ逡ｰ」になる。データがe680（謖）aa（ｪ）e795（逡）b0（ｰ）に分節されるからだ。とはいえこの例は一意にUTF-8に戻せるからまだいい方で、該当する文字がなく「�」などに変換されてしまうと可逆的ではなくなる。二〇〇〇年代ぐらいまでは使われる文字コードが各種混在しており、文字化けが頻発していたが、現在では、対策が周知されていることに加え、インターネットに接続する環境の多くでUTF-8が標準となっているため、珍しいものになっている。

「文字化け」は、字面だけ見れば妖怪のようだが[★2]、上述のように、仕組みは完全に明らかになっている。にもかかわらず私たちは、たとえば「譁・ｭ怜喧縺・」という文字列に出くわすと、どことなく不穏な心持ちになる。こうしたコンピュータと私たちの関係は、技術的にはグリッチの一種とみなすことができる。グリッチとは、いろいろな定義があるが、ここではアーティストのucnvによる「人間にとっては異常であるが、機械にとっては正常である状態」という表現を採用しよう（ucnv 2019：249）。文字化けは、私たちにとっては異常な文字列なのだが、そうなったのは文字の可能な組合わせすべてに意味を付与できていないという問題が私たちの側にあるからであって、機械側の処理に誤りはない。非人間的な視点から見れば、文字化けも世界の正常な働きの一環なのである。

この点は、ucnvが言うようなグリッチアートの再現性（ucnv 2019：258）を文字化けが完全に有していることからも裏付けられる。私たちは意図的に、怪奇的な文字化けを現象させることができるのだ。そのため、文字化けはホラー系コンテンツにも使われやすい。たとえばYouTubeチャンネル「ォ逅」は、動画名がすべて文字化けしており、異様な雰囲気を出している。[★3]またカクヨムに掲載されたホラー小説「ほねがらみ」（二〇二一年に幻冬舎から出版された）では、終盤、携帯電話でのやりとりが「絶対に蜈縺縺ヲ縺ッ鬧平だ、そこは蜷ヶ縺肴ョ懊繧だから」など文字化け混じりで描かれ、単に劣悪な通信環境によるのではなく「何か別の言葉のように聞こえる」様子が表現されている。[★4]

このような創作コンテンツを離れて、実話として語られる「怖い話」のなかでも、文字化けは怪異との遭遇や異世界の経験を伝える表現として用いられることが多い。文字化けの関わる怪異をざっと調べてみたところ、2ちゃんねる（現・5ちゃんねる）だけでも優に三桁に乗る事例が得られた。そのすべてを紹介するわけにはいかないが、全体としてはある程度、年代ごとの傾向がある。

まず二〇〇〇年代までは、パソコンや携帯端末の表示が（心霊スポットを訪れるなど）思わぬタイミングで文字化けしていたという報告や、掲示板への書き込み（特に実況系）が部分的に文字化けしていたという事例が多い。霊的なものがグリッチを引き起こすわけである。たとえば「Alpha-web こわい話」に一九九九年七月末に投稿されたものに、「（このウェブサイトの）こわい話を読み進んでいくと、途中で文字化けして読めないページがあることがあり、何回か再読み込みすると、普通に読めるようになったりするので、ちょっとこわいです」とある。[★5]また、2ちゃんねるオカルト板には、二〇〇〇年六月に「真夜中インターネット中なんとなく悪寒がして／ブラウザに表示された文字を見ると／脈絡のない呪文のような文字になってしまいます／これが頻繁に起こります／なにかの知らせでしょうか。」という投稿がある。[★6]この系統の文字化けは、現在まで途切れることなく新しいものが現れている。

しかし二〇〇九―二〇一〇年ごろになると、機械の関与しない文字化けが報告されるようになる。たとえば、子どもの頃、帰宅したと思ったら読めない漢字の書かれている暖簾があった。いったん離れて戻ってみるとそんなものはなかった。[★7]あるいは、馴染みのコンビニに行ったはずが、表示名がちぐはぐで悪寒もしたので帰ると、チケット袋の店舗名が文字化けしていた。「もし、あそこで何か食べてたらと思うと怖い／ただ、WM「ウェブマネー」は普通に使用できたので、もしかしたらあっちの世界でも需要があるのかもな」。この投稿では、文字が異なることが異世界に行ったことを示唆するものとなっている。[★8]また、ショートショートのオチのようなものもある――通勤時間帯の電車なのに一人もいなくなっており、降りてみると駅名が「知ってる漢字に見えるんだけど」読めない。どうやらこの世界（話者にとっては異世界）に来てしまったらしい。[★9]

異世界や時空の歪みに関する考察スレッドでは、この時期早くも「時空関連で判読不能の漢字が出てくる体験って何気に多いね」という指摘がなされている。[★10]二〇一一年以降はさらに報告が増えるが、もっとも有名なのはニュー速VIP板に投稿された「ゲラゲラ医者」であろう(二〇一二年六月)。投稿者はマンションの中庭で一時的に意識を失い、回復するが、そこが直前までいた世界と微妙に異なることに気づく。たとえば町内会の掲示板に「目をやると違和感を感じた。見てみるとなんだか脈絡のない文書ばっかりなんだ。／ア活めるゆフィ柿のさと／とか日本語をごっちゃ混ぜにした文書が書かれてる」。またコンビニでも、「本棚に向かうと本の表紙の文字もおかしい。掲示板と一緒で日本語をやみくもに並べた感じ」。さらに人々の音声言語も理解できない。いわば、音声も文字化けしている。★11 このような報告の多くはいわゆる並行世界もので、雰囲気や人間関係などに微細なずれは生じているが、物理法則も自然環境も社会習慣も、おおむね元の世界と変わっていない。だが、世界そのものが文字化けしているのである。

インターネットが普及する前であっても、似たような話は見つかる。たとえば、ホラー漫画雑誌『ハロウィン』一九九二年九月号に掲載された読者の恐怖体験談「白日夢の街」では、読者は三年ほど前、高校からの帰宅中、いつの間にか見知らぬ街に入り込んでしまっていた。その「門の入口にある文字は 私には古すぎる為か読めませんでした」。よくよく見てみると、そこは「まるで大正時代に陥ったような古い木造建築の街並みなのです／不思議なのは本当ならまだ昼の2時頃なのに／夕方のように薄暗いのです」(神谷 1992：405-407)。並行世界に行ってしまったとも言えるし、タイムスリップしたとも言えるが、異なる世界には異なる文字があることは確かだ。ただ文字化けとは言われておらず、むしろ旧字体であるという体験であることが示唆されている。現在の私たちにとって、読めてもいいはずなのに読めない文字列を文字化けとして理解することが一般的だとすれば、平成初期のこの体験者にとっては、それは旧字体として理解できるものだったということになるだろうか。

また、やはりネット普及前には、音声言語の文字化けとも言うべき体験談もある。ある男性が小学生のころ、日曜日に学校を覗いたところ、なぜか先生がいて、奇妙な言葉で話しかけられた。「それは聞き慣れた地元の方言でもなければ、日本語でさえありませんでした。英語とかほかの外国語でもないように思えました。／一番近いものをあげるなら、それはラジオのノイズの間に聞こえる、チュルチュルいう音のような感じだったのです」（平川 1995：225）。音声の文字化けという表現は当然用いられていないが、ラジオという電子機器をアナロジーに用いているところは、テクノロジーによって私たちの経験がいかにして組織化されるのかを示唆している。

二〇一〇年代以降は、異世界駅や夢の世界に生じた文字化け報告も目立ってくる。たとえばある投稿者は、夕方の横浜地下鉄で居眠りしていたが、起こされたところ真昼間になっており、「駅の名前は複雑で中国語みたいな旧漢字「譬娜譌爬…」みたいな羅列になっていた」。投稿者はふたたび車両に乗って、なじみの駅名のある世界に帰ることができたという。★12

また、夢（特に明晰夢）のなかで文章が文字化けしているという報告も以前からある。夢のなかの文字が読めないというだけならば、日本語圏以外でもよく知られた現象である。たとえばオリヴァー・フォックスは一九六二年に、明晰夢のなかで「読むことはきわめて難しい問題である。手に取るまでは、印刷物は十分にはっきり見える。だが文字は次第にぼやけたり混ざったり、あるいは消えたり、あるいは別物になったりする」と指摘している（LaBerge and DeGracia 2000：293 に引用）。似たような報告はほかにもあり、せいぜい数十種しかないラテン・アルファベットを用いる人々にとっても、夢のなかで文字が不思議な挙動をするという経験は存在するようだ。

オカルト板では、たとえば二〇〇一年六月の投稿に、明晰夢のなかで「巨大な図書館を出現させ、手当たり次第に本をめくったがよくわからん文字が羅列してあった。」とあったり[★13]、同年一一月に立ったスレッドのタイトルが「■夢の中の文字って文字化けしてる■」だったりするなど[★14]、初期から夢の世界における異常な文字列が知られていた。ただ、報告自体が多くなるのは二〇一〇年代からである。その多くに共通しているのが、夢の世界に現れる文字情報は、覚醒世界には持ち帰れないというものである。文字化けしていればそもそも記憶が難しい。あるいは、認識に障害が起きている状態を文字化けとして表現する以外にないのかもしれない。いずれにしても、夢の世界を探ろうとする人々にとって、そこは異世界であり、並行世界の体験と似ていることが意識されている。

4　機械内多自然主義から世界内多自然主義へ

こうした怪奇現象の事例を、単なる妄想や錯覚、創作などではなく事実として「真面目に受け取る」としたら、どのような他者の世界が現れてくるだろうか。天狗の詫び証文にせよ文字化けする異世界にせよ、読めない文章の特徴は、それが異言語・異文字の体系ではないということだ。ヴォイニッチ写本やエトルリア語が理解できないのとは違う。使われているのは既知の文字集合であるはずなのに、それが生成する言葉から意味を読み取れないところが不可解なのである。異なる文字の組み合わせであっても異言語とは言えないのは、漢字の多くが表意文字だからだ。おそらく投稿者に見える文字列が天狗や異世界の人に見えたならば、彼らにとっても意味不明になるはずである。したがって、文字コードがずれているとしか言いようがない。これをシミュレーション仮説で説明できるかもしれないが[★15]、本章ではあえて現実世界の事象だと受け止めて、謎を探るため、南米アマゾニアの奥地へと向かってみたい。

文字化けの前提には、文字コードごとに、ほとんどの文字が異なって符号化されているという事実がある。「怪異」は UTF-8 で e680aa e795b0、Shift_JIS で 89f6 88d9、EUC-JP で b2f8 b0db であり、物理的なデータとしてはまったく別ものである。それらは各文字コードの解釈をとおして、スクリーン上に「怪異」を表示する。異なる実体が同一の表象を生成するというプロセスは、同じ言語を扱ったものであっても、同一の実体が異なる表象を生成する（常温常圧の

H_2Oが「水」「water」「eau」「su」と表象される）多文化的状況を反転したものと見なすことができる。これは、文化人類学でいう多自然主義に相当する（Viveiros de Castro 1998：477-478）。「アメリカ発見の数年後、大アンティル諸島で、スペイン人は先住民に魂があるかどうか調べるための調査団を派遣したのに対して、その先住民たちは白人の死体が腐敗するかどうかを長期の観察によって確かめようと、捕らえた白人を海に沈めていたというのである」（レヴィ＝ストロース 2019：37）[★16]。西洋人にとって差異化の因子が魂（文化）だとすれば、多自然主義的な先住民にとってそれは身体（自然）であった[★17]。

以上のような存在者の関係性は、コンピュータ内部では文字のみならず画像や音声など多くのデータ形式にも共通する。政治経済的要請により複数の規格に対応しなければならない現代のコンピュータは、いわば機械内多自然主義の装置なのである。そして文字化けは、多自然主義的グリッチの発現の一つである。この点を踏まえるならば、スクリーン上に表示される文字化けの怪異は、文字通り幽霊的な文字コードによって生じる現象なので、機械内多自然主義の非人間的なリアリゼーションと捉えることができる。

他方で、並行世界や異世界駅、夢の世界では、その他の環境はほぼ変わらず、文字集合さえ同じなのに、文字列が異常なことになっている。機械内ではなく世界内で文字化けが生じているのである。これを理解するためには、たとえば河童の詫び証文がそうであったように、文字を文化的記号ではなく、複雑なリアリゼーションが生じる物理的刻印であると捉えたほうがよいのではないだろうか。それを知覚する本来の身体＝文字コード（異世界の人）とは異なった身体＝文字コード（私たち）のせいで、文字は異なったモノとして実現されてしまう。河童の場合は文字が消滅してしまうほどの差異が生じるが、ほとんど同じ身体をもつ異世界の人との関係においては、差異は文字化けとして現れる。異世界の言語は、同じように「読めない」と言っても、多文化的な異言語ではなく、多自然的な文字化けによると考えることができる。

おわりに

文字化けは、複数の文字コードが並立していた二〇〇〇年代の日本語圏では珍しいものではなかった。ページ全体が化けていても意図的ではないかと怪しまれることはなかった。しかし現在は対策がなされていることが多いので、ほとんど起きない。ある意味で、日常的にはほとんど生じなくなっているからこそ、文字化けは日常的なコミュニケーションの外部に生じる、超常的な何かの現われ——あるいは異世界譚のように、超常的な何かに対する私たちの現われの結果——として感じられることが多くなってきたのかもしれない。

あるいは、文字化けはノスタルジック・ホラーの対象になっているのかもしれない。古い時代に制作されたウェブページを閲覧するとき、ＨＴＭＬなどで文字コードの指定がされていないか、あるいは誤った指定がされていると、文字化けが生じることがある。このときの「何が書かれていたのか分からない／書かれていたものが読めないようになっている」という恐怖である。こうした恐怖は、以前ならば（今でも）剥げかかっている看板の文字などによって表現されていたものだった（ネット怪談の「巨頭オ」もこれに近い）。

図9　画像生成AIが出力した、実在しない文字による文章

二〇二〇年代前半におけるＡＩの飛躍的進歩は、文字化けの怪異体験に新たな段階をもたらす可能性がある。画像生成ＡＩではよく知られていることだが、文字を含む画像を出力させると、既知の文字にどことなく似ているが、しかし実在しない文字列のようなものが現れるのだ（**図9**は「Japanese Book」というプロンプトでDream by WOMBOに生成させたもの）。多自然主義的な文字化けでは、配列は異なっているが、文字種自体は共有されていた。しかしＡＩでは、文字種さえも異なる――天狗の詫び証文のように。これは、異なる文字の存在論的基盤がアニミズム（文化は種を横断して共有される）からアナロジズム（文化も身体も種によって異なる）へと移行しつつあることの表れなのかもしれない。今後、この手の怪奇現象が「文字化け」から「画像生成ＡＩの文字」へと表現を変えていくかどうか、それとも、先に画像生成ＡＩが可読的文字列を出力するようになり、怪異との接続を遮断するようになるのか――★18。

いずれにしても現在の私たちの経験は、コンピュータに方向づけられることが多くなってきている。グリッチや文字化けといった概念によって、これまで表現しづらかった異常事態を、より適切に言語化できるようになったと言うべきか。技術と怪異・妖怪の問題系は、単に従来のモチーフの新たな変奏と見なすにとどまらず、私たちの経験や生きる世界それ自体を再編する可能性を秘めている。

註

★1 やや簡略化して現代語訳した。

★2 この語の初出は分からない。国会図書館デジタルコレクションで全文検索してみると、一九七〇年の文献が見つかる（『東芝レビュー』二月号、『Fujitsu』二一巻七号）。この時点で技術者にとっては既知の語彙だったようなので、遅くとも一九六〇年代後半には使われていたことになる。

★3 https://www.youtube.com/channel/UCSv-TsF2gkYAMr6p29Os7Hg

★4 神澤（2020）。

★5 「文字化け」 http://www.alpha-web.ne.jp:80/fun/kowai/kowai_437.htm

★6 「インターネット中にMacintoshの表示が突然おかしくなります」 https://piza.5ch.net/test/read.cgi/occult/960215528/1

★7 「子供の頃の不思議議体験４」 https://anchorage.5ch.net/test/read.cgi/occult/1231520224/728-729（二〇〇九年七月）

★8 「不可解な体験、謎な話～enigma～Part60」 https://anchorage.5ch.net/test/read.cgi/occult/1265968434/692（二〇一〇年三月）

★9 「不可解な体験、謎な話～enigma～Part63」 https://toki.5ch.net/test/read.cgi/occult/1280578309/746（二〇一〇年九月）

★10 「時空のおっさん４」 https://toki.5ch.net/test/read.cgi/occult/1249368841/597（２０１０年９月）。

★11 「俺が異世界に行った話をする」 https://hayabusa.5ch.net/test/read.cgi/news4vip/1340375439/16-18。

★12 「ほんのりと怖い話スレ　その92」 https://toro.5ch.net/test/read.cgi/occult/1359646553/648（二〇一三年二月）

★13 「夢の中で遊ぶ」 https://curry.5ch.net/test/read.cgi/occult/992889399/249

★14 https://piza2.5ch.net/test/read.cgi/occult/1005976281/。文字化けが異世界や異次元を思わせるという発想自体は

二〇〇〇年代前半からある。

★15　人物の動作と鏡像が一致しないなどのグリッチ的な現象（glitches in the matrix などと呼ばれる）をシミュレーション仮説の裏付けとみなす動画は、TikTok などで多く流通している。

★16　水に浸すことによって差異が顕わになるという点は、河童の詫び証文と同じである。

★17　この意味では、存在論的人類学そのものが多自然主義的である。実際のところ、本章の当初の発想は、「異世界」を人類学的な「他者の世界」として捉えたらどうか、というところにあった。

★18　ラテン・アルファベットのように単純なものならば、すでに問題なく出力できている。その一方で、既知の語彙に存在しない可読的な文字列が出力されることがあり、それを「ＡＩ独自の語彙」と解釈する議論もなされている（Daras and Dimakis 2022）。ただ、支持者は少数である。

第10章　村と駅

ネット怪談における異界的儀礼と異世界的バグ

1　「恐怖の村」における民俗学的異界

二〇二〇年代前半、日本におけるネット怪談（または、それを包括する都市伝説）のアダプテーションとして目立っているのが「恐怖の村」シリーズである。いずれも清水崇の監督作品で、現在までに『犬鳴村』（二〇二〇年）、『樹海村』（二〇二一年）、『牛首村』（二〇二二年）が制作されている。これらは「怖い村」や「異界村」、「謎の集落」などと総称されるネット怪談やそれに重なる都市伝説★1に取材したものとされている。また二〇二二年六月には、やはりネット怪談をベースにした『きさらぎ駅』（永江二朗監督）が公開された。村と駅という二つのトポスから、現代の日本の私たちにとっての「この世ならざるところ」がどのような位置づけにあるのかを考えてみたい。

まずは映画の「恐怖の村」について見てみよう。異界村という呼称などからも分かるように、物語の焦点となるのは、この世界のどこかに存在するはずなのに、行政的・自然的・超自然的その他諸々の理由によって、普通ならばたどりつくことができない土地である。とはいえ誰もいないわけではなく、人々(だった者たち)が集落を形成しているという。たとえば犬鳴村は廃墟と化しており、午前二時に近くの電話ボックスで湖底の死者からの通話に応答しなければ、ルートが開かれることはない。樹海村は、集落というよりも供犠の祭祀跡と言ったほうがふさわしい、奇妙な場所である。特定の樹木などを目印にしていけば日中の徒歩でもたどりつけるものの、死者たちに忍び寄られ、手の指を一つ切断されることにより、ギュスターヴ・ドレの「自殺者の森」さながらの、樹木＝人身の混合体へと変容してしまう恐れがある。牛首村へのルートは、映画内では複数描かれているが、たとえば心霊スポットの「異世界に行けるエレベーター」に牛首のアイテムを身につけて入り込むと、時空を超えて、過去の牛首村のはずれにある死体だらけの洞穴へと移動してしまう。

到達不可能な異界は、かつてなら隠れ里や桃源郷、迷い家《が》、竜宮などと呼ばれたところである(柳田 1934：254-271)。だが、そうした場所が富貴自在であり、場合によっては日常世界に財産をもたらしてくれるのに対して(二〇二一年公開のマーベル映画『シャン・チー』に登場するターロー村はこれに該当する)、現代の都市伝説では、そうした異界は狂気や呪いそして死に彩られた否定的なものとして語られることが多い。とはいえ、ネット怪談をはじめとする実際の都市伝説では、犬鳴村にしても樹海の集落にしても牛首村にしても、映画のような死者ではなく、異常な生者たちの住まうところとしてイメージされており、恐怖の源泉は超自然的なもの、心霊的なものではなく、反社会的なもの、肉体的なものであることの方が多い。★2 知名度の点では犬鳴村と双璧をなす青森県の杉沢村は心霊的な恐怖を煽るものだが、「恐怖の村」シリーズでは映画化されていない。

こうした都市伝説と映画の違いは、非日常性の二つの層——到達可能性(accessibility)と超自然性——で記述することができる。たとえば、都市伝説における犬鳴村の非日常性は到達不可能なところにある。地図から消されているためルートが分からない、偶然にしかたどりつけない(広坂 2016:219)。犬鳴村の反社会性はその副次的効果である。つまり、国家権力がたどりつけないから「日本国憲法が通用しない」などの特有の社会性が形成されている(ASIOS+廣田 2022:214-222)。それに対して映画における犬鳴村の非日常性は超自然的なものであり、到達不可能性はその副次的効果である。今のところ映画化されていない杉沢村は、超自然的異界と到達不可能な異界を併せ持っている点で映画の怖い村に近い(ASIOS+廣田 2022:205-213)。また、一般的な心霊スポットは超自然的異界であるが、到達可能である(cf. 及川 2023)。二〇〇〇年ごろのインターネットにおける怖い村ブームに影響を与えただろう『ブレア・

ウィッチ・プロジェクト』(一九九九)は、到達不可能性と反社会性と超自然性すべてを併せ持っている。

もちろん、到達できないと言ってもできないままでは作品として別ものになってしまうので、先述のように、劇中では、明示的ではないにしても異界への経路が示されている。日常的には、ある場所に行くためにはそこへの連続的経路をたどっていけばいいし、経路は比較的自由に選択することができる。しかし到達不可能な異界に行くには、単なる地理的移動とは無関係に思える手順を踏まなければならない(電話に出る、特定の樹木を通過するか指を切断する、牛首のアイテムを身につけるなど)。これらはいわば儀礼である。偶然か意図的かを問わず、儀礼の規則どおりに行為してしまえば、当人は日常世界から切り離されてしまうのである。一般的な儀礼ならば日常世界への統合という最終段階があるが、劇中では死者への統合が正当的な結末であり、登場人物の日常への回帰は、それ自体では異常な出来事である。

「恐怖の村」シリーズは、都市伝説やネット怪談における反社会的異界を超自然的異界へと先祖返りさせているところや、儀礼的行為によって異界への参入を果たすところなど、いくつかの点で、二一世紀のネット怪談を、旧来の民俗学的な異界論の枠組みに落ち着かせようと試みている。こうした特徴からみて対比的なのは、ネットに生まれ、ネットで知名度を得た「きさらぎ駅」(二〇〇四年一月、2ちゃんねるオカルト板(詳細はASIOS＋廣田 2022：150-160))をもとにした映画『きさらぎ駅』における非日常的な空間のあり方である。★3 以下ではそれを「異世界」と名付け、「恐怖の村」シリーズにおける異界のあり方との差異を見ていきたい。

その前に、異界と異世界の概念について確認しておこう。とはいえ、異界の定義さえできていないのに[★4]、異世界の定義をするのは難しいのではないか。たとえば石井研士はポップカルチャーにおけるこれらの概念を考察しようとして、定義も双方の関係性も指摘できないまま終わっている（石井2022：194-198）。だが、ひとまず関係的な定義を下すことは可能である。すなわち、異界と日常世界は、ある宇宙論や世界観において認識されている時空全体の内部で可能な時空的・因果的連続性が知られている。たとえば生者は死ねば冥界に赴くし、犬鳴村は犬鳴峠付近のどこかに存在するだろう。それに対して異世界は、そうした連続性が通常は断絶しているか、少なくともどのような連続性があるか知られていない。たとえばきさらぎ駅はこの世界のどこにも位置づけられず、どういう空間かも不明である。少なくとも体験者にとっては不明である。より図式的に言うと、異界と日常世界は、世界という全体の内部で部分対部分の関係にあるのに対して、異世界と日常世界は全体対全体の関係にある[★5]。この定義は暫定的なものであり、たとえば夢の世界など、異界と異世界を組み合わせたパターンも多い。

2　非儀礼的異世界

映画『きさらぎ駅』は、オリジナルの「きさらぎ駅」では分からないままだった謎に答えを設定した。それはなぜ投稿者の「はすみ」（劇中では「葉山純子」）がきさらぎ駅に行ってしまったのかという問題である。そしてその答えは「無意味な行為のせい」である。

モーリス・ブロックは人類学的儀礼論を検討し、儀礼は言明であるという主知主義と、行為であるという機能主義の双方を退ける。儀礼はむしろ両者の境界線上にあるという。儀礼の特徴として必ず挙げられるものの一つが形式化であるが、その結果として、「命題を表現することによって意味するという言語能力は減少する」こととなり、最終的には「意味をまったく押し流してしまう」。とはいえこのプロセスが完遂されることはない。まったく何物も言明しないものは儀礼とは言えないからである（ブロック 1994：349-354）。同様のことはクロード・レヴィ＝ストロースも『神話論理』の終わりのほうで述べている。「儀礼は、思考の要求を到達できないような限界点まで縮小する、というよりは、縮小しようと試みるが無駄に終わる」（レヴィ＝ストロース 2010：847）。

特定の時期に行なわれる、発話は歌唱として実行される、身振りや移動の回数は厳密に定められる、歩数さえも決まっている――こうした形式化は、儀礼をただ行なうものへと限りなく近づけていく（cf. Staal 1990：131-140）。儀礼は、本来ならば偶然に依存するかきわめて複雑で精密な手順でしか得られないものに対して、偶然性を管理し、精度の達成を形式化することにより、最大節約的に最大効果を達成するための、過去から蓄積されてきた最適解なのである。

オリジナルの「きさらぎ駅」では、語り手は何もしていないのに駅についてしまった。それに対して映画『きさらぎ駅』は、深夜の車両に揺られるだけの乗客に一つの儀礼を掛け合わせた。それが、別のネット怪談「異世界に行く方法」である。これは二〇〇八年二月一二日、「メビウスリング」というネット掲示板の「謎の多い危険な遊び研究委員会」スレッドに常連の女性が投稿したもので（永島 2019：71-72）、

1．まずエレベーターに乗ります。
（乗るときは絶対ひとりだけ）
2．次にエレベーターに乗ったまま、4階、2階、6階、2階、１０階と移動する。
（この際、誰かが乗ってきたら成功できません）
3．１０階についたら、降りずに5階を押す。
4．5階に着いたら若い女の人が乗ってくる。
（その人には話しかけないように）
5．乗ってきたら、1階を押す。
6．押したらエレベーターは1階に降りず、１０階に上がっていきます。

（上がっている途中に、違う階をおすと失敗します。ただしやめるなら最後のチャンスです）

7．9階を通り過ぎたら、ほぼ成功したといってもいいそうです。

という手続きである。[★6] 個々の移動と停止のシークエンスそれ自体には何の意味も（少なくとも私たち人間には）認められないが——女性の出現が成功に近づいていること／もう逃れられないことを示しているのが例外——、総体としての儀礼的な動きが異世界に移動するという効果を生じさせるものとなっている。『きさらぎ駅』の劇中でも、最初は電車に乗ったが寝過ごし、戻るため反対車線の電車に乗ったがふたたび寝過ごして始発駅に戻り、あらためて最終電車に乗ることで、きさらぎ駅に迷い込んでしまったことが明かされている。このことを手掛かりとして、民俗学専攻の大学生が「異世界に行く方法」の発想とつなぎあわせ、きさらぎ駅の世界に入り込むことに成功する。

学校の怪談のなかでは、異世界に行く方法は数多く知られている。[★7] たとえば「四月四日四時四十四分四十四秒に、階段の十三段目をふむと、ちがう世界に迷い込む」（常光 2006：9）、「四時四十分四十四秒に、四階のろうかで走ったら、一生帰れないさばくにワープするという」（常光 1996：155）などである。[★8] これらも一種の儀礼であるが、子どもでさえも「四」が「死」に通じるという象徴性を理解しているし、「十三」が不吉であるということも知っている。その意味で、ブロックの設定した言明－行為の両極のうち、かなり言明に近いところに、四を連ねる子どもたちの知識（あるいは遊び）は位置づけられている。こうした儀礼の分かりやすさは、たとえば『犬鳴村』のなかで、ダムに沈んだ村の近くにある電話ボックスへの着信に応答することによってトンネルが開かれるプロセスにも見られるものである。他なる存在に応答すれば異界に踏み込んでしまうというのは、世界的に分布する考え方でもあるからだ（本書第4章参照）。

それに対して「異世界に行く方法」や『きさらぎ駅』の方法は、機械による往復の繰り返しであり、それ自体では象徴的でもなければ実用的でもなく、その点で意味をなしていない。先ほど「異世界に行く方法」を儀礼であると書いた。このような理解は、人類学的解釈としては穏当なものだろう。しかし言明のない、少なくとも私たち人間に対してはコミュニケーションの用をなさない単なる反復行為は、ブロックにしてみれば儀礼とは言えないものになってしまっている。厳格に実行することにより、その行為との明確な因果性の見られない効果を産出するという点では儀礼のカテゴリーに入るのだが、しかしどこかが違う。それは非儀礼的な何かである。

「異世界に行く方法」が投稿されたのと近い時期に、都市伝説とは異なるジャンルにおいて、決まった数字だけ動作を繰り返すことで、到達不可能な場所にたどりつく方法が知られていた。それは『ポケットモンスター　ダイヤモンド・パール』（二〇〇六年九月発売）における「なぞのばしょ」バグである。特定の場所で、通常ならば使わない操作を実行すると（室内で「なみのり」を使う)、到達不可能なはずのマップ外空間に移動することができるというものだ。さらにその空間を特定の歩数だけ進めば、マップ内の到達不可能な空間に出ることができる——この歩数に関しては数多くのデマが流され、それに従うと一歩も動けない、セーブもできない状態になることもあったらしい。具体的な証拠はないが、筆者は、「なぞのばしょ」バグ自体ではないにしてもこれに類するゲームのバグが、「異世界に行く方法」を発見する(あるいは想像する)きっかけになったのではないかと疑っている。★9

私たちの生きる日常世界やそれを包括する時空の総体がゲームを含めたコンピュータプログラムの構築する空間のようであるというイメージは、たとえば『マトリックス』四部作(一九九九—二〇二一年)やニック・ボストロムの提唱するシミュレーション仮説などでよく知られている。ゲームのようであるならば、無意味な行為や無意味な反復——人類学者の目には儀礼に見える——によって、この世界から抜け出すことも可能なのではないか。このイメージがもっとも露骨にネット怪談と結合しているのが、二〇二〇年代初頭の代表的なクリーピーパスタ(主として英語圏で、コピペによって拡散されるホラー短編のこと)である「バックルーム」だ。詳細は本書第12章にゆずるが、バックルームと呼ばれる無限空間には、「この現実から透過モード(noclip)で出てしまう」ことにより到達できるとされる。ここで「透過モード」と訳したnoclipはゲーム用語で、ゲーム内の空間を移動するとき、壁やオブジェクト、他のキャラクターなどにぶつかって動きが制限されないようにするモードである。本来はデバッグ用のものだったが、プレイヤーもnoclipを利用できることがあり、その場合は到達不可能な場所に行けてしまうバグとして認識される。「なぞのばしょ」バグがnoclipかどうかは分からないが、結果としては同じ類いのバグだということになる。

実際のところ、「きさらぎ駅」にしても、またフィクションではない（という体裁の）異世界体験談として有名な「時空のおっさん」（オカルト板、二〇〇五年七月以降）や「ゲラゲラ医者」（ニュー速VIP板、二〇一二年六月）にしても、異世界に行くときに複雑な手順を踏んではいない。ふと気づいたら異世界にいたというものが大半である。何か特殊な条件が重なったのだろうが、そのあたりは明確ではない。おそらく「なぞのばしょ」バグにおける「なみのり」に相当する作用が生じたということなのだろう。いずれにしてもここで指摘できるのは、現代日本の都市伝説において、異世界に行く方法は、この世界にゲーム的なバグがあることを前提とした存在論に依拠しているところもあるのではないかということである。

同じような非日常的空間を経験しても一九八〇年代末と二一世紀以降で理解が異なっている事実は、現代におけるゲーム的な（異）世界理解の傍証になるかもしれない。先述の「時空のおっさん」は、不明な理由で唐突に異世界に移動してしまった投稿者が、真っ赤な空と誰もいない空間で正体不明の中年男性に出会い、彼により日常世界へと戻されるというものである。これと似たような経験が、一九八九年に出版された読者投稿恐怖体験雑誌の再現漫画として掲載されている。それによると、平日午前中の新宿にいたはずの投稿者は奇妙な空間に迷い込む。

「空は妙なオレンジ色をしています／建物や路上も同じような気味の悪いオレンジ色で／そして／どこへ消えたのか　通行人や車の影さえ　どこにも見当たらないのです」。投稿者はようやく人間を見つけるが、「誰も生きてはいない人達なのです！」。結局、その空間が何なのかは分からないまま、投稿者はもとの世界に戻ってしまう。「こちら側で消えた…　それとも死んでしまった人達が住む別な世界なのでしょうか」（市川 1989：113-119, 120, 122）。どちらも、ほとんど無人で夕方のように赤い空というイメージは共通している。だが、一九八九年の投稿者は自分の迷い込んだところが異界（あの世）かそれとも異世界なのか決めかねている。それに対して「時空のおっさん」では、そこが異世界であるという理解が共有されている。現世と因果的つながりのある異界の可能性があった一九八九年からつながりのない異世界への一元化が行なわれる二〇〇〇年代半ばへの推移は、パソコンおよびインターネットの日常化と並行している。

　非人間的で偶然的なバグによる異世界への経路は、民俗学的イメージや怪物的女性の血縁関係と地縁、そして因縁（cf. 鷲谷 2008；Wee 2020；吉田 2022）に覆い尽くされた「恐怖の村」への経路と好対照をなしている。そもそも『きさらぎ駅』の前半はＦＰＳ（一人称視点）を採り入れているが、これは観客に主観的経験を提供するというよりはゲーム実況の視聴体験を再現するものとなっているし、後半は葉山純子の回想＝プレイ動画から攻略手段を学んだ主人公によるＲＴＡ（Real Time Attrack：いかに短時間でクリアできるか試すもの）のように見える。登場人物の関係も血縁や地縁では結ばれておらず、むしろ偶然その場に居合わせたパーティのようである。より広くコンピュータとのアナロジーを描くならば、劇中で何回も繰り返される異世界的他者の憑依と破裂の連続は、生者が死者に同化される儀礼的恐怖よりは、コンピュータが不正プログラムを排除するプロセスに近い。

3 異世界に行くことは怖いことなのか？

言うまでもなく、二一世紀以降の異常な空間の経験がすべてバグ的発想に収斂していくわけではない。現代の若者が知っている異世界儀礼の一つは手のひらに「飽きた」と書く直接的なものだし（永島 2019：69-70）、エレベーターで行く方法と同年の二〇〇八年八月末に投稿された「鬼門を開ける方法」も★10、無意味な移動を繰り返す手順が中心になっているが、盛り塩を蹴り飛ばすなどの宗教的＝象徴的行為が含まれており、明白に儀礼的である。加えて、現代日本のホラー作品にとっての怪物的女性の血縁関係という呪縛は、そう簡単に振りほどけるようにも見えない。

超自然的領域も含めたこの世界自体の定常性への不安は、ホラーよりもむしろSF的想像力のほうに留まっているように思われる。そもそも異世界体験談はそれほど怖くないものが多い。

そのため、たとえオカルト板などで話題になるものではあっても、「怖い話」や「ホラー」の枠組みで語るべきものではないのかもしれない。「きさらぎ駅」と『きさらぎ駅』はその意味で、「恐怖」を主眼としたジャンル形成の妥当性について考えなおす素材になりうるものだろう。

註

★1　「怖い村」という表現は都市ボーイズ（2021）、「異界村」は朝里（2019：125-129）、「謎の集落」は吉田（2021：62など）。なお、ここではそれらが「村」と呼ばれる点については検討しないが、村落社会の「因習」への差別的偏見が埋め込まれていることは指摘しておくべきだろう。二〇一五年ごろからSNSなどで使われるようになった「因習村」の概念と合わせて、いずれ考えてみたい。

★2　犬鳴村ではなく犬鳴峠や旧犬鳴トンネルについては、一九七〇年代終わりから福岡県随一の心霊スポットとして知られていた。現在でも、YouTubeやTikTokなどでライブ配信を行なって犬鳴峠に向かう人々は、反社会的な村人よりも（些細な）心霊現象を期待していることが多い。

★3　以下、二〇〇四年一月の実況投稿をカッコつきの「きさらぎ駅」、存在しないはずの駅をカッコなしのきさらぎ駅、映画を『きさらぎ駅』と表記する。

★4　筆者もまた、異界を定義しようとして、別々に二つの提案をしてしまった（本書第4章：廣田 2022：124）。

いずれも本章の定義する「異界」のサブカテゴリーとして配置することはできる。

★5　きさらぎ駅は「異界駅」と呼ばれることがあるが（朝里2019：120-124）、本文に書いた理由に加え、2ちゃんねる／5ちゃんねるのオカルト板では「異界」ではなく「異世界」にカテゴライズされるほうが圧倒的に多いことも考慮するならば、「異世界駅」と呼ぶ方が適切である。ただし、異界駅のなかには異世界ではなく異界としたほうがいいものも多い。

★6　空白行は省略した。http://aurasoul.mb2.jp/_kyo/530.html-1316（現存しないがWayback Machineで閲覧可能）

★7　このような方法の起源が何であり、またいつから広まっているのかは分かっていない。今後の研究課題である。

★8　TikTokで、「午前3時30分から33分の間までしか行けない世界がある」で始まる英語の動画が二〇二一年四月に投稿されている（https://www.tiktok.com/@jgretznerd/video/6953677221273931014）。筆者は英語圏にこのような都市伝説があるのを聞いたことがないが、日本の「学校の怪談」における異世界儀礼との関係も含め、大いに探究の余地がある。

★9　筆者は二〇二〇年一一月に「異世界に行く方法」の投稿者とのコンタクトを試みたが、現在までに返信はない。

★10　https://hobby11.5ch.net/test/read.cgi/occult/1219761874/697

第11章　恐怖に物語は必要ない

TikTok において異世界実況系の動画を視聴するとはどういうことか

はじめに

異世界に行くという体験談は、現代世界ではどのように語られているのだろうか。たとえば「きさらぎ駅」は、本書第10章でも見たように、映画になるだけあって、日本国内では知名度の高い「怖い話」である（ASIOS＋廣田 2022：150-160）。とはいえ、国外でもミームになるほど有名なわけではない。むしろネット上で異世界での経験を報告するという行為は、少なくとも二〇一〇年代後半までは、日本以外ではそれほど盛んではなかったようである。★1

だが二〇二〇年代に入って転機が訪れる。TikTok や YouTube といった映像系ＳＮＳをとおして、英語圏を中心とした欧米でも、この世とつながりのない謎の時空間に紛れ込んでしまう出来事が写された映像が盛んに投稿されるようになったのである。実際の体験とされたり、分かる人には遊びだと分かるものだったり、フィクションとはっきり分かるものだったりと、それぞれのリアリティの多寡はさまざまである。本章では、その一部を取り上げ、異世界を視聴する人々が体験する恐怖とはいかなるものなのかを、旧来の民俗学におけるネットロア研究と対比しながら考えてみたい。

その前に、最低限、用語の整理をしておきたい。日本におけるネットロア研究の先駆者である伊藤龍平は、「ネットロア」を「インターネット上で流通している説話」（伊藤 2016：14）として定義する。同書では、「説話」に「はなし」という振り仮名が付いている。「説話」は口承文芸研究以外ではあまり馴染みのない概念なので、本章ではもう少し枠の広い概念である「物語」（narrative）と言い換えることにしよう。ここで言う「物語」は、「時間的な展開がある出来事を言葉で語ったもの」のことである（橋本 2017：37）。

1　誰もいない（何かがいる）恐怖

そのTikTok動画は、アカウント名@where_is_the_sky、ユーザー名is anybody there?――「空はど

こ」と「誰かいますか？」――という不思議なものだった。アイコンはデフォルトのまま。最初に投稿された動画（二〇二〇年一一月二八日、長さはたったの七秒）は★2、二〇二一年五月の時点で視聴回数が約二〇〇万（二〇二三年一一月一八日現在約二一〇万、以下すべて概数）、♡（いいね）が一八万五〇〇〇（同一九万二五〇〇）、コメントが五三三八件（同四七九六件★3）という数字を記録しており、ある程度バズっていた。投稿者による説明文には英語で「なんで自分がこんなことをしてるのかも分からないんだけど、できたら誰かこれを見ていないかな？　今、午前一一時なのに、太陽が昇ってきてないよ？　アパートのみんなもどこかに行った？」とだけあり、アパートの低層階から霧に包まれた真夜中の路上を撮影した動画が投稿されている。しかし投稿者によると昼前の時間帯だという。投稿者はいったいどこにいるのだろうか。

　続く動画では、投稿者はさらに屋外に出て歩いてみるが、人間はおろか動物さえも見当たらない。夜空なら輝いているはずの月も星々も消えている。ただ一部の街灯が周囲の霧をぼんやり照らし出しているのみだ。だが、鈍い光を放つ赤いものが浮かんでいたり、近くの橋の下で異常な音（唸り声か金切り声？）がしたりするなど、徐々に、状況がつかめてくるような感じが視聴者に伝わってくる。

　そこから新しいほう（上のほう）へと画面をスワイプしていくと、このアカウントのなかで最もバズった、一一番目の動画が現れる（二〇二〇年一二月一日、長さは二六秒）。二〇二一年五月の時点で視聴回数三〇一〇万（同、三〇七〇万）、♡が五三〇万（同、変わらず）、コメントが八万九二〇〇（同、七万九二〇〇）となっているこの動画は、[★4]数字から見るとグローバルにバズったコンテンツだと言えるだろう。それは非常階段の吹き抜けから下のほうを覗き込んだもので、何か黒い人のようなものが駆け上がってきたことに気づいた投稿者は急いで近くのエレベーターに乗り込み、そこで動画は途切れる。途切れるといってもTikTokへの投稿はできているので、投稿者は無事のはずである。

その後も投稿者は、誰もいない都市の街路やショッピングモールの駐車場、排水溝などを歩くだけの動画を投稿しつづける。なかには、吼え叫ぶ何かに追いかけられ、走りながら撮影したものも含まれる。いずれも音は聞こえるが、姿は見えない。二〇二〇年一一月一一日には、四秒間のスノーノイズ（いわゆる砂嵐）だけの動画が投稿される（**図10**）[★5]。この動画ではライブ

図10　2020年11月11日、異世界からTikTokに投稿された動画のスクリーンショット

配信が予告されている。また一月一三日には、信じられないほどの大音響のノイズが暗いなか響き渡る様子が紹介される。★6 文章からは、どうやら投稿者自身はこの状況が「世界の終末の後」だと捉えているらしいことが分かる。

結局何が起きたのか、どのような状況になっているのかまったく分からないまま、数十の動画が投稿され、そして半年以上経った二〇二一年七月二六日（おそらく投稿者の標準時では二五日夜）、若い白人男性と女性らが唐突に明るい室内でライブ配信を開始し、すべてがネタだったことを告白し、終わりを迎えた。

明らかにこの世界とは思えない場所からTikTokに動画を投稿するアカウントは、実は「空はどこ」だけではない。筆者は、フォロワーが一万人以上で、異世界からの実況に特化している類似アカウントを、少なくとも一二ほど把握している（開始時期は二〇一九年一〇月から二〇二一年四月まで）。よりフォロワーが少ない地味なアカウントや、一つ二つだけ異世界から（という体裁）の動画を載せたアカウントも含めればその数はさらに増えるだろう。「空はどこ」と同じように暗闇をさまようものもあれば、ショッピングモールの出口が見つからないというものもあり、昼間の街中の画像を投稿するものもあれば、室内倉庫の通路がいつの間にか変化して出られないというもの（@the_exits_are_missing,「出口がない」）もある。すべてのアカウントを四六時中チェックするわけにもいかないので断言はできないが、ライブ配信を行なっているものはほとんどなかったようである。「出口がない」は、わずかな光源のほかはほとんど何も見えない暗い室内で投稿者がゴソゴソしている配信を何度か行なっていた。

「空はどこ」よりも古い二〇二〇年九月一六日開始の@lostinbackroomsは、残念ながら現在では視聴できないが、いつの間にか知らない建物のなかにいて、出口が見つからないというものだ。投稿者は最初の動画で「たぶんバックルーム（the backrooms）にはまり込んだみたい」と言う。このことはアカウント名「バックルームに迷い込んだ」からもうかがえる。その後も投稿者は屋内を半年以上さまよい、散発的に動画を投稿していくが、最後の一七番目の動画（二〇二一年四月二一日）には、薄暗い室内でちらつく一本の蛍光灯が映し出されているだけで、説明には「ここ」（Here）しかない。長さは一〇秒ほどで、後半で真っ暗になる。言葉で描写するならば、それだけである（**図11**）。

図11　2021年4月、バックルームと思しき異空間からTikTokに投稿された動画のスクリーンショット

こうした薄気味悪いアカウントを理解するためのキーワードは二つある。一つは本書第10章でも少しだけ触れた「バックルーム」、もう一つは「ＡＲＧ（alternate reality game）」である。「バックルーム」は二〇二二年初頭に世界的に大きな話題になったYouTube動画やゲーム配信者の動画によって日本でも広く知られるようになったクリーピーパスタである。現実世界の何らかのバグによって、とてつもなく広大な、しかしどこにも出口の見当たらない室内だけの空間に入り込んでしまうことがある、そこがバックルームである（詳細は本書第12章）。ＡＲＧは「代替現実ゲーム」と訳され、その内実は多様だが、参加者の日常世界と、ゲーム内での出来事が連動するように設計されたものとまとめることができる。異世界実況系の場合、文字通り、別の現実にいる体裁で視聴者もコメントをとおして参加するゲームと言える。

2　異世界実況系の分類の場

文字だけの「きさらぎ駅」から高精細な動画の「空はどこ」にいたる通信技術の発展は長足だが、いずれも異世界から状況を報告している点では共通している。「空はどこ」などのTikTok動画は、投稿間隔が短くても数時間はあるため、数分おきに投稿があった「きさらぎ駅」ほどの視聴者との同時性はないが、現在進行形の出来事を逐一報告しているという点で、大きく見ると「異世界実況系」と捉えることができるだろう（特に「出口がない」のようにライブ配信を試みたアカウントはそうである）。

最初のほうで、「きさらぎ駅」は怖い話として一般に受容されていることを指摘した。またネットロア研究でも「きさらぎ駅」はネットロアの一つだとされている（古山 2018；伊藤龍平 2023）。どちらにしても物語だということになる（ただし、伊藤龍平の議論については後述）。それでは、同じように異世界実況系と呼ぶことができるTikTok動画も物語なのだろうか、説話なのだろうか、ネットロアなのだろうか。

伊藤龍平は、文字ではなく音声だろうが動画だろうが、単にメディアが異なるだけで、「説話の内容とは無関係であ」り、ネットロア特有の内容はないと主張する（伊藤 2016：15；cf. 伊藤 2016：第4章）。伊藤はその理由を厳密には説明していないが、説話は言葉の集合に還元できるのだから、それを多種多様なメディアをとおして再現できるはず、ということを前提としているのだろう。物語の定義を踏まえると、これは不思議なことではない。こうした伊藤の前提は「文中心主義」と呼ぶことができるだろう。

文中心主義的なアプローチは、どういう対象までなら正当化されるのだろうか。異世界動画が何らかの物語を語っていると主張すること、あるいは動画から何らかの出来事を取り出して文の集合に仕立て上げることはできるかもしれない。「投稿者が異世界に迷い込んだ。そこから出ようにも出られない。なお悪いことに、放浪する投稿者は、人ならざる悪性のものに付け狙われている」と構成することはできるだろう。そうすれば、文字だけで構成された「ネットロア集」に収めることもできるだろう。

だが、そうした行為は、当の動画にとって重要なものを言語化できているのだろうか。せいぜい動画内で生じている出来事の一部を描写したものにすぎないのではないか。文だけになった異世界実況は、動画の視聴体験をほとんど何も再現していないのではないか。

たとえば蛍光灯の動画（図11）にある言語は「Here」だけだった。これは投稿者が物語行為《ナレーション》を放棄し、ストーリーを取り出すことをほとんど不可能にしてしまうほどの曖昧さ、情報の少なさを示している。また、「空はどこ」のスノーノイズ動画（図10）も同様である。それ以外にも、「空はどこ」や「出口がない」は、誰もいない暗闇や窓のない室内という、方向喪失的で情報もほとんどない状況のみを、ひたすら映しつづけていた。仮に異世界実況動画を文中心主義的なネットロアの概念に落とし込もうとするならば、動画の参加者が共有しているものを大幅に削ぎ落すことになってしまう。そのように説話化されて論じられるものは、何か別物の、研究者による構築物である。

当時のTikTokは動画の長さが一分以内に制限されていた。この制約は、YouTubeや一般的なテレビ番組などでは不自然に短いと見なされる数秒から数十秒の動画の存在を、不自然ではないものにしていた。[★7] 曖昧で情報が少なくても、それはTikTokの仕様に由来するのだから、投稿者に過度に要求することはできない。むしろ視聴者であり参加者である人々は、その恐ろしげな雰囲気というか、別の現実を体験することそれ自体を楽しみ、不安がり、そして恐怖を感じている。

3　非言語的な恐怖とその効果

従来のネット怪談の研究者たちは、言語にかかわらず、インターネット上の恐怖を言葉に還元しようとしてきた。伊藤龍平はネットロアの「八尺様」をテーマにした動画を取り扱いつつも、「電承説話」に分類する（伊藤 2016：第4章）。またクリステン・ガラノー゠ブルックスは、Googleストリートビューに映った奇妙なものや不自然な情景を霊的・超常的だとみなす人々について、「視覚的伝説」として捉えようと提案する（Gallerneaux Brooks 2013：298）。クリーピーパスタを研究するジェシカ・バランザテギは、「クリーピーパスタは物語形式である」と指摘する（Balanzategui 2018：190）。洋の東西で、インターネット上で経験される怖いものを物語として概念化しようとする努力が見られるわけである。しかし、明らかに非言語的なものが中核にあるものについて、視聴者がそこから受け取ったもの――民俗学的に言うならば、伝承されるもの――を文の集合として秩序化することは、それほど重要で普遍的なものなのだろうか。

ここで興味深いのは、今のところ言語表現が優位にあることが明らかなクリーピーパスタにおいて、もっとも有名な「スレンダーマン」が、ほとんど説明のない画像からはじまったという事実である。そもそも、初期の有名なクリーピーパスタの多くは画像が中心にあった(Balanzategui 2018 : 189-190)。民俗学者のアンドリュー・ペックは、スレンダーマン論において「ストーリーテリングや物語行為のような用語は、こうした出来事を捉えるのにまったく向いていない。というのも、それらは意味を伝えるにあたって言語(書かれたもの、話されたもの)の使用を特権化しているように思われるからだ」と言い、「パフォーマンス」という用語を選択している。彼にとってパフォーマンスとは、「創造的な表現をするための社会的手法」である(Peck 2015 : 347)。また、別のスレンダーマン論集においても、「伝説は物語以外の形式でも存在する(…)視覚的画像として現れることもある」ということが明言されている(Blank and McNeill 2018 : 7)。こうしたアメリカ民俗学の動向は、言語も物語も本質化しない点で評価できる。

もう一つ、二〇一〇年代後半の英語圏で話題になった恐怖体験談「ディア・デイヴィッド」を論じた議論を参照してみよう。ディア・デイヴィッドは、自宅に子どものような幽霊が出没するのを逐一Twitterで報告するというもので、映像や動画なども証拠として投稿しているものの、Twitterなので文字が中心になっている。その意味で文中心主義の枠組みで捉えることができるのだが、これについて論じた二つの論文が、異世界実況系にも通じる論点を示している。

一つは、ARG型の怪奇現象においては、投稿者も視聴者も同じ媒体——Twitter や TikTok——を使っているのだから、原理的には投稿者も視聴者も、ほとんど同じ映像体験をすることができるということである。SNSというメディアによって、投稿者が実況する異世界と、視聴者がコメントによって伝えるこの世界のあり方が平準化されてしまう（Kvistad 2020：965）。もう一つは、それが本当のことだろうがネタだろうが、疑おうが受け入れようが、「恐怖」という情動を共有することはできるという点である（Willsey 2020）。画面内での、しかも異世界での（ディア・デイヴィッドの場合、他人の自宅）出来事なのだから、視聴者に身体的危険が及ぶことはないが、ホラー映画を見るのと同じように、スマートフォンの小さな画面で少しだけ恐怖を味わうことができるわけだ。

どちらの論者も、物語が明確であるため文として記述しやすいという理由でディア・デイヴィッドを取り上げているのかもしれないが、それにもかかわらず、取り出された二つの論点は、添付された映像のほうに目を向けている。前者はSNSを視聴し、参加することによる、別の世界とのつながりを構築することに目を向け、後者は、物語ではなく恐怖を共有することによる、非言語的な「怖い話」の受容の仕方を示唆している。

また、アダム・チャールズ・ハートは、「びっくり動画」（screamer）を「二一世紀において、ホラーの経験をもっとも根本的な諸要素へと要約し圧縮したもの」と論じる。びっくり動画は、何もないように見える情景が、突如、おぞましい容姿のものが出現することによって打ち破られるという、単純極まりないせいぜい数秒程度のコンテンツだ。びっくり動画は、「「初歩的」な物語さえも避けて、純粋なスペクタクル効果を優先するので、ジャンル（ホラー）経験を（…）ジャンプスケアに凝縮する」。ハートは、びっくり動画こそが二一世紀におけるホラーの象徴であるとさえ主張する（Hart 2020 : 59-61）。

ここで私たちは、「きさらぎ駅」も物語ではないものとして捉え返す視点を得る。きさらぎ駅をめぐる怪奇現象が実況報告されているとき、そこに居合わせた2ちゃんねるの住人たちは何を体験していたのだろうか。あるいは、「きさらぎ駅」の過去ログをながめていく後世の読者たちは、自分が何を体験していると感じているのだろうか。

伊藤龍平は、「きさらぎ駅」をネットロアとして捉えつつも、「リアルタイムで電承されていたときの「きさらぎ駅」は物語ではなかった」と論じている（伊藤龍平 2023 : 178）。この論自体は妥当なところもあるが、筆者は、その後まとめられた投稿を読んでいるときでさえ、それを物語に一元化していいのかを問うている。

一般に、ある文を発する行為は、複数の効果を同時に引き起こすことができる。ある効果は「きさらぎ駅」を物語化するだろうし、別の効果は物語を前提としない恐怖や不安を引き起こす。さらなる効果は参加者に行間——すなわち、非言語的な雰囲気——を垣間見せる。考察を促し、あるいは類似した体験談を語らせ、あるいは創作させることもあるだろう。「きさらぎ駅」をまとめるブログにしても映画『きさらぎ駅』にしても「きさらぎ駅」のネットロア研究にしても、二〇一〇年代に入って続々と湧いて出た異世界駅の話も、この意味で「きさらぎ駅」の多彩な効果のうちの一部である。文中心主義的に内容（物語）と形式（メディア）を切り分けるのではなく、むしろさまざまな対象——動画、視聴者、コメント、物語化された記述、研究論文、風景など——相互の関係性を見ていくことが、インターネット上の恐怖の経験を、その多層的な状態を示すかたちで記述することを可能にするだろう。

註

★1　この部分は、本章初出の時点では「日本でのみ盛んだった」だったが、明らかに誤りだった。ブラジルには「セチアレン」（SeteAlém）という異世界怪談があり、現存しないSNSのOrkut（二〇〇四—二〇一四年）で情報が収集されていたという（https://www.lucianomilici.com/o-que-e-setealem）。ただ、二〇二〇年になって話題になったことなので、本当にOrkutに書き込みがあったのかは不明である。またRedditの“Glitch in the Matrix”コミュニティでは、二〇一二年以降、異世界に迷い込んだことを含む膨大な報告が蓄積されている（https://www.reddit.com/r/Glitch_in_the_Matrix/）。

★2　https://www.tiktok.com/@where_is_the_sky/video/6899551277639139986

★3　コメントが減っているのは、投稿したアカウントの一部がTikTokをやめたかバンされたかしているからだろう。新規参入したアカウントは、古い動画に♡することはあっても滅多にコメントしないので、コメントが増えることはない。

★4　https://www.tiktok.com/@where_is_the_sky/video/6901069875683298561

★5　https://www.tiktok.com/@where_is_the_sky/video/6904795372695162113

★6　https://www.tiktok.com/@where_is_the_sky/video/6916961818820824322

★7　とはいえ、YouTube は TikTok に追随して「ショート動画」というカテゴリーを用意することになるのだが。

第12章　ノスタルジック・ホラー

バックルームとコアの世界

　本書第11章でも見てきたように、二〇二〇年後半から二〇二一年前半にかけて、TikTokで複数の異世界実況系アカウントが話題になった（鈴木＋ふぢの＋山本 2021：247；廣田 2021b 参照）。それらはいずれもが、何の前触れもなく、無人の世界あるいは空間に移転してしまうが、なぜかTikTokには接続できるので、その事実をもとの世界の人々に知らせるため、異世界での体験を投稿しつづけるというものである。投稿者は原則として声出しも顔出しもしない。★1
二〇二三年になっても続けているのは、無人のスペインを舞台とした@unicosobreviviente（スペイン語で「孤独な生き残り」、二〇二一年二月一三日―、フォロワーは八二〇万）と、やはり無人の世界をめぐっている@kilmaru（二〇二一年三月二三日―、フォロワーは四〇〇万）の二つだが、二〇二一年ぐらいまではほかにも、管見では一二の異世界実況系アカウントが活動していた。異世界実況系アカウントの過半数は、白昼ではなく暗闇のなかか出口のない室内を舞台にしており、また、人ならざる何かに追われている。そうしたアカウントの大半に共通するのは、前章でも述べたように、第一に、どこかでＡＲＧだと示唆していること。第二に、#backroomsと言うハッシュタグがあるか、コメント欄でたびたび「バックルーム？」と指摘されていることである。本章ではこの「バックルーム」に焦点を当てる。

1　バックルームという異空間

「バックルーム」は、文字通りには「裏部屋（複数形）」を意味する言葉である。だがこの言葉は、比較的新しいクリーピーパスタの一つでもある。発端となったのは二〇一八年四月のこと。匿名画像掲示板4chanのx板（日本の2ちゃんねるオカルト板に相当）の「ヤバイ画像」(cursed images) スレッドに、全体的に黄みがかった、どこかの室内らしき画像が投稿された。黄色い壁紙に薄茶色のカーペット、そして天井には蛍光灯が並んでいる、少し古めの、しかし取り立てておかしなところもない部屋の、少し傾いた写真である（**図12**）。この画像は二〇一九年五月、やはりx板に立った「落ち着けない画像」(unsettling images) スレッドに、

図 12　「バックルーム」のオリジナル画像

「何か「ずれた」（off な）感じの、不安になる画像を投稿しよう」というキャプションとともに掲示された。[★2] この画像に対する「これは何？」という疑問に対し、次のような返信があった。

> ぼんやりして間違った場所に来て、この現実から透過モード（noclip）で出てしまうと、バックルームに行きついてしまいます。じっとりした古くさい絨毯の臭い、発狂するほどの黄色の連続、そして異常にうるさい蛍光灯の絶えざるノイズ音、それだけの空き部屋がランダムに仕切られていて、おおよそ6億平方マイルも広がっています。何かがそばをうろついているのがいたら神のご加護

がありますように――そいつがあなたの音を聞きつけてしまったに違いないからです。★3
この解説文はおそらく投稿者の創作である。だがいずれにしてもこの瞬間、単なる室内画像から「バックルーム」というミームが誕生した。
以降、バックルームは主として三つに分岐していくことになる。一つめは先述のARGやゲームで、当初の静止画に奥行きを与え、時間的に展開していくものである。二つめはクリーピーパスタとしてのバックルームを膨らませていくもので、主として「Backrooms Wiki」などの共同編集型ウェブサイトに、多くの「レベル」（階層）や「エンティティ」（人ならざる存在）の設定が追加されていった。三つめは初出時の形式を受け継いで「バックルームっぽい」画像を集積していくものである。こちらはTikTokやYouTube（スライドショー型動画が多い）に加え、TumblrやPinterest, Instagram, Twitter（現・X）などの静止画＋テキスト中心のSNSでも広まっている。それらの多くは#backroomsのハッシュタグを付け、無人の室内や建築物の画像を投稿している。
本章で取り上げる三つめの系統は、前章で見たARGや、一大創作界隈と化したクリーピーパスタ系のバックルームとは趣向が異なる。それは、分かりやすい恐怖や情報によって概念に形を与えていくのではなく、初出時の「ヤバイ画像」のように、曖昧さや捉えがたさをあえて残しているからである。こうした感覚は、二〇一〇年代後半以降、「美学」というカテゴリーで拾い上げられている。

2　コアというネット美学

Instagramにありがちなことだが、バックルーム系の画像には多くのハッシュタグがついている。いくつか共通するものを挙げると、#liminalspaces, #abandonedcore, #forgottencore, #feverdreamcore, #nostalgiacore, #dereality, #weirdcore, #dreamcore, #aestheticなどだ。ここですべてを説明することはできないが、特徴的なのは接尾辞の「コア」と「美学」(aesthetic)であろう。それらを取り除くと、バックルームのほか「夢」(dream)、ノスタルジア、「棄てられた」(abandoned)、「忘れ去られた」(forgotten)、「リミナルスペース」(liminal spaces)、「奇妙な」(weird)といったキーワードが現れる。

タグの多さは、多くのユーザーにリーチするための手段でもあるが、バックルーム系画像のように、まだ辞書にも載っていない(載る見込みもない)用語が多用されている場合、ある画像を一つのジャンルに焦点化することがいまだにできていない状態を表しているようにも思われる。従って、これらのタグが表そうとするものを要約することは難しいが、あえて言うならば、バックルームが命名されたスレッドにあるように、現実や現在から「ずれた《オフな》」もの、とま

図13　Aesthetics Wikiのトップ画像

とめることはできる。とはいえその前に、「コア」や「美学」について概観する必要がある。

現代のSNSでは、「コア」や「美学」がほとんど野放図に、さまざまな語につけられる傾向にある。この文脈で言う「美学」は哲学の一分野としての美学とはかなり異なるので、もっぱらインターネット上で通用することを踏まえ、以下、「ネット美学」と呼ぶことにする。これらの用語は主として二〇一〇年代後半から現在にかけて英語圏のZ世代（一部はミレニアル世代も）によって頻繁に用いられるようになったもので、映像やファッション、ゲームなどに広がる特有の視聴覚的様式を指すために使われている。もっとも広いカテゴリーは「美学」で、そのなかに「コテージコア」（のんびりした過去の田舎暮らしを髣髴させる様式）などの「コア」、「ヴェイパーウェイヴ」（二〇一〇年代に注目を集めた音楽ジャンルの一つ）などの「ウェイヴ」が含まれる。これらのまとめサイトであるAesthetics Wiki（二〇一八年六月開設）はトップ画像に「美学リスト」という日本語の文字列を挿入しており（図13）[★4]、ヴェイパーウェイヴの日本語趣味を連想させる。なお、「コア」などの接尾辞を使わない「ダーク・アカデミア」や「Y2K」などのネット美学もある。

接尾辞「コア」はおそらく、音楽ジャンルの「ハードコア」に端を発するジャンル名（メタルコア、デスコアなど）に準えたものだろう。もとは音楽ジャンルに限定されていたが、二〇〇〇年代アメリカの、低予算の独立系映画を指す「マンブルコア」（mumblecore）の出現以降、徐々に音楽以外にも広がっていき、二〇一三―二〇一四年ごろには「ノームコア」（normcore）という、徹底的な凡庸さを目指すファッションスタイルを指す用語が生まれ、「コア」の美学的な接尾辞としての機能が確立された（Martin 2014）。何らかの雰囲気や状態を表す語に「コア」をつければ、それで新たなジャンルが生まれるわけだ。「ノームコア」に次いで「コア」が増殖するきっかけになったのは先述の「コテージコア」（TikTokでの総視聴数一五八億回、Instagramでの総投稿数五一七万四〇〇〇件）で、二〇一八年四月にTumblrで話題になった後、二〇二〇年にTikTokで大流行した。★5

こうしたコアのなかでも比較的広まっているのは、ほかにはドリームコア（dreamcore, 七六億回と八八万六〇〇〇件）やコアコア（corecore, 八三億回と五万二〇〇〇件）、フェアリーコア（fairycore, 四八億回と二二五万八〇〇〇件）、ウィアードコア（weirdcore, 六三億回と一一六万九〇〇〇件）、ノスタルジアコア（nostalgiacore, 二八億回と四三万五〇〇〇件）、キッドコア（kidcore, 二二億回と八〇万九〇〇〇件）などである。★6 拡散するコアのクラスターが共有する感覚を捉えるのは難しいが、たとえばある記事は「いま生きている世界の外側にある世界で暮らしたいという欲望」とする（Slone 2020）。

ただ、有名なコテージコアには肯定的な基調があるが、ドリームコアやウィアードコアなどのバックルームをとりまくコア系のネット美学は必ずしもそれを共有していない（cf. Z▷IK▷

2021)。むしろしばしば結び付けられるのは、「不穏な」「違和感のある」(unsettling, disturbing, uncomfortable, perturbador)といった表現である。先述のタグにもある別のネット美学「リミナルスペース」が、この感覚をより明確に捉えている。

リミナルスペースは、基本的には廊下や階段、空港ロビーなど通過するための領域を指すが、それらに限られない。こうした空間が本来の用途をなしていない状況——誰も人がいない、廃墟と化している、灯りが消えかかっている、人ならざるものが潜んでいる——すなわち否定的に「ずれている」さまを表現した画像群がリミナルスペースと呼ばれる傾向にある(cf. Yalcinkaya 2021;木澤 2021;銭 2021)。[★7] 静止画系バックルームは明らかにこのジャンルに属す。それゆえ、バックルームは入ってはいけなかったところ、そこから抜け出すべきところであって、決して「そこで暮らしたい」ところではない。だが興味深いことに、コテージコアとリミナルスペースに共通する概念がある。それがノスタルジアだ。

3　ノスタルジアの二つの恐怖

バックルームとノスタルジアは明確に関係づけられている。たとえばWikiサイトの「The Backrooms」はヘッダーに「あなたはここに来たことがある」と告げ、「ノスタルジアと不気味の谷を合わせた感じ」がバックルームであると説明する。[★8] また、バックルーム画像にはしばしば「子どものころ行ったことがある」「夢で見たことがある」などのコメントが投稿されている。だが、そもそもノスタルジアは、過去から「暖かみ」や「幸福感」だけ取り出して切望する情動であり（コテージコアのように）、ホラーとは対極にあるのではないか（Cooley and Milligan 2018：196）。

近年のクリーピーパスタをはじめとするネットホラー研究では、ノスタルジアのこうした両義性についていくつか議論がなされている（Balanzategui 2016, 2018；Cooley and Milligan 2018）。そうした論考の基線は、「素朴で甘美だとされてきた子ども時代へのノスタルジアが、多面的で、さらに不吉なものを隠している」という指摘である（Balanzategui 2016：248）。たとえば、実在しない番組をめぐる「キャンドル・コーヴ」というクリーピーパスタでは、電子掲示板のユーザーたちがノスタルジックに思い出す人形劇「キャンドル・コーヴ」が、次第に異常な内容のものだと分かっていき、最終的にはユーザーの幼年期自体が説明のつかないものだと判明する。

今日、老人ホームに母親に会いに行ったよ。七〇年代初めの小っちゃかったころのこと聞いたんだけど、八歳か九歳くらいのころね、その子ども番組のキャンドル・コーヴを覚えてるか聞いたんだけど。母が言うには、おれが覚えていたことにびっくりしてて、どうしてって言ったら、こう言われたのね。「私ゃ本当に不思議だと思ってたんだけど、あんたが「今からキャンドル・コーヴ見るよ、ママ」って、そう言ったらテレビをつけてずっと三〇分間もぼーっと動かないで砂嵐を見てるんだ。その海賊番組とやらで想像力を膨らませてたんだね」(Balanzategui 2018 : 203-204)

彼らはいったい何を見ていたのだろうか。大人には見えない、子どもにだけ見える超常的な何かだったのだろうか。しかし、なぜ人形劇だったのだろうか。何も分からない。ノスタルジアは、それが削り落としたはずのものを不意に顕わにしてしまうのである(ノスタルジアと幽霊の両義的関係については岩倉+木澤+わく(2021)参照)。

バックルームやリミナルスペース、さらには「ヤバイ画像」も含むノスタルジック・ホラーは、おそらく隠れていたものが顕わになるその瞬間を捉えたもの、あるいは顕わになるきっかけを与えてしまうものと説明できるだろう。これは言うまでもなく、フロイトの「不気味なもの」の一種である(フロイト2006)。だが、それが何かは、画像が「ずれて」いて分からないままなので、結局は「不穏な」「落ち着かない」ままに終わる。だからそれらの大半は静止画なのである。スライドショー型であっても、似たような映像が連続するよりも、まったく異なる映像が入れ替わるように作られていることが多い。何か物語が構成されるわけでもなく、ただただ、不穏さが高まったまま持続しているのである。こうしたノスタルジックで落ち着けない感覚は「なぜだか知っている/行った気がする」(strangely familiar)として表現されることが多い（cf. Peak 2014：40-43）。

バックルームの終わりなき室内というイメージは、現代におけるもう一つのノスタルジアとも関係しているかもしれない。それは、音楽文化についてマーク・フィッシャーが述べるように、「二〇世紀の実験的な文化が、新しさなど無限に可能であるような気にさせる遺伝子組換え的な熱狂にとらわれていた一方で、二一世紀は、有限性や枯渇という屈辱的な感覚によって虐げられている」という、過去とのコントラストである（フィッシャー 2019：26）。この関係性は特に、インターネットが可能にした、無限の既製品から成るアーカイヴの際限のない「回顧的な再演」という、制作傾向に現れている（河南 2019：96）。

実は、こうした感覚は、三〇年前に社会人類学者のマリリン・ストラザーンが「ポスト多元的」（postplural）ノスタルジアと概念化していたものだった。ストラザーンは、親族という社会関係の自然的事実である生殖の領域にまでテクノロジーが進出し、もはや（新しさや多様性を産出する）自然がなくなってしまったという感覚や、世界中のどこでも文化の多様性ではなく「同じ」非等質性ばかりが行き来するようになったという九〇年代初頭の感覚を指摘する。「諸文化は互いに断片を借用し、中古の様式を組み直す。何も「新しいものなどない」」（Strathern 1992：37, 39）。バックルームが無人であることは、自然はおろか、人間による創造さえも終結してしまい、新しいものが一切現れないという感覚を強めている。

その途方もない（設定上の）広大さに反して、バックルームの経験は、たとえば同じように宇宙サイズの室内だけが舞台の、二瓶勉の漫画『BLAME!』（一九九七—二〇〇三）とは異なり、つねに「知っている気がする」感覚を呼び起こす。どこまで進んでも、現れるのは私たちの過去の記憶や夢の、あるいはほかの閲覧者の誰かの記憶や夢のなかの（SNSが集合的だからこうした想定ができる）、少しだけ「ずれて」不穏な雰囲気をただよわせる部屋のみである。こうした「ずれ」は、二〇一〇年代のヴェイパーウェイヴが過去の加工により「不気味の谷」現象を引き起こすという指摘（河南 2019：94）と類比的である。バックルームの恐怖は、そこにあるものがすべてノスタルジアの「ずれた」対象であり、そうした不穏なものとの邂逅のみがその経験を構成していくことによるのではないか。それはいわばポスト多元的ホラーであり、外に出られないというよりは、もはや外がないことに由来する恐怖である。この点、途方もない外部というラヴクラフト的ホラーの近代性と対比的だ。

もう少し思弁を加えてみよう。どこまでも不穏なままで、そのものが現れないという形式はまた、私たちの（あるいはZ世代が想像する）過去の知覚に対する認識にも由来するのだろう——すなわち「旧世代」メディアの記録だ。バックルームやリミナルスペースの画像にしばしば適用されるローファイ・ローポリ化、疑似的なノイズ、グラニュラーな画質、アナログ風の日付時刻表示などは、現代の「クリアな」デジタル記録に対して、より過去の再現前性を強める。また、やはり用いられる強めのぼかしや明度のコントラスト、強めの彩度などは、私たち自身の過去の記憶のかたちと似ているところがないだろうか。こうした画像編集は、それが記録や記憶として、現前から「ずらされた」ものの再現であることを暗示している。画像に現前しているのは、何かを隠蔽するノスタルジアそのものである。

だが、こうした時代精神としてのノスタルジアを共有しないものにとって、バックルーム系画像は何が怖いのか分からないままだろう。幽霊も怪物もいない、血痕も腐蝕もない、単なる無人の室内なのだから。おそらくこういう側面もあって、TikTok のスライドショー型動画では、ホラー動画に使われる音源が流用されることが多い。そうして「怖い」という感覚を植え付けられることによって、ある種の人々は、なぜバックルームが怖いのか、音源以外の理由を探ることになるのかもしれない――初期ミレニアル世代の筆者が本章で試みたように。

註

★1　無人の世界というイメージは、言うまでもなくポストアポカリプス的想像にもつなげられるが（クロンブ 2019：115-128）、二〇二〇年以降は、都市部のロックダウンという現実としても現われている。
★2　https://knowyourmeme.com/memes/the-backrooms（二〇一九年五月二一日初版）
★3　https://archive.4plebs.org/x/thread/22661164/#22662579
★4　https://aesthetics.fandom.com/wiki/Category:Core_Suffix（二〇一九年七月二五日初版）
★5　https://knowyourmeme.com/memes/cottagecore（二〇二〇年七月七日初版）

★6　中国語圏では、ドリームコアは「夢核」（TikTokの総視聴数一八二〇万回）、ウィアードコアは「怪核」（同四七〇万回）と表記される。
★7　https://aesthetics.fandom.com/wiki/Liminal_Space（二〇一九年八月二四日初版）
★8　http://backrooms-wiki.wikidot.com/the-backrooms-tone（二〇二〇年五月五日初版）

あとがき

青土社の村上瑠梨子さんから出版企画の相談があったのは八月のことである。論文を書くときは、いずれ単著にまとめられるように、ひそかに大きな主題を設定して、なるべくそれに関連する内容にしようと努めてきた。ただ、とりわけ依頼原稿となると、なかなか綺麗にはいかない。そんなことを考えていたとき、これまでの論文をまとめて一冊に――という依頼がきたものだから、これ幸いと三部構成にして、加筆修正するなかで全体の流れを整え、最終的に〈怪奇的で不思議なもの〉という大枠に収めることになった。

第1部の概念・学史、第二部のグローバルな比較、第三部の同時代の事例分析は、僕の妖怪研究にとっての三本柱である。一つ目は前著『妖怪の誕生』でそれなりに論じ、二つ目と三つ目については各々単著を予定している。本書『〈怪奇的で不思議なもの〉の人類学』は、それらの結節点にあり、また、人類学的・民俗学的な妖怪研究の先端を、つたないながらも示すことができるものになっていると思う。
ところで、第1章と第11章のもとになった論文は、怪異怪談研究会で知り合った南山大学の斎藤喬さんに推薦していただいたことがきっかけで発表することができた。第4章は、もとはといえば、同じく怪異怪談研究会の一柳廣孝さん（会の主宰でもある）が推薦していただいたシンポジウムで発表したものである。第5章・第7章は、もとをたどると妖怪オタク仲間である式水下流さんの同人誌に載せたものがベースになっている。そのほか、アイデアの段階から多くの方々のお世話になってきた。深謝したい。
何はともあれ、青土社である。子どものころから――オカルト系の事典や神話・民話集の翻訳が立て続けに出版されていた前世紀末から――ずっと読み漁ってきた出版社だから、よもや自分の書いた本が出ることになるとは思ってもいなかった。根本的には、あのころの読書体験が僕の現在を形づくっている。本書もまた、老若問わず、新たな読者と出会い、そして新たなネットワークへとつながり、広がっていくことを願う。

二〇二三年一一月一一日　不惑を迎えて一週間、妖怪は惑いなく、而して――

廣田龍平

初出一覧

＊本書への収録にあたって、大幅に加筆・修正を施している。

まえがき（書き下ろし）

第1章　自然的、超自然的、超常的――戦後日本における妖怪の存在論的身分（原題「Traversing the Natural, Supernatural, and Paranormal: Yōkai in Postwar Japan」『Japanese Journal of Religious Studies』48（2））

第2章　神なき時代の妖怪学（『現代民俗学研究』9）

第3章　何とも言えぬ何かの群れに囲繞される（こともある）私たち――プラズマ、無関係、妖怪、怪奇的自然、幽霊、ぞっとするもの、エクトプラズム、タンギー（『現代思想』51 (3)）

第4章　異人論が異人と出あうとき――動物＝妖怪としての異人をアマゾニアに探る（『物語研究』22）

第5章　存在論的反転としての股のぞき (『日本民俗学』308)

第6章　鳥獣戯画はアニミズム的とは言えない――動物妖怪との比較から（『ユリイカ』53 (4)）

第7章　ゴリラ女房とその仲間――エーバーハルト 121 から AT 485A へ（『口承文芸研究』45）

第8章　非人間の／による認識の存在論的造作（國學院大學研究開発推進機構日本文化研究所『2020年度国際研究フォーラム「見えざるものたちと日本人」報告書』）

第9章　非人間的な文字列――譁･ｭ怜喧縺代･螟夂･然主義的概念化（『ユリイカ』52 (15)）

第10章　村と駅――ネット怪談における異界的儀礼と異世界的バグ（原題「村と駅――ネット怪談における異界的儀礼と異世界的バグの存在論」『ユリイカ』54 (11)）

第11章　恐怖に物語は必要ない――TikTok において異世界実況系の動画を視聴するとはどういうことか（『中央評論』74 (4)）

第12章　ノスタルジック・ホラー――バックルームとコアの世界（『早稲田文学』第十次 (26)）

あとがき（書き下ろし）

索引

＊註についてはイタリック体で示してある。

な行

は行

ま行

や行

ら行

参考文献一覧

【日本語文献】

無記名（斎藤守弘）（1966）「あなたのそばにいる日本の妖怪特集」『別冊少女フレンド』2（9）：111-126
相田豊（2022）「序」『文化人類学』87（3）：407-420
青森県環境生活部県史編さん室編（1999）『馬淵川流域の民俗』青森県
赤坂憲雄（1985）『異人論序説』砂子屋書房
秋川市史編纂委員会（1983）『秋川市史　附編』秋川市
朝里樹（2019）『日本現代怪異事典副読本』笠間書院
淺野和三郎（1931）「妖魅と妖精」『心霊と人生』8（4）：6-14
淺野和三郎（1934）「神霊主義講座（その六）」『心霊と人生』11（10）：5-15
ASIOS＋廣田龍平（2022）『謎解き「都市伝説」』彩図社
化野燐（2018）「「妖怪」を選ぶ」東アジア恠異学会編『怪異学の地平』臨川書店、217-242
吾妻町（1983）『吾妻町史』吾妻町
阿部主計（1968）『妖怪学入門——日本の妖怪・幽霊の歴史』雄山閣出版
アルチュセール、ルイ（2010）『再生産について——イデオロギーと国家のイデオロギー諸装置』下、西川長夫ほか訳、平凡社ライブラリー
飯倉義之（2014）「河童死して手を残す——河童遺物伝承の整理」国立歴史民俗博物館＋常光徹編『河童とはなにか』岩田書院、211-246
飯倉義之（2015）「妖怪のリアリティを生きる　複数のリアリティに〈憑かれる〉研究の可能性」『現代民俗学研究』7：5-13
飯倉義之（2016）「妖怪は紙とインクでできている——マンガの中の妖怪文化」『ユリイカ』48（9）：219-225
飯倉義之（2018）「神なき時代の妖怪学——現代怪異譚の「始末」について」橘弘文＋手塚恵子編『文化を映す鏡を磨く——異人・妖怪・フィールドワーク』せりか書房、140-155
飯舘村史編纂委員会編（1976）『飯舘村史　第三巻　民俗』飯舘村
池上二良編（1997）『ウイルタ語辞典』北海道大学図書刊行会
池原陽斉（2011）「「異界」の意味領域——〈術語〉のゆれをめぐって」『東洋大学

人間科学総合研究所紀要』13：49-65
石井研士（2022）『魔法少女はなぜ変身するのか――ポップカルチャーのなかの宗教』春秋社
石井美保（2017）『環世界の人類学――南インドにおける野生・近代・神霊祭祀』京都大学学術出版会
泉鏡花（1907）「おばけずきの謂れ少々と処女作」『新潮』6（5）：12-15
泉鏡花（1909）「一寸怪」『怪談会』柏舎書樓、69-79
市川みなみ（1989）「もうひとつの街」『月刊ハロウィン　初夏の増刊号　ほんとにあった怖い話 Vol.6』（4（11））：109-130
一柳廣孝（2020）『怪異の表象空間――メディア・オカルト・サブカルチャー』国書刊行会
一柳廣孝編（2006）『オカルトの帝国――1970 年代の日本を読む』青弓社
出雲崎町史編さん委員会編（1987）『出雲崎町史　民俗・文化財編』出雲崎町
伊藤慎吾（2017）『擬人化と異類合戦の文芸史』三弥井書店
伊藤大輔（2021）『鳥獣戯画を読む』名古屋大学出版会
伊藤大輔（2022）「「鳥獣戯画」とアニミズム――あるいはアナロジズム的裂け目についての考察」『名古屋大学人文学研究論集』5：269-290
伊藤大輔（2023）「「鳥獣戯画」とアニミズム続考」『名古屋大学人文学研究論集』6：289-309
伊藤龍平（2016）『ネットロア――ウェブ時代の「ハナシ」の伝承』青弓社
伊藤龍平（2023）『怪談の仕掛け』青弓社
稲生平太郎（2013）『定本 何かが空を飛んでいる』国書刊行会
稲田浩二＋小沢俊夫責任編集（1980）『日本昔話通観　25　鹿児島』同朋舎出版
井之口章次（1975）『日本の俗信』弘文堂
今橋理子（2004）『江戸の動物画――近世美術と文化の考古学』東京大学出版会
岩倉文也＋木澤佐登志＋わく（2021）「少女・幽霊・ノスタルジー 座談会」『感傷マゾ　Vol.06　少女という名の幽霊特集号』私家版
岩田準一（1970）『鳥羽志摩の民俗――志摩人の生活事典』中村幸昭発行
岩松宏典（2004）「平田篤胤の他界観――『仙境異聞』における「山人」を軸として」『年報日本思想史』3：31-37
岩本通弥（1998）「「民俗」を対象とするから民俗学なのか――なぜ民俗学は「近代」を扱えなくなってしまったのか」『日本民俗学』215：17-33
インゴルド、ティム（2020）『人類学とは何か』奥野克巳＋宮崎幸子訳、亜紀書房
ウター、ハンス＝イェルク（2016）『国際昔話話型カタログ――分類と文献目録』

加藤耕義訳、小澤俊夫日本語版監修、小澤昔ばなし研究所
内山田康（2019）『原子力の人類学——フクシマ、ラ・アーグ、セラフィールド』青土社
梅屋潔（1998）「妖怪と異人」小松和彦＋香川洋一郎編『講座 日本の民俗学2——身体と心性の民俗』雄山閣出版 、119-137
エヴァンズ＝プリチャード、E・E（2001）『アザンデ人の世界——妖術・託宣・呪術』 向井元子訳、みすず書房
遠藤庄治ほか編（1990）『南島昔話叢書4　沖縄本島 国頭村の昔話——沖縄県国頭郡国頭村』同朋舎出版
及川祥平（2023）『心霊スポット考——現代における怪異譚の実態』アーツアンドクラフツ
大宜見光一（1979）「沖縄の民話話型総覧Ⅳ——本格昔話の異類婚姻譚に分類される話型」『沖縄民話の会会報』6：58-94
大島建彦（2007）「民間伝承に残る怪談」『國文学——解釈と教材の研究』52（11）：106-113
大塚なみ（2003）「口承文芸」諸岡道比古＋小池淳一＋山田厳子監修『夏泊半島の宗教と民俗　弘前大学人文学部宗教学民俗学実習報告書Ⅱ』弘前大学人文学部宗教学民俗学研究室
大藤時彦（1949）「海の怪異」柳田國男編『海村生活の研究』日本民俗学会、312-323
大藤ゆき（1954）「産育」民俗学研究所編『民俗学手帖』古今書院、150-157
大伴昌司（1967）「妖怪なんでも質問箱」『週刊少年マガジン』9（58）：110
大野晋＋大久保正編集校訂（1968）「古事記伝　一」『本居宣長全集』第九巻、筑摩書房、1-558
大道晴香（2018）「雑誌『世界の秘境シリーズ』記事目録（Ⅰ）——創刊～第三〇集」『世間話研究』26：62-81
大道晴香（2019）「〈オカルト〉という鏡のなかに逝きし世の姿を望む——「非合理」を消費する社会の自己像」『怪と幽』2：42-45
大道晴香（2023）「恐怖を教育する——七〇年代オカルトブーム、大切なことは全て中岡俊哉が教えてくれた」『中央評論』74（4）：41-49
岡正雄著、大林太良編（1994）『異人その他——他十二篇 岡正雄論文集』岩波文庫
岡村眞紀子＋伊藤博明訳（2022）「ロバート・バートン『憂鬱の解剖』第3部 第2章 第3節 第1項（承前）－第5節 第4項」『京都府立大学学術報告（人文）』74：85-151

岡本和明＋辻堂真理（2017）『コックリさんの父――中岡俊哉のオカルト人生』新潮社
沖田瑞穂（2020）『マハーバーラタ、聖性と戦闘と豊穣』みずき書林
長田須磨（1978）『奄美女性誌』農山漁村文化協会
小沢俊夫（1994）『昔話のコスモロジー――ひとと動物との婚姻譚』講談社学術文庫
小布施の民俗編さん委員会（1985）『小布施の民俗』小布施町
香川雅信（2005）『江戸の妖怪革命』河出書房新社
香川雅信（2011）「妖怪の思想史」小松和彦編著『妖怪学の基礎知識』角川選書、33-57
香川雅信（2017）「柳田國男の妖怪研究」小松和彦編『進化する妖怪文化研究』せりか書房、150-174
香川雅信（2022）『図説　日本妖怪史』河出書房新社
片桐與三九（1976）「小国のことば」小国町史編集委員会編『小国町史　史料編』小国町、579-679
加藤温子（1975）「誕生に関する諸問題と魂についての考察」岩崎敏夫編『東北民俗資料集 （四）』萬葉堂書店、253-270
金塚友之亟（1939）「地言葉と農民生活（二一）（産育篇）」『高志路』5（9）：12-20
金子毅（2006）「オカルト・ジャパン・シンドローム――裏から見た高度成長」一柳廣孝編『オカルトの帝国――1970年代の日本を読む』青弓社、17-36
カミール、マイケル（1999）『周縁のイメージ――中世美術の境界領域』永澤峻＋田中久美子訳、ありな書房
神谷和巳（1992）「白日夢の街」『月刊ハロウィン』7（17）：399-414
唐桑町史編纂委員会編（1968）『唐桑町史』唐桑町
河南瑠莉（2019）「加速主義の／減速的な美学」『ユリイカ』51（21）：93-102
神崎直美（2016）『幕末大名夫人の知的好奇心――日向国延岡藩内藤充真院』岩田書院
神澤芦花（2020）「ほねがらみ―某所怪談レポート―　七」（https://kakuyomu.jp/works/1177354054890860270/episodes/1177354054898302986）
木澤佐登志（2021）「【コラム】Liminal Spaceとは何か」『FNMNL』2021年11月16日（https://fnmnl.tv/2021/11/16/139203）
北村透谷（1892）「他界に対する観念」『国民の友』169：565-567
宜野湾市史編集委員会編（1985）『宜野湾市史　第五巻　資料編四』宜野湾市
木場貴俊（2020）『怪異をつくる――日本近世怪異文化史』文学通信

京極夏彦（2007）『妖怪の理 妖怪の檻』角川書店
京極夏彦文＋多田克己編・解説（2000）『妖怪図巻』国書刊行会
国見町編（1975）『国見町史　第 4 巻　現代・村誌・民俗 資料』国見町
クラストル、ピエール（2003）『暴力の考古学――未開社会における戦争』毬藻充訳、現代企画室
グレンベック、ヴィルヘルム（2009）『北欧神話と伝説』山室静訳、講談社学術文庫
クロンブ、マキシム（2019）『ゾンビの小哲学――ホラーを通していかに思考するか』武田宙也＋福田安佐子訳、人文書院
群馬県教育委員会編（1967）『松井田町の民俗　坂本・入山地区』群馬県教育委員会
小池壮彦（2005）『心霊写真――不思議をめぐる事件史』宝島社文庫
小杉町史編纂委員会（1959）『小杉町史』小杉町
後藤明（2017）『世界神話学入門』講談社現代新書
後藤晴子（2020）「畏怖の保存――情感の共有を考えるための一試論」『日本民俗学』301：83-100
コバルビアス、ミゲル（1991）『バリ島』関本紀美子訳、平凡社
小松和彦（1979）「妖怪　山姥をめぐって」五来重＋桜井徳太郎＋大島建彦編『講座・日本の民俗宗教 3　神観念と民俗』弘文堂、330-355
小松和彦（1994a）『憑霊信仰論――妖怪研究への試み』講談社学術文庫
小松和彦（1994b）『妖怪学新考――妖怪からみる日本人の心』小学館
小松和彦（1995）『異人論――民俗社会の心性』ちくま学芸文庫
小松和彦（1997）『酒呑童子の首』せりか書房
小松和彦（2001）「解説 宮田登の妖怪論」宮田登『都市空間の怪異』角川書店、189-212
小松和彦（2002）『神なき時代の民俗学』せりか書房
小松和彦（2003）『異界と日本人――絵物語の想像力』角川選書
小松和彦（2011）「妖怪とは何か」小松和彦編『妖怪学の基礎知識』角川選書、9-31
小松和彦（2023）『神々の精神史』法蔵館文庫
小松和彦＋一柳廣孝＋吉田司雄（2006）「妖怪研究三十年」一柳廣孝＋吉田司雄編『妖怪は繁殖する』青弓社、16-51
小松和彦＋関一敏＋佐藤健二（2002）「序論　野の学問のためのレッスン」『新しい民俗学へ――野の学問のためのレッスン 26』せりか書房、7-29
子安宣邦（2001）『本居宣長』岩波現代文庫

小谷田美恵子（1992）「妊婦の生活、いまむかし」『女性と経験　復刊』17：68-78
小山正（1961）『天明村史』小山正
近藤祉秋（2012）「「おっちゃん、それは化け猫に化かされとっだわ」――隠岐島の猫にまつわる語りから見る人間と動物の連続性」『文化人類学』76（4）：463-474
今野圓輔（1957）『怪談 民俗学の立場から』現代教養文庫
今野圓輔（1969）『日本怪談集　幽霊篇』現代教養文庫
Z△IK△（2021）「細分化する「病み」カルチャーの世界 [Dreamcore/Weirdcore/Traumacore]」『note』2021 年 12 月 8 日 （https://note.com/luciferchan_sad/n/n484a94a4e955）
斎藤君子（1998）「「さかさ」と「左」の世界」『なろうど』36：29-38
斎藤君子（1999）『ロシアの妖怪たち』大修館書店
齋藤茂ほか訳注（2014）『『夷堅志』訳注　甲志上』汲古書院
斎藤守弘（1966）「ショッキング特集　妖怪変化」『別冊少年キング』1966 年 9 月号、109-121
佐々木宏幹（1994）「解説」小松和彦『憑霊信仰論――妖怪研究への試み』講談社学術文庫、348-356
佐田町教育委員会（1976）『佐田町史』佐田町
サックス、H（1987）「ホットロッダー――革命的カテゴリー」山田富秋＋好井裕明＋山崎恵一訳『エスノメソドロジー――社会学的思考の解体』せりか書房、19-37
佐藤有文（1972）『日本妖怪図鑑』立風書房
里見龍樹（2022）『不穏な熱帯――人類〈以前〉と〈以後〉の人類学』河出書房新社
佐野洋子（2008）『ロシヤの神話――自然に息づく精霊たち』三弥井書店
しげおか秀満（2018）『民話「ゴリラ女房」研究読本』私家版
七戸町史刊行委員会（1982）『七戸町史　1』七戸町
篠原徹（2010）「民俗学における流行と不易」『日本民俗学』262：4-15
新発田市史編纂委員会（1972）『新発田市史資料　第五巻　民俗　下』新発田市史刊行事務局
島崎藤村（1895）「亡友反古帖」『女学雑誌』415：362-369
シャフリヤール、ブズルク・ブン（2011）『インドの驚異譚 1　10 世紀〈海のアジア〉の説話集』家島彦一訳、平凡社
周正（1991）『中国の「野人」――類人怪獣の謎』田村達弥訳、中公文庫
朱子著、三浦國雄訳註（2008）『「朱子語類」抄』講談社学術文庫

真野俊和（2009）『日本民俗学原論――人文学のためのレッスン』吉川弘文館
末岡美胤（1963）『和木村誌稿 増補改訂版』和木村
鈴木潤＋ふぢのやまい＋山本浩貴（2021）「凝視する〈怨〉作品ガイド30――高解像度版2021」『文藝』60（3）：242-259
ストラザーン、マリリン（2015）『部分的つながり』大杉高司ほか訳、水声社
関英馬（1987）『おなばけ・はなぞの・いりしけん――茨城地方の民間伝承考』牧野出版
關山守彌（1982）『日本の海の幽霊・妖怪』私家版
瀬名波長宣（1973）『八重山小話――その自然と言語習俗』沖縄春秋社
銭清弘（2021）「Liminal Spaceのなにが不気味なのか」『obakeweb』2021年10月7日（https://obakeweb.hatenablog.com/entry/liminalspace）
仙台市歴史民俗資料館（1981）『仙台市荒浜の民俗』仙台市歴史民俗資料館
千野明日香（1993）「沖縄の「熊女房」譚と中国の類話」『昔話　研究と資料』21：25-47
相馬市史編纂会編（1975）『相馬市史3　各論編2・民俗・人物』相馬市
太平広記研究会（2002）「『太平広記』訳注　巻三百五十六「夜叉」（一）」『中國學研究論集』10：111-136
高橋明彦（2010）「猫目小僧と妖怪ブーム――一九六八年の『少年キング』と少年的知識」小松和彦編『妖怪文化の伝統と創造――絵巻・草紙からマンガ・ラノベまで』せりか書房、470-497
田川市史編纂委員会編（1979）『田川市史　民俗篇』田川市
竹田晃＋黒田真美子編（2007）『中国古典小説選7　緑珠伝・楊太真外伝・夷堅志他〈宋代〉』明治書院
竹原新（2020）『現代イランの俗信』大阪大学出版会
ダストン、ロレイン＋ギャリソン、ピーター（2021）『客観性』瀬戸口明久ほか訳、名古屋大学出版会
谷脇理史校注・訳（1999）「浮世物語」『新編日本古典文学全集64　仮名草子集』小学館、85-224
玉井広平編（1928）『井荻町誌――新興の郊外』社会基調協会
崔仁鶴（1976）『韓国昔話の研究――その理論とタイプインデックス』弘文堂
崔仁鶴＋厳鎔姫（2013）『韓国昔話集成　第2巻』田畑博子＋李権熙訳、悠書館
知切光歳（1975）『天狗の研究』大陸書房
辻惟雄（2013）『辻惟雄集　第2巻　「あそび」とアニミズムの美術』岩波書店
常光徹（2006）『しぐさの民俗学――呪術的世界と心性』ミネルヴァ書房
常光徹（2021）『日本俗信辞典　衣裳編』角川ソフィア文庫

常光徹著、樽喜八絵（1996）『学校の怪談 8』講談社 KK 文庫
常光徹著、樽喜八絵（2006）『新・学校の怪談②』講談社 KK 文庫
鶴巻武則（1989）「小千谷市芹久保の産育儀礼」『高志路』291：53-56
出口瑞月（1924）『霊界物語　真善美愛酉之巻』天声社
デスコラ、フィリップ（2020）『自然と文化を越えて』小林徹訳、水声社
デュルケーム、エミール（2014）『宗教生活の基本形態――オーストラリアにおけるトーテム体系』上、山﨑亮訳、ちくま学芸文庫
時枝務（2004）「呪符・守札と偽文書」久野俊彦＋時枝務編『偽文書学入門』柏書房、137-164
徳田和夫（2008）「百花繚乱の物語草子」徳田和夫編『お伽草子　百花繚乱』笠間書院、2-42
徳丸亞木（2002）『「森神信仰」の歴史民俗学的研究』東京堂出版
都市ボーイズ監修（2021）『怖い村の話』宝島社
戸塚ひろみ（1983）「人の一生」山古志村史編集委員会編『山古志村史　民俗』山古志村、263-365
利根町教育委員会＋利根町史編さん委員会編（1992）『利根町史　第 4 巻　民俗編』利根町
登山修（1981）「奄美大島瀬戸内町の民間信仰」『南島研究』22：24-47
登山修（1982）「海の禁忌とその背景――奄美大島瀬戸内町を中心に」南島史学会編『南島――その歴史と文化 4』第一書房、163-184
トンプソン、S（1977）『民間説話　理論と展開（下）』荒木博之＋石原綏代訳、社会思想社
内藤充真院繁子（2005）『延岡藩主夫人内藤充真院繁子著作集 1』明治大学博物館
中井悠「アリのラトゥール化（再帰ループ一周分の遅れ）」『現代思想』51（3）：276-292
長尾天（2014）『イヴ・タンギー――アーチの増殖』水声社
中岡俊哉（1968）「日本全国ゆうれい探検その 4　わたしの町にはこんなゆうれいが……」『少女フレンド』6（39）：106-109
中岡俊哉＋北川幸比古（1969）「全国おばけめぐり」『りぼん』15（8）：144-147
中沢新一（2016）『100 分 de 名著　レヴィ＝ストロース『野生の思考』』NHK 出版
永島大輝（2019）「「異世界はエレベーターとともに。」YouTuber の都市伝説」『世間話研究』27：67-83
長友千代治（2020）『江戸庶民のまじない集覧――創意工夫による生き方の智恵』勉誠出版

長野県（1986）『長野県史　民俗編　第四巻（三）北信地方　ことばと伝承』長野県史刊行会
中村元監修・補注（1982）『ジャータカ全集 5』松本照敬訳、春秋社
中村和三郎（1959）「つまりの俗信　その資料第二集」『高志路』184：17-29
中山徳太郎（1932）『俚諺俗信聞書帖』佐渡郷土研究会
夏目金之介（1899）「小説「エイルヰン」の批評」『ほとゝぎす』2（11）：1-13
夏目金之介（1904）「マクベスの幽霊に就て」『帝国文学』10（1）：55-73
夏目金之介（1907）『文学論』春陽堂
楢木範行（1937）『日向馬関田の伝承』鹿児島民俗研究会
新潟県編（1982）『新潟県史　資料編 22　民俗・文化財一　民俗編Ⅰ』新潟県
日本随筆大成編輯部（1973）『日本随筆大成　第二期 2』吉川弘文館
能田多代子（1958）『手っきり姉さま——五戸の昔話』未来社
ハーヴェイ、ジョン（2009）『心霊写真——メディアとスピリチュアル』松田和也訳、青土社
橋川文三（1964）「柳田国男」久野収＋鶴見俊輔編『20 世紀を動かした人々　1　世界の知識人』講談社、263-351
橋本陽介（2017）『物語論　基礎と応用』講談社選書メチエ
服部幸雄（2005）『さかさまの幽霊——〈視〉の江戸文化論』ちくま学芸文庫
馬場英子＋瀬田充子＋千野明日香編訳（2007）『中国昔話集 2』東洋文庫
浜野志保（2015）『写真のボーダーランド——X 線・心霊写真・念写』青弓社
原武史（2001）『〈出雲〉という思想——近代日本の抹殺された神々』講談社学術文庫
ビアッティ、ジョン（1968）『社会人類学——異なる文化の論理』蒲生正男＋村武精一訳、社会思想社
ピーダーセン、モルテン・アクセル（2017）「自然の島々——モンゴル北部における孤立したモノと凍りついた精霊たち」里見龍樹訳『現代思想』45（4）：81-95
比嘉春潮（1934）「翁長旧事談（三）」『島』昭和九年前期号：493-508
東山篤規（2012）『体と手がつくる知覚世界』勁草書房
平川陽一（1995）『学校であったコワ〜イ話　part 3』日東書院
平田篤胤全集刊行会編（1977a）『新修平田篤胤全集』第六巻、名著出版
平田篤胤全集刊行会編（1977b）『新修平田篤胤全集』第七巻、名著出版
広坂朋信（2016）「よみがえれ、心霊スポット」一柳廣孝監修、今井秀和＋大道晴香編著『怪異の時空 1　怪異を歩く』青弓社、203-222
廣田龍平（2014）「妖怪の、一つではない複数の存在論——妖怪研究における存

在論的前提についての批判的検討」『現代民俗学研究』6：113-128
廣田龍平（2019）「オカルトと民俗学――その困難な関係性」ASIOS編『昭和・平成オカルト研究読本』サイゾー、245-255
廣田龍平（2020）「ゴリラ女房は世界を駆け巡る」『たわらがた』仕舞号：29-44
廣田龍平（2021a）「鳥獣戯画はアニミズム的とは言えない――動物妖怪との比較から」『ユリイカ』53（4）：264-271
廣田龍平（2021b）「スクリーンの向こうの「異世界」」『フィールドプラス』26：18-19
廣田龍平（2021c）「シャーマン＝狩人としての動物――世間話における妖狐譚を構造分析する」『日本研究』63：85-111
廣田龍平（2022）『妖怪の誕生――超自然と怪奇的自然の存在論的歴史人類学』青弓社
廣田龍平（2023）「異類／婚姻／境界／類縁」辻本侑生＋島村恭則編『クィアの民俗学――LGBTの日常をみつめる』実生社、115-135
フィッシャー、マーク（2019）『わが人生の幽霊たち――うつ病、憑在論、失われた未来』五井健太郎訳、Pヴァイン
フィッシャー、マーク（2022）『奇妙なものとぞっとするもの――小説・映画・音楽、文化論集』五井健太郎訳、Pヴァイン
フォスター、マイケル・ディラン（2017）『日本妖怪考――百鬼夜行から水木しげるまで』廣田龍平訳、森話社
福岡県庶務課別室史料編纂所編（1949）『福岡県史料叢書　第七輯』福岡県庶務課別室史料編纂所
藤岡作太郎著、芳賀矢一＋藤井乙男編（1917）『東圃遺稿　巻四　近代小説史』大倉書店
藤沢衛彦（1960）『図説日本民俗学全集　第4　民間信仰・妖怪編』あかね書房
藤原貞次郎（1937）「狐に騙された話」『旅と伝説』10（8）：47
ブリッグズ、キャサリン（1992）『妖精事典』平野敬一＋井村君江＋三宅忠明＋吉田新一訳、冨山房
古川市史編纂委員会編（1972）『古川市史 下巻』古川市
古山美佳（2018）「ネット社会における実況系ネットロアの伝播と活用――「口裂け女」と「きさらぎ駅」の比較から」『國學院大學大学院紀要』49：53-78
フロイト（2006）「不気味なもの」藤野寛訳『フロイト全集　17』岩波書店、228-268
ブロック、モーリス（1994）『祝福から暴力へ――儀礼における歴史とイデオロギー』田辺繁治＋秋津元輝訳、法政大学出版局

プロップ、ウラジーミル（1983）『魔法昔話の起源』斎藤君子訳、せりか書房
日置謙校訂（1933）『三州奇談』石川県図書館協会
ベルクソン、アンリ（2019）『物質と記憶』杉山直樹訳、講談社学術文庫
ボイヤー、パスカル（2008）『神はなぜいるのか？』鈴木光太郎、中村潔訳、NTT出版
堀井一摩（2020）『国民国家と不気味なもの――日露戦後文学の〈うち〉なる他者像』新曜社
幕張本郷猛（2021a）「斎藤守弘」伊藤慎吾＋氷厘亭氷泉編『列伝体 妖怪学前史』勉誠出版、144-151
幕張本郷猛（2021b）「少年少女雑誌の怪奇記事とネタ元」伊藤慎吾＋氷厘亭氷泉編『列伝体 妖怪学前史』勉誠出版、152-159
松尾瑞穂（2023）「序章　サブスタンスの人類学に向けて」松尾瑞穂編『サブスタンスの人類学――身体・自然・つながりのリアリティ』ナカニシヤ出版、1-36
松崎正治（1970＝1971）「伊佐の民話（八）」『南九州郷土研究』11：84-86
丸山学（1950）「肥後葦北のヤマワロ」『民間伝承』14（8）：15-24
三浦清宏（2022）『新版 近代スピリチュアリズムの歴史――心霊研究から超心理学へ』国書刊行会
三浦庸編（1986）『栃平の一本杉――ふるさとのくらし百年』三浦庸
水木しげる（1968）「日本妖怪大全」『週刊少年マガジン』10（57）：2-156
水木しげる（1974）『妖怪なんでも入門』小学館
水木しげる（1980）『SF 新鬼太郎――新世妖怪幻想綺譚集』東京三世社
南山宏（1969）「宇宙生物を写す男――超自然のなぞ第 1 話」『週刊少年マガジン』11（7）：132-135
宮城音弥（1961）『神秘の世界――超心理学入門』岩波新書
宮本常一（1930）「周防大島（二）」『旅と伝説』3（2）：46-50
宮本常一（1936）『周防大島を中心としたる海の生活誌』アチツクミユーゼアム
村岡典嗣（1920）「平田篤胤の神学に於ける耶蘇教の影響」『芸文』11（3）：1-15
茂木徳郎（1973）「妖怪変化・幽霊」宮城県史編纂委員会編『宮城県史 21（民俗Ⅲ）』宮城県史刊行会、421-574
森優（1973）「ターザンの祖先たち」エドガー・ライス・バロウズ『ターザンと黄金の獅子』ハヤカワ SF 文庫特別版、329-334
森田雅也（1992）「『白猿物語』成立論」『人文論究』42（3）：1-18
矢島文夫（1974）「オリエントの妖怪と魔神たち」山室静＋山田野理夫＋駒田信二執筆代表『妖怪 魔神 精霊の世界――四次元の幻境にキミを誘う』自由国民

社、117-146
箭内匡（2018）『イメージの人類学』せりか書房
柳田國男（1905）「幽冥談」『新古文林』1（6）：242-258
柳田國男（1926）『山の人生』郷土研究社
柳田國男（1927）「『動物界霊異誌』」『東京朝日新聞』1927年5月13日
柳田國男（1934）『一目小僧その他』小山書店
柳田國男（1936）「妖怪談義」『日本評論』11（3）：202-204
柳田國男（1956）『妖怪談義』修道社
柳田國男＋関敬吾（1934）「昔話の分類に就て」『旅と伝説』7（12）：1-8
矢野啓介（2010）『プログラマのための文字コード技術入門』技術評論社
山口麻太郎（1934）『壱岐島民俗誌』一誠社
山田郡教育会編（1939）『群馬県山田郡誌』山田郡教育会
山田孝子（2019）『アイヌの世界観――「ことば」から読む自然と宇宙』講談社学術文庫
山都町史編さん委員会編（1986）『山都町史　第三巻　民俗編』山都町
吉田悠軌（2021）「犬鳴村伝説とはなにか」吉田悠軌ほか『実話怪談　犬鳴村』竹書房怪談文庫、13-66
吉田悠軌（2022）『現代怪談考』晶文社
読谷村教育委員会＋歴史民俗資料館編（1983）『読谷村民話資料集5　儀間の民話』読谷村教育委員会、歴史民俗資料館
ラトゥール、ブルーノ（2007）『科学論の実在――パンドラの希望』川﨑勝＋平川秀幸訳、産業図書
ラトゥール、ブリュノ（2019）『社会的なものを組み直す――アクターネットワーク理論入門』伊藤嘉高訳　法政大学出版局
ラトゥール、ブリュノ（2023）『パストゥール――あるいは微生物の戦争と平和、ならびに「非還元」』荒金直人訳　以文社
郎櫻（1989）「中国少数民族のトーテム神話伝説および日本への流伝」君島久子編『日本基層文化の探求――日本民間伝承の源流』小学館、286-303
リーンハート、ゴドフリー（2019）『神性と経験――ディンカ人の宗教』出口顯監訳、坂井信三＋佐々木重洋訳、法政大学出版局
レヴィ＝ストロース、クロード（1976）『野生の思考』大橋保夫訳、みすず書房
レヴィ＝ストロース、クロード（2010）『神話論理Ⅳ－2　裸の人2』吉田禎吾ほか訳、みすず書房
レヴィ＝ストロース、クロード（2018）『仮面の道』山口昌男＋渡辺守章＋渡辺公三訳、ちくま学芸文庫

レヴィ＝ストロース、クロード（2019）『人種と歴史／人種と文化』渡辺公三＋三保元＋福田素子訳、みすず書房
鷲谷花（2008）「『リング』三部作と女たちのメディア空間――怪物化する「女」、無垢の「父」」内山一樹編『怪奇と幻想への回路――怪談からＪホラーへ』森話社、195-223
和洋女子大学民俗学研究会（1973）『木曽谷民俗調査報告書６　第７号　柿其』和洋女子大学民俗学研究会
蕨市（1994）『新修蕨市史　民俗編』蕨市
ucnv（2019）『グリッチアート試論』私家版

【外国語文献】

Aarne, Antti（1910）*Verzeichnis der Märchentypen mit Hülfe von fachgenossen ausgearbeitet.* Helsinki: Suomalaisen Tiedeakatemian Toimituksia
Aarne, Antti and Thompson, Stith（1961）*The Types of the Folktale: A Classification and Bibliography*, Second revision, Helsinki: Suomalainen Tiedeakatemia
Afanas'ev, A.（1957）*Narodnye Russkie Skazki*, tom 3. Moskva: Gos. izd-vo khudozh lit-ry
Al-Rawi, Ahmed（2009）The Mythical Ghoul in Arabic Culture, *Cultural Analysis* 8: 45-69
Allerton, Catherine（2009）Introduction: Spiritual Landscapes of Southeast Asia, *Anthropological Forum* 19（3）: 235-251
Altrocchi, Rudolph（1944）*Sleuthing in the Stacks*, Cambridge, MA: Harvard University Press
Andreev, N. P.（1929）*Ukazatel' Skazochnykh Syuzhetov po Sisteme Aarne*, Leningrad: Gosudarstvennoe Russkoe Geograficheskoe Obshchestvo
Århem, Kaj（2016）Southeast Asian Animism in Context, In Kaj Århem & Guido Sprenger（eds.）, *Animism in Southeast Asia*, New York: Routledge, 3-30
Balanzategui, Jessica（2016）Haunted Nostalgia and the Aesthetics of the Technological Decay: Hauntology and Super 8 in *Sinister*, *Horror Studies* 7（2）: 235 - 251
Balanzategui, Jessica（2018）Creepypasta, 'Candle Cove,'and the Digital Gothic, *Journal of Visual Culture* 18（2）: 187-208
Benedict, Ruth（1938）Religion, In Franz Boas（ed.）, *General Anthropology*, Boston: D. C. Heath, 627-665
Bergen, Fanny D.（1899）*Animal and Plant Lore: Collected from the Oral Tradition of English Speaking Folk*, Boston: Houghton, Mifflin and Company
Biezais, Haralds（1961）The Latvian Forest Spirits, In Åke Hultkrantz（ed.）, *The Supernatural Owners of Nature: Nordic Symposion on the Religious Conceptions of Ruling Spirits (genii loci, genii speciei) and Allied Concepts*, Stockholm: Almqvist & Wiksell, 15-18

Blank, Trevor J. and McNeill, Lynne S.（2018）Introduction: Fear Has No Face: Creepypasta as Digital Legendry, In Trevor J. Blank & Lynne S. McNeill（eds.）, *Slender Man is Coming: Creepypasta and Contemporary Legends on the Internet*, Louisville: Utah State University Press, 3-23

Blust, Robert（1981）Linguistic Evidence for Some Early Austronesian Taboos, *American Anthropologist* 83（2）: 285-319

Bosworth, Kai（2021）"The Crack in the Earth": Environmentalism after Speleology, In Paul Kingsbury and Anna J. Secor（eds.）, *A Place More Void*, Lincoln: University of Nebraska Press.

Buss, Reinhard J.（1973）*The Klabautermann of the Northern Seas: An Analysis of the Protective Spirit of Ships and Sailors in the Context of Popular Belief, Christian Legend, and Indo-European Mythology*, Berkeley: University of California Press

Candea, Matei（2011）Endo/Exo, *Common Knowledge* 17（1）: 146-150

Cárthaigh, Críostóir Mac（1992/1993）The Ship-Sinking Witch: A Maritime Folk Legend From North-West Europe, *Béaloideas* 60/61: 267-286

Codrington, Robert Henry（1891）*The Melanesians: Studies in Their Anthropology and Folklore*, Oxford: Clarendon Press

Cooley, Kevin and Milligan, Caleb Andrew（2018）Haunted Objects, Networked Subjects: The Nightmarish Nostalgia of Creepypasta, *Horror Studies* 9（2）: 193-211

Dance, Charles Daniel（1881）*Chapters From a Guianese Log-Book: Or, the Folk-Lore and Scenes of Sea-Coast and River Life in British Guiana: Comprising Sketches of Indian, Boviander, and Negro Life*, Georgetown: The Royal Gazette Establishment

Daras, Giannis and Dimakis, Alexandros G.（2022）Discovering the Hidden Vocabulary of DALLE-2（https://arxiv.org/abs/2206.00169）

Daston, Lorraine（2014）Beyond Representation, In Catelijne Coopmans, Janet Vertesi, Michael E. Lynch and Steve Woolgar（eds.）, *Representation in Scientific Practice Revisited*, Cambridge, MA: MIT Press, 319-322

Davis, Mitch（2003）The Rain Beneath the Earth: An Interview with Nonzee Nimibutr, In Steven Jay Schneider（ed.）, *Fear Without Frontiers: Horror Cinema Across the Globe*, Godalming: FAB Press, 61-66

Dein, Simon（2016）The Category of the Supernatural: A Valid Anthropological Term?, *Religion Compass* 10（2）: 35-44

Descola, Philippe（2014a）The Grid and the Tree: Reply to Marshall Sahlins' Comment, *HAU* 4（1）: 295-300

Descola, Philippe（2014b）The Difficult Art of Composing Worlds（And of Replying to

Objections), *HAU* 4 (3): 431-443

Descola, Philippe (2018) The Making of Images, In Thomas Fillitz and Paul van der Grijp (eds.), *An Anthropology of Contemporary Art: Practices, Markets, and Collectors*, London: Bloomsbury Academic, 25-40

Dodds, Georges T. (2005-2006) Monkey-Spouse Sees Children Murdered, Escapes to Freedom! A Worldwide Gathering and Comparative Analysis of Camarena-Chevalier Type 714, II-IV Tales, *E.L.O.* (*Estudos de Literatura Oral*) 11-12: 73-96

Dodds, Georges T. (2007-2008) Monkey-Spouse Sees Children Murdered, Escapes to Freedom! A Worldwide Gathering and Comparative Analysis of Camarena-Chevalier Type 714, II-IV Tales, Beyond Europe (Part II), *E.L.O.* (*Estudos de Literatura Oral*) 13-14: 85-116

Eastman, Carolyn (2008) Beware the Abandoned Woman: European Travelers, "Exceptional" Native Women, and Interracial Families in Early Modern Atlantic Travelogues, In Toni Bowers and Tita Chico (eds.), *Atlantic Worlds in the Long Eighteenth Century: Seduction and Sentiment*, New York: Palgrave Macmillan, 135-147

Ed[itor] (1904) Folklore of the Negroes of Jamaica, *Folk-Lore* 15 (1): 87-94

El-Shamy, Hasan M. (2004) *Types of the Folktale in the Arab World: A Demographically Oriented Tale-Type Index,* Bloomington: Indiana University Press

Fausto, Carlos (2007) Feasting on People: Eating Animals and Humans in Amazonia, *Current Anthropology* 48 (4): 497-530

Feilberg, H. F. (1901) Der böse Blick in nordischer Überlieferung, *Zeitschrift des Vereins für Volkskunde* 11: 420-430

Felsenstein, Frank (1999) *English Trader, Indian Maid: Representing Gender, Race, and Slavery in the New World,* Baltimore: Johns Hopkins University Press

Fisher, Peter (tr.) (2015) *Saxo Grammaticus: Gesta Danorum: The History of the Danes,* Vol. 1. Oxford: Clarendon Press

Foll, C. V. (1959) An Account of Some of the Beliefs and Superstitions about Pregnancy, Parturition and Infant Health in Burma, *Journal of Tropical Pediatrics* 5 (2): 51-59

Forth, Gregory (2008) *Images of the Wildman in Southeast Asia: An Anthropological Perspective*, London: Routledge

Fortune, Reo (1932) *Sorcerers of Dobu: The Social Anthropology of the Dobu Islanders of the Western Pacific*, London: Routledge

Foster, Michael Dylan (2016) Introduction: The Challenge of the Folkloresque, In Michael Dylan Foster and Jeffrey A. Tolbert (eds.), *The Folkloresque: Reframing Folklore in a Popular Culture World*, Logan: Utah State University Press, 3-33

Frank, Roslyn M.（2023）The European Bear's Son Tale: Its Reception and Influence on Indigenous Oral Traditions in North America, *Folklore: Electronic Journal of Folklore* 88: 119-146

Gallerneaux Brooks, Kristen（2013）The Gizmo and the Glitch: Telepathy, Ocular Philosophy, and Other Extensions of Sensation, In Olu Jenzen and Sally R. Munt（eds.）, *The Ashgate Research Companion to Paranormal Cultures,* Farnham: Ashgate, 297-309

Grimm, Jacob（1883）*Teutonic Mythology*, Vol. 3, James Steven Stallybrass（tr.）, London: George Bell & Sons

Guenther, Mathias（2020）*Human-Animal Relationships in San and Hunter-Gatherer Cosmology, Volume 1: Therianthropes and Transformation*, Cham: Palgrave Macmillan

Gunnell, Terry（2014）"Magical Mooning" and the "Goatskin Twirl": "Other" Kinds of Female Magical Practices in Early Iceland, In Timothy R. Tangherlini（ed.）, *Nordic Mythologies: Interpretations, Intersections, and Institutions*, Berkeley: North Pinehurst Press, 133-153

Haney, Jack（2001）*The Complete Russian Folktale: Russian Wondertales*: *I. Tales of Heroes and Villains,* London: Routledge

Haraway, Donna（2023）Present to Bruno, from Donna, *Social Studies of Science* 53（2）: 165-168

Hare, Tom（2013）How to Figure Animal Fables: Animals at Play in P. Turin 55001 and Chôjû Giga, In Elizabeth Frood and Angela McDonald（eds.）, *Decorum and Experience: Essays in Ancient Culture for John Baines*, Oxford: Griffith Institute, 220-225

Harman, Graham（2014）Entanglement and Relation: A Response to Bruno Latour and Ian Hodder, *New Literary History* 45（1）: 37-49

Hart, Adam Charles（2020）*Monstrous Forms: Moving Image Horror Across Media*, New York: Oxford University Press

Hayward（Ironside）, Rachael, Wooffitt, Robin and Woods, Catherine（2015）The Transgressive *That*: Making the World Uncanny, *Discourse Studies* 17（6）: 703-723

Helmholtz, H.（1867）*Handbuch der physiologischen Optik*, Leipzig: Leopold Voss

Higashiyama, Atsuki and Adachi, Kohei（2006）Perceived Size and Perceived Distance of Targets Viewed from Between the Legs: Evidence for Proprioceptive Theory, *Vision Research* 46（23）: 3961-3976

Hultkrantz, Åke（1983）The Concept of the Supernatural in Primal Religion, *History of Religions* 22（3）: 231-253

Hunter, Michael（2001）*The Occult Laboratory: Magic, Science and Second Sight in Late Seventeenth-Century Scotland, A New Edition of Robert Kirk's The Secret Commonwealth and*

Other Texts, Woodbridge: Boydell Press
Hviding, Edvard（1996）Nature, Culture, Magic, Science: On Meta-Languages for Comparison in Cultural Ecology, In Philippe Descola and Gísli Pálsson（eds.）, *Nature and Society: Anthropological Perspectives*, London: Routledge, 165-184
Ingold, Tim（2000）*The Perception of the Environment: Essays on Livelihood, Dwelling and Skill*, London: Routledge
Ironside, Rachael（2017）Discovering Strange Events in Empty Places: The Role of Multimodal Practice and the Interpretation of Paranormal Events, *Journal of Pragmatics* 120: 88-100
Ivanits, Linda J.（2015）*Russian Folk Belief*, London: Routledge
Jensen, Casper Bruun（2017）New Ontologies?: Reflections on Some Recent 'Turns' in STS, Anthropology and Philosophy, *Social Anthropology* 25（4）: 525-545
Jocano, F. Landa.（1983）*The Hiligaynon: An Ethnography of Family and Community Life in Western Bisayas Region*, Quezon City: Asian Center, University of the Philippines
Jolly, Pieter（2002）Therianthropes in San Rock Art, *South African Archaeological Bulletin* 57: 85-103
Kawan, Christine Shojaei（2008）Tierbraut, Tierbräutigam, Tierehe, In *Enzyklopädie des Märchens*, Band 13: 555-565
Keane, Webb（2008）The Evidence of the Senses and the Materiality of Religion, *Journal of the Royal Anthropological Institute*（New Series）14（S1）: S110-S127
Klass, Morton（1995）*Ordered Universes: Approaches to the Anthropology of Religion*, Boulder: Westview Press
Knoop, O.（1893）Neue Volkssagen aus Pommern. V. Die Neujahrsnacht. *Blätter für pommersche Volkskunde* 1（4）: 49-50
Konakov, Nikolaĭ（2003）vẹrsa Zyr.; vẹri̮ś Perm, In Nikolaĭ Konakov et al. *Komi Mythology: Encyclopaedia of Uralic Mythologies*, Budapest: Akadémiai Kiadó, 340-345
Kutin, Barbara Ivančič（2016）Krivopete: Wild Women with Backward-Facing Feet in Slovenian Folk Narrative Tradition, *Folklore* 127（2）: 173-195
Kvistad, Erika（2020）The Digital Haunted House, In Clive Broom（ed.）, *The Palgrave Handbook of Contemporary Gothic*, Cham: Palgrave Macmillan, 957-970
LaBerge, Stephen and DeGracia, Donald J.（2000）Varieties of Lucid Dreaming Experience, In Robert G. Kunzendorf and Benjamin Wallace（eds.）, *Individual Differences in Conscious Experience*, Amsterdam: John Benjamins Publishing Company, 269-307
Law, John（2004）*After Method: Mess in Social Science Research*, London: Routledge
Leid, Josanne（2014）*Myths and Maxims: A Catalog of Superstitions, Spirits and Sayings of*

Trinidad and Tobago, and the Caribbean, CreateSpace（Amazon.com）
Leland, Charles Godfrey（1884）*The Algonquin Legends of New England: Myths and Folk Lore of the Micmac, Passamaquoddy, and Penobscot Tribes,* London: Samson Low, Marston, Searle & Rivington
Levy, Reuben（1923）*The Three Dervishes and Other Persian Tales and Legends*, London: Oxford University Press
Levy, Robert I., Mageo, Jeannette Marie and Howard, Alan（1996）Gods, Spirits, and History: A Theoretical Perspective, In Jeannette Marie Mageo and Alan Howard（eds.）, *Spirits in Culture, History, and Mind*, New York: Routledge, 11-27
Loth, Agnete（ed.）（1963）*Late Medieval Icelandic Romances*, vol. 2. Copenhagen: Munksgaard
Máchal, Jan（1918）Slavic, In Louis Herbert Gray（ed.）, *The Mythology of All Races*, vol. III, Boston: Marshall Jones Company, 215-398
Majid, Haji Abdul（1928）Some Malay Superstitions, *Journal of the Malayan Branch of the Royal Asiatic Society* 6（4）: 41-45
Martin, Katherine Connor（2014）Can -core Survive Normcore?, *OxfordWords Blog*. 11 April 2014（http://blog.oxforddictionaries.com/2014/04/can-core-survive-normcore/）（Wayback Machine にて確認）
Marzolph, Ulrich（1984）*Typologie des persischen Volksmärchens*, Beirut: Orient-Institut der Deutschen Morgenländischen Gesellschaft
Marzolph, Ulrich（1994）Social Values in the Persian Popular Romance *Salīm-i Javāhirī*, *Edebiyât* 5: 77-98
Mills, Margaret A.（1991）*Rhetorics and Politics in Afghan Traditional Storytelling*, Philadelphia: University of Pennsylvania Press
Neklyudov, S. Yu.（2008）Skazaniya o Gesere: Syuzhety, Beruschie Nachalo v Mongol'skoy tradicii（knizhnye i ustnye redakcii）, Moskva
Nelson, Edward William（1900）*The Eskimo about Bering Strait*, Washington: Government Printing Office
Neweklowsky, Gerhard und Gaál, Károly（1987）*Totenklage und Erzählkultur in Stinatz im südlichen Burgenland*, Wien: Gesellschaft zur Förderung slawistischer Studien
Nünlist, Tobias（2018）*Dämonenglaube im Islam: eine Untersuchung unter besonderer Berücksichtigung schriftlicher Quellen aus der vormodernen Zeit（600-1500）*, Berlin: Walter de Gruyter
Ončukov, N. E.（1908）*Sěvernyja Skazki*, S.-Peterburg: A. S. Suvorina
Opie, Iona and Tatem, Moira（1989）*A Dictionary of Superstitions*, Oxford: Oxford University

Press
Osondu, E. C.（2010） *Voice of America: Stories*, New York: HarperCollins
Pálsson, Hermann and Edwards, Paul（1972） *The Book of Settlements: Landnámabók*, Winnipeg: University of Manitoba Press
Peak, David（2014） *The Spectacle of the Void*, Schism Press
Peck, Andrew（2015） Tall, Dark, and Loathsome: The Emergence of a Legend Cycle in the Digital Age, *Journal of American Folklore* 128（509）: 333-348
Pedersen, Morten Axel and Willerslev, Rane（2012） "The Soul of the Soul is the Body": Rethinking the Concept of Soul through North Asian Ethnography, *Common Knowledge* 18（3）: 464-486.
Policardi Chiara（2018）The Case of the *Yakṣinī Aśvamukhī*: Remarks Between Jātaka and Art, *Rivista degli Studi Orientali*（Nuova Serie） 91（1-4）: 137-160
Potanin, G. N.（1893） *Tangutsko-Tibetskaya Okraina Kitaya i Tsentralnaya Mongoliya*, Tom 2, S.-Peterburg: Tipografiya A. S. Suvorina
Potanin, G. N.（1899） *Vostochnye Motivy v Sredneviekovom Evropeiskom Eposie*, Moskva: Tipo-lit. Tovar. I.N. Kushnerev
Praet, Istvan（2009） Shamanism and Ritual in South America: An Inquiry into Amerindian Shape-Shifting, *Journal of the Royal Anthropological Institute*（New Series） 15（4）: 737-754
Praet, Istvan（2014） *Animism and the Question of Life*, London: Routledge
Przybylek, Leslie A.（2016） Hairy Woman, In Christopher R. Fee and Jeffrey B. Webb（eds.）, *American Myths, Legends, and Tall Tales: An Encyclopedia of American Folklore*, Volume I, Santa Barbara: ABC-Clio, 447-449
Rüstəmzadə, İlkin（2013） *Azərbaycan nağıllarının süjet göstəricisi（Aarne-Tompson sistemi əsasında）*, Bakı: Azərbaycan Milli Elmlər Akademiyası Folklor İnstitutu
Saler, Benson（1977） Supernatural as a Western Category, *Ethos* 5（1）: 31-53
Sahlins, Marshall（1995） *How "Natives" Think: About Captain Cook, For Example*, Chicago: University of Chicago Press
Sahlins, Marshall（2014） On the Ontological Scheme of *Beyond Nature and Culture*, *HAU* 4（1）: 281-290
Schiefner, Anton von（1906） *Tibetan Tales Derived from Indian Sources*, London: Kegan Paul
Slone, Isabel（2020） Escape Into Cottagecore, Calming Ethos for Our Febrile Moment: Small Animals, Calico Tea Cozies and Not a Lot of Men, *New York Times*. 10 March, 2020（https://www.nytimes.com/2020/03/10/style/cottagecore.html）
Staal, Frits（1990） *Ritual and Mantras: Rules Without Meaning*, New York: Peter Lang
Stark, Rodney and Finke, Roger（2000） *Acts of Faith: Explaining the Human Side of Religion*,

Berkeley: University of California Press
Stemplinger, E.（1987=1927）Bein, In Hans Bächtold-Stäubli（hrsg.）. *Handwörterbuch des deutschen Aberglaubens*, Band 1, Berlin: Walter de Gruyter, 1010-1011
Strathern, Marilyn（1988）*The Gender of the Gift: Problems With Women and Problems with Society in Melanesia*, Berkeley: University of California Press
Strathern, Marilyn（1992）*After Nature: English Kinship in the Late Twentieth Century*, Cambridge: Cambridge University Press
Strathern, Marilyn（2018）Relations, In *The Open Encyclopedia of Anthropology*（http://doi.org/10.29164/18relations）
Stuart, Kevin and Lumisishiden（1994）*China's Monguor Minority: Ethnography and Folktales*, Philadelphia: Department of East Asian Languages and Civilizations, University of Pennsylvania.
Taylor, Anne-Christine（1993）Des Fantômes stupéfiants : Langage et croyance dans la pensée achuar, *L'homme* 33（126-128）: 429-447
Thacker, Eugene（2015）*Tentacles Longer Than Night*, Winchester: Zero Books
The Event Horizon Telescope Collaboration *et al.*（2019）First M87 Event Horizon Telescope Results, IV. Imaging the Central Supermassive Black Hole, *Astrophysical Journal Letters* 875（1）
Tucker, Elizabeth（2017）"There's an App For That"®: Ghost Hunting with Smartphones, *Children's Folklore Review* 38: 27-37
Turi, Johan and Turi, Per（1918-1919）*Lappish Texts*, København: Hovedkommissionær, Andr. Fred. Høst & Søn
Vilaça, Aparecida（2005）Chronically Unstable Bodies: Reflections on Amazonian Corporealities, *Journal of the Royal Anthropological Institute*（New Series）11（3）: 445-464
Viveiros de Castro, Eduardo（1998）Cosmological Deixis and Amerindian Perspectivism, *Journal of the Royal Anthropological Institute*（New Series）4（3）: 469-488
Viveiros de Castro, Eduardo（2015）*The Relative Native: Essays on Indigenous Conceptual Worlds*, Chicago: HAU Books
Wagner, Roy（2016）*The Invention of Culture*, Second Edition, Chicago: Chicago University Press
Wallis, Robert J.（2014）Exorcizing "Spirits": Approaching "Shamans" and Rock Art Animically, In Graham Harvey（ed.）, *The Handbook of Contemporary Animism*, London: Routledge, 307-324
王立（2005）「野女掠男故事的主題学分析」『山西大学学報（哲学社会科学版）』28（5）: 83-88

Waskul, Dennis and Waskul, Michele (2016) *Ghostly Encounters: The Hauntings of Everyday Life*, Philadelphia: Temple University Press

Wee, Valerie (2020) The Monstrous-Feminine in the Millennial Japanese Horror Film: Problematic M (o) thers and Their Monstrous Children in *Ringu*, *Honogurai Mizu No Soko Kara*, and *Ju-On*, In Nicholas Chare, Jeanette Hoorn and Audrey Yue(eds.), *Re-Reading the Monstrous-Feminine: Art, Film, Feminism and Psychoanalysis*, New York: Routledge, 209-229

Willsey, Kristiana (2020) Dear David: Affect and Belief in Twitter Horror, In Andrew Peck and Trevor J. Blank (eds.) *Folklore and Social Media*, Louisville: Utah State University Press, 145-160

Windsor, Mark (2019) What is the Uncanny?, *British Journal of Aesthetics* 59 (1): 51-65

Winstedt, Richard Olof (1961) *The Malay Magician: Being Shaman, Saiva and Sufi*, London: Routledge and Kegan Paul

Yalcinkaya, Günseli (2021) Inside the Uncanny World of #liminalspaces TikTok. *Dazed*, 14 April, 2021 (https://www.dazeddigital.com/science-tech/article/52477/1/inside-the-uncanny-world-of-liminal-spaces-tiktok-reddit-nostalgia)

Yoshinaga Shin'ichi (2021) Spiritualism and Occultism, In Erica Baffelli, Andrea Castiglioni, and Fabio Rambelli (eds.), *The Bloomsbury Handbook of Japanese Religions*, London: Bloomsbury Academic, 229-239

Zeidel, Ronen (2005) Tikriti Regional Identity as Reflected in Two Regional Myths and a Folkloric Tale, *Middle Eastern Studies* 41 (6): 899-910

Zhuikova, Margarita (2004) The Origin of the Expression *tuda i doroga!* and Slav Folk Beliefs About Two Ways of Dying, *Forum for Anthropology and Culture* 1: 271-280

廣田龍平（ひろた　りゅうへい）
1983年生まれ。法政大学ほか非常勤講師。専攻は文化人類学、民俗学。単著に『妖怪の誕生――超自然と怪奇的自然の存在論的歴史人類学』（青弓社）がある。訳書にマイケル・ディラン・フォスター『日本妖怪考――百鬼夜行から水木しげるまで』（森話社）がある。

〈怪奇的で不思議なもの〉の人類学

妖怪研究の存在論的転回

2023 年 12 月 19 日　第 1 刷印刷
2023 年 12 月 29 日　第 1 刷発行

著者　廣田龍平

発行者　清水一人
発行所　青土社
東京都千代田区神田神保町 1-29　市瀬ビル　〒 101-0051
電話　03-3291-9831（編集）　03-3294-7829（営業）
振替　00190-7-192955

組版　フレックスアート
印刷・製本所　双文社印刷

装幀　北岡誠吾

Printed in Japan

ISBN 978-4-7917-7611-5